U0136059

臺灣史研究名家論集

（二編）

尹章義　王見川　吳學明

李乾朗　周翔鶴　林文龍

邱榮裕　徐曉望　康　豹

陳小沖　陳孔立　黃卓權

黃美英　楊彥杰　蔡相輝

蘭臺出版社

作者簡介（依姓氏筆劃排序）

尹章義　社團法人臺灣史研究會理事長、財團法人福祿基金會董事、財團法人兩岸關係文教基金會執行長。中國文化大學民國 106 年退休教授，輔仁大學民國 94 年退休教授，東吳、臺大兼課。出版專書 42 種（含地方志 16 種）論文 358 篇（含英文 54 篇），屢獲佳評凡四百餘則。

　　　　赫哲人，世居武昌小東門外營盤（駐防），六歲隨父母自海南島轉進來臺，住臺中水湳，空小肄業，四民國校、省二中、市一中畢業，輔仁大學學士，臺灣大學碩士，住臺北新店。

王見川　1966 生，2003 年 1 月取得國立中正大學歷史所博士學位。2003 年 8 月至南臺科技大學通識教育中心任助理教授至今。研究領域涉及中國民間信仰(關帝、玄天上帝、文昌、媽祖)、預言書、明清以來民間宗教、近代道教、佛教、扶乩與慈善等，是國際知名的明清以來民間宗教與相關文獻專家。著有《從摩尼教到明教》(臺北新文豐出版公司，1992)、《臺灣的齋教與鸞堂》(臺北南天書局，1996)、《漢人宗教、民間信仰與預言書的探索：王見川自選集》(臺北：博揚文化公司，2008)、《張天師之研究：以龍虎山一系為考察中心》(臺北：博揚文化公司，2015)等書。另編有《明清民間宗教經卷文獻》、《中國預言救劫書彙編》《臺灣宗教資料彙編：民間信仰、民間文化》、《中國民間信仰、民間文化資料彙編》、《明清以來善書叢編》等套書。

吳學明　國立臺灣師範大學歷史學碩士、博士，現任國立中央大學歷史研究所教授，曾任國立中央大學客家社會文化研究所所長、客家研究中心主任等職。主要研究領域為臺灣開發史、臺灣客家移墾史、臺灣基督教長老教會史與臺灣文化史，關注議題包括移民拓墾、北臺灣隘墾制與地方社會、南臺灣長老教會在地化歷程等。運用自民間發掘的族譜、契約文書等地方文獻，從事區域史研究，也對族群關係、寺廟與社會組織等底層民眾行動力進行探討。著有《金廣福墾隘與新竹東南山區的開發（1835-1895）》、《頭前溪中上游開墾史暨史料彙編》、《金廣福隘墾研究》、《從依賴到自立──臺灣南部基督長老教會研究》、《變與不變：義民爺信仰之擴張與演變》、《臺灣基督長老教會研究》

　　　　與學術論文數十篇，並着編《古文書的解讀與研究》（與黃卓權
　　　　合編著）、《六家林氏古文書》等專書。

李乾朗　中國文化大學建築及都市設計系畢業，現任國立臺灣藝術大學
　　　　古蹟藝術修護學系客座教授。致力於古建築田野調查研究，培
　　　　養古蹟維護的專業人才，並積極參與學術研討會發表研究成
　　　　果。曾出版了《臺灣建築史》、《古蹟入門》、《臺灣古建築圖解
　　　　事典》、《水彩臺灣近代建築》、《巨匠神工》等八十餘本與傳統
　　　　建築或近代建築相關之個人著作，同時也主持多項古蹟、歷史
　　　　建築的調查研究計劃，出席各縣市政府之古蹟評鑑會議或文化
　　　　資產議題會議，盡其所能地為臺灣古建築的保存與未來發聲。
　　　　2011 年榮獲第十五屆臺北文化獎，2016 年榮獲第三十五屆行政
　　　　院文化獎。

周翔鶴　廈門大學臺灣研究院歷史研究所副教授。

林文龍　南投竹山人，現寓彰化和美。1952 年生，臺灣文獻館研究員。
　　　　喜吟詠，嗜藏書，旁及文房雅玩。近年，以科舉與臺灣書院研
　　　　究為重點。著《臺灣的書院科舉》、《彰化書院與科舉》、《臺灣
　　　　科舉家族──新竹鄭氏人物與科名》，以及《掃籜山房詩集》、《陶
　　　　村夢憶雜詠》等集。別有書話《書卷清談集古歡》，含〈陶村說
　　　　書〉、〈披卷餘事〉二編。

邱榮裕　臺灣省桃園縣中壢市人，1955 年生，臺灣省立臺北師專、國立
　　　　臺灣師範大學、日本立命館大學文學碩士、博士。歷任國小、
　　　　國中教師、臺灣師範大學專任助教、講師、副教授，全球客家
　　　　文化研究中心主任；兼任中央大學客家學院副教授、臺灣大學
　　　　客家研究中心特聘副研究員、中華民國斐陶斐榮譽學會榮譽會
　　　　員等；曾任國立臺灣師範大學校友總會秘書長、臺灣客家研究
　　　　學會第六屆理事長、考試院命題暨閱卷委員、客家委員會學術
　　　　暨諮詢委員、臺北市客家事務委員會委員等。
　　　　學術專長領域：臺灣史、客家研究、文化資產與社區。專書有：
　　　　《臺灣客家民間信仰研究》、《臺灣客家風情：移墾、產業、文
　　　　化》、《臺灣桃園大溪南興庄縉紳公派下弘農楊氏族譜》、《傳承
　　　　與創新：臺北市政府推展客家事務十週年紀實（民國 88 年至 98
　　　　年）》、《臺北市文獻委員會五十週年紀念專輯》等，並發表相關
　　　　研究領域學術研討會論文數十篇。

徐曉望　生於 1954 年 9 月，上海人。經濟史博士。現為福建社會科學院歷史研究所研究員，閩臺文化中心主任。2000 年獲評國務院特殊津貼專家，2012 年獲評福建省優秀專家，2016 年獲評福建省文史名家。廈門大學宗教研究所兼職教授，福建師範大學歷史系兼職教授，福建省歷史學會副會長。2006 年被聘為福建師範大學社會歷史學院博士導師。主要研究方向為明清經濟史、福建史、海洋史等。發表專著 30 餘部，發表論文 300 餘篇，其中在《中國史研究》等核心刊物上發表論文 100 餘篇，論著共計 1000 多萬字。主要著作有：主編《福建通史》五卷本 186 萬字，《福建思想文化史綱》40 萬字，個人專著有：《福建民間信仰源流》《閩國史》《福建經濟史考證》《早期臺灣海峽史研究》《媽祖信仰史研究》《閩商研究》《明清東南山區經濟的轉型——以閩浙贛邊山區為核心》等；近著有：《福建文明史》《福建與東南：海上絲綢之路發展史》等。獲福建省社會科學優秀著作一等獎一次，二等獎三次，三等獎二次。

康　豹　1961 年在美國洛杉磯出生，1984 年耶魯大學歷史系學士，1990 年美國普林斯頓大學東亞系博士。曾經在國立中正大學歷史研究所與國立中央大學歷史研究所擔任過副教授和教授。2002 年獲聘為中央研究院近代史研究所副研究員，2005 年升等為研究員，並開始擔任蔣經國國際學術交流基金會研究室主任。2015 年升等為特聘研究員。研究主要集中在近代中國和臺灣的宗教社會史，以跨學科的方法綜合歷史文獻和田野調查，並參酌社會科學的理論。

陳小沖　1962 年生，廈門大學歷史系畢業。現為兩岸關係和平發展協同創新中心文教平臺首席專家，廈門大學臺灣研究院歷史研究所所長、教授，《臺灣研究集刊》常委副主編。出版《日本殖民統治臺灣五十年史》等多部專著及臺灣史學術論文數十篇。主持或參加多項重大科研課題。主要研究方向：海峽兩岸關係史、殖民地時期臺灣歷史。

陳孔立　1930 年生，現任廈門大學臺灣研究院教授、海峽兩岸和平發展協作創新中心學術委員會委員。曾任廈門大學臺灣研究所所長、中國社會科學院臺灣史研究中心副理事長、中國史學會理事。主要著作有：《臺灣歷史綱要》（主編）、《簡明臺灣史》、《臺灣歷史與兩岸關係》、《臺灣史事解讀》，《臺灣學導論》、《走近兩岸》、《心繫兩岸》、《臺灣民意與群體認同》等。

黃卓權　1949 年生於苗栗縣苗栗市，現籍新竹縣關西鎮。現任客委會諮詢委員、新竹縣文獻委員、國立交通大學客家文化學院客座專家、《關西鎮志》副總編纂。專長臺灣內山開墾史、客家族群史、清代地方制度史。發表研究論著約百萬言，主編「新竹研究叢書」及文史專輯等十餘冊。主要著作：《苗栗內山開發之研究》、《跨時代的臺灣貨殖家：黃南球先生年譜 1840-1919》、《進出客鄉：鄉土史田野與研究》、《古文書的解讀與研究》上、下篇（與吳學明合著）等書；出版詩集《人間遊戲：60 回顧詩選》、《笑看江湖詩選》二冊；參與編撰《新竹市誌》、《獅潭鄉志》、《大湖鄉志》、《北埔鄉志》等地方誌書。

黃美英　政治大學宗教研究所博士生、法鼓佛教學院碩士（主修：佛教史、禪學）。清華大學社會人類學研究所碩士（主修：歷史人類學、宗教人類學、族群史）。臺灣大學中國文學系畢業、臺灣大學考古人類學系肄業。中央研究院民族學研究所研究助理、國立暨南國際大學歷史學系兼任講師。相關學術著作《臺灣媽祖的香火與儀式》、《千年媽祖》及論文二十多篇，主編十多冊書籍。

楊彥杰　男，廈門大學歷史系畢業，長期從事臺灣史和客家研究。歷任福建社會科學院研究員兼臺灣研究所副所長、科研組織處處長、客家研究中心主任、中國閩臺緣博物館館長等職，2014 年退休。代表作：《荷據時代臺灣史》、《閩西客家宗族社會研究》。撰著或主編臺灣史專題、客家田野叢書十餘種，發表論文百餘篇。

蔡相輝　中國文化大學史學研究所博士，歷任任國立空中大學人文學系主任、圖書館館長、總務長等職。現任臺北市關渡宮董事、臺南市泰安旌忠公益文教基金會董事、北港朝天宮諮詢委員、中華媽祖交流協會顧問等職。
　　　　著有：《臺灣的王爺與媽祖》（1989）、《臺灣的祠祀與宗教》（1989）、《北港朝天宮志》（1989、1994）《臺灣社會文化史》（1998）、《王得祿傳》（與王文裕合著）（1998）、《媽祖信仰研究》（2006）、《關渡宮的歷史沿革》《關渡宮的祀神》（2015）、《天妃顯聖錄與媽祖信仰》（2016）等專書及論文篇多。

《臺灣史研究名家論集》——總序

　　《臺灣史研究名家論集》即將印行，忝為這套叢刊的主編，依出書慣例不得不說幾句應景話兒。

　　這十幾年我個人習慣於每學期末，打完成績上網登錄後，抱著輕鬆心情前往探訪學長杜潔祥兄，一則敘敘舊，問問半年近況，二則聊聊兩岸出版情況，三則學界動態及學思心得。聊著聊著，不覺日沉西下，興盡而歸，期待半年後再見。大約三年前的見面閒聊，偶然談出了一個新企劃。潔祥兄自從離開佛光大學教職後，「我從江湖來，重回江湖去」（潔祥自況），創辦花木蘭出版社，專門將臺灣近六十年的博碩士論文，有計畫的分類出版，洋洋灑灑已有數十套，近年出書量及速度，幾乎平均一日一本，全年高達三百本以上，煞是驚人。而其選書之嚴謹，校對之仔細，書刊之精美，更是博得學界、業界的稱讚，而海峽對岸也稱許他為「出版家」，而不是「出版商」。這一大套叢刊中有一套《臺灣歷史文化叢刊》，是我當初建議提出的構想，不料獲得彼首肯，出版以來，反應不惡。但是出書者均是時下的年輕一輩博、碩士生，而他們的老師，老一輩的名師呢？是否也該蒐集整理編輯出版？

　　看似偶然的想法，卻也是必然要去做的一件出版大事。臺灣史研究的發展過程，套句許雪姬教授的名言「由鮮學經顯學到險學」，她擔心的理由有三：一、大陸學界有關臺灣史的任務性研究，都有步步進逼本地臺灣史研究的趨勢，加上廈大培養一大批三年即可拿到博士學位的臺灣學生，人數眾多，會導致臺灣本土訓練的學生找工作更加雪上加霜；二、學門上歷史系有被社會科學、文學瓜分，入侵之虞；三、在研究上被跨界研究擠壓下，史家最重要的技藝——史料的考訂，最後受到影響，變成以理代証，被跨學科的專史研究壓迫得難以喘氣。另外，中研院臺史所林玉茹也有同樣憂慮，提出五大問題：一、是臺灣史研究受到統獨思想的影響；二、學術成熟度仍不夠，一批缺乏專業性的人可以跨行教授臺灣史，或是隨時轉戰研究臺灣史；三、是研究人力不足，尤其地方文史工作者，大多學術訓練不足，基礎條件有限，甚至有偽造史料或創

造歷史的情形，他們研究成果未受到學術檢驗，卻廣為流通；四、史料收集整理問題，文獻資料躍居成「市場商品」，竟成天價；五、方法問題，研究者對於田野訪查或口述歷史必須心存警覺和批判性。

　　十數年過去了，這些現象與憂慮仍然存在，臺灣史學界仍然充滿「焦慮與自信」，這些焦慮不是上文引用的表面問題，骨子裡頭真正怕的是生存危機、價值危機、信仰危機，除此外，還有一種「高平庸化」的危機。平心而論，臺灣史的研究，不論就主題、架構、觀點、書寫、理論、方法等等。整體而言，已達國際級高水準，整個研究已是爛熟，不免凝固形成一僵硬範式，很難創新突破而造成「高平庸化」的危機現象。而「高平庸化」的結果又導致格局小、瑣碎化、重複化的現象，君不見近十年博碩士論文題目多半類似，其中固然也有因不同學門有所創見者，也不乏有精闢的論述成果，但遺憾的是多數內容雷同，資料重複，學生作品如此；學者的著述也高明不到哪裡，調研案雖多，題材同，資料同，析論也大同小異。於是乎只有盡量挖掘更多史料，出版更多古文書，做為研究創新之新材料，不過似新實舊，對臺灣史學研究的深入化反而轉成格局小、理論重複、結論重疊，只是堆砌層累的套語陳腔，好友臺師大潘朝陽教授，曾諷喻地說：「早晚會出現一本研究羅斯福路水溝蓋的博士論文」，誠哉斯言，其言雖苛，卻是一句對這現象極佳註腳。至於受統獨意識形態影響下的著作，更不值得一提。這種種現狀，實在令人沮喪、悲觀，此即焦慮之由來。

　　職是之故，面對臺灣史這一「高平庸化」的瓶頸，要如何掙脫困境呢？個人的想法有二：一是嚴守學術規範予以審查評價，不必考慮史學之外的政治立場、意識形態、身分認同等；二是返回原點，重尋典範。於是個人動了念頭，很想將老一輩的著作重新整理，出版成套書，此一構想，獲得潔祥兄的支持，兩人初步商談，訂下幾條原則，一、收入此套叢書者以五十歲（含）以上為主；二、是史家、行家、專家，不必限制為學者，或在大專院校、研究機構者；三、論文集由個人自選代表作，求舊作不排除新作；四、此套書為長期計畫，篩選四、五十位名家代表

作，分成數輯分年出版，每輯以二十位為原則；五、每本書字數以二十萬字為原則，書刊排列起來，也整齊美觀。商談一有結論，我迅即初步擬定名單，一一聯絡邀稿，卻不料潔祥兄卻因某些原因而放棄出版，變成我極尷尬之局面，已向人約稿了，卻不出版了。之後拿著企劃書向兩家出版社商談，均被婉拒，在已絕望之下，幸得蘭臺出版社盧瑞琴女史遞出橄欖枝，願意出版，才解決困局。但又因財力、人力、市場的考慮，只能每輯以十人為主，這下又出現新困擾，已約的二十幾位名家如何交代如何篩選？兩人多次商討之下，盧女史不計盈虧，終於同意擴大為十五位，並不篩選，以來稿先後及編排作業為原則，後來者編入續輯。

　　我個人深信史學畢竟是一門成果和經驗累積的學科，只有不斷累積掌握前賢的著作，溫故知新，才可以引發更新的問題意識，拓展更新的方法、理論，才能使歷史有更寬宏更深入的研究。面對已成書的樣稿，我內心實有感發，充滿欣喜、熟悉、親切、遺憾、失落種種複雜感想。我個人只是斗膽出面邀請同道之師長友朋，共襄盛舉，任憑諸位自行選擇其可傳世、可存者，編輯成書，公諸同好。總之，這套叢書是名家半生著述精華所在，精彩可期，將是臺灣史研究的一座豐功碑及里程碑，可以藏諸名山，垂範後世，開啟門徑，臺灣史的未來新方向即孕育在這套叢書中。展視書稿，披卷流連，略綴數語以說明叢刊的成書經過，及對臺灣史的一些想法、期待與焦慮。

卓克華

2016.2.22 元宵　於三書樓

《臺灣史研究名家論集》——推薦序

陳支平教授在《臺灣史研究名家論集》第一輯之《推薦序》裡精闢地談論海峽兩岸學者共同參與「臺灣史研究」學科建設的情形,並謂「《臺灣史研究名家論集》,在一定程度上體現了當今海峽兩岸臺灣史學術研究的基本現狀和學術水準。這套論集的出版,相信對於推動今後臺灣史研究的進一步開拓和深入,無疑將產生良好積極的作用」。誠哉是言也!

值此《臺灣史研究名家論集》第二輯出版之際,吾人亦有感言焉。

在中國學術史上不乏「良好積極」的示範:一套叢書標誌著一門學科建設的開啟並奠定其「進一步開拓和深入」的基礎。

譬如,1935—1936 年間,由編輯家、出版家趙家璧策劃,蔡元培撰序,胡適、鄭振鐸、茅盾、魯迅、鄭伯奇、阿英(錢杏邨)參與編選和導讀,上海良友圖書公司編輯出版了十卷本《中國新文學大系》。於今視之,《中國新文學大系》之策劃和序論、編選與導言、編輯及出版,在總體上標誌著「中國新文學史研究」學科建設的開啟並為其發展奠定基礎。

「臺灣史研究」的學科建設亦然。1957—1972 年間出版的《臺灣文獻叢刊》具有發動和發展「臺灣史研究」學科建設的指標意義和學術價值。1988 年 1 月 30 日至 2 月 1 日在臺北舉辦的「臺灣史學術研討會」開始有邀請大陸學者、邀請陳孔立教授「共襄盛舉」的計畫。由於政治因素的干擾,陳孔立教授未能到會,他提交了論文《清代臺灣移民社會的特點》,由臺灣學者尹章義教授擔任評論人。陳孔立、尹章義教授的此次合作,值得記取,令人感慨!2005 年,陳支平教授主持策劃的《臺灣文獻彙刊》則是大陸學者對於「臺灣史研究」學科建設的一大貢獻。

在我看來,作為叢書,同《臺灣文獻叢刊》、《臺灣文獻彙刊》一樣,《臺灣史研究名家論集》對於「臺灣史研究」學科建設的意義和價值堪當「至重至要」四字評語。

《臺灣史研究名家論集》第二輯的作者所顯示的學術陣容相當可觀。用大陸學界的習慣用語來說,陳孔立教授、尹章義教授及其他各位教授

均屬於「臺灣史研究」的「學科帶頭人」、「首席學者」一類的人物。

　　臨末，作為學者和讀者，我要對出版《臺灣史研究名家論集》的蘭臺出版社與籌劃總主編卓克華教授表達敬意。為了學術進步自甘賠累，蘭臺出版社嘉惠學林、功德無量也。

汪毅夫

2017 年 7 月 15 日記於北京

《臺灣史研究名家論集》——編後記

　　《臺灣史研究名家論集》〈二編〉就將編校完成，出刊在即，蘭臺出版社編輯沈彥伶小姐，來電囑咐寫篇序，身為整套論集叢書主編，自是不容推辭。當初構想在每編即將出版時，寫篇序，不過（楊）彥杰兄在福州一次聚會中，勸我不必如此麻煩，原因是我在《初編》中已寫過序，將此套書編集成書經過、構想、體制，及對現今研究臺灣史的概況、隱憂都已有完整交待，可作為總序，不必在每編書前再寫篇序，倒不如在書後寫篇〈編後記〉，講講甘苦談，說說些有趣的事兒，這建議非常好，正合我意，欣然同意！

　　當初以為我這主編只要與眾位師長、好友、同道約個稿，眾志成城，共襄盛舉就好了，沒想到事非經過不知難，看似簡單不過的事兒，卻曲折不少。簡言之，有三難，邀稿難，交稿難，成書更難。此話怎說？且聽我一一道來：

　　一、邀稿難：這套論集是個人想在退休前精選兩岸臺灣史名學者約40-50 位左右，將其畢生治學論文，擇精編輯，刊印成書，流傳後世，以顯現我們這一代學人的治學成績。等到真的成形，付諸實踐，頭一關便遇到選擇的標準，選誰？反過來說即是不選誰？雖然我個人對「名家」的標準指的是有「名望」，有「資望」，尤其是有「重望」者，心中雖有些譜，但真的擬定名單時，心中卻忐忑不安，擔心得罪人。一開始考慮兩岸學者比例，以三分之二、三分之一為原則，即每編 15 位學者中，臺灣學者 10 人，大陸學者 5 人，大陸學者倒好處理，以南方學者為主，又集中在廈門大學。較困難的是北方有那些學者是研究臺灣史的？水平如何？不過，幸好有廈大諸師友的推薦過濾，尚不構成困擾。較麻煩的反倒是臺灣本地學者，列入不列入都是麻煩，不列入必定會得罪人，但列入的不一定會答應，一則我個人位卑言輕，不足以擔此重任，二則有些學者謙虛客套，一再推辭，合約無法簽定，三則或已答應交給某出版社出版，不便再交給蘭臺出版社，四則老輩學人已逝，後人難尋，難以

簽約。最遺憾是有些作者欣然同意，更有意趁此機會作一彙編整理，卻不料前此諸多論文已賣斷給某出版社，經商詢該出版社，三番兩次均不答應割愛，徒呼奈何。此邀稿難。

二、交稿難：我原先希望作者只要將舊稿彙整擇精交來即可，以15 萬字為原則，結果發現有些作者字數不足，必須另寫新稿，但更多的作者都是超過字數，結果守約定的學者只交來 15 萬字，因此割愛不少篇章，不免向我訴苦，等出版社決定放寬為 20 萬字時，已來不及編輯作業，成為一大憾事。超過的，一再商討，忍痛割捨才定稿。更有對昔年舊稿感到不滿，重新添補，大費周章，令我又佩服又慚愧。也有幾位作者真的太忙，拖拖拉拉，一再延遲交稿，幸好我記取《初編》經驗，私下有多約幾位作者，以備遞補，遲交的轉成《三編》、《四編》。但最麻煩的是有一、二位作者遲遲不簽合約，搞得出版社不敢出版，以免惹上著作權法的法律問題。

三、成書難：由於不少是多年前的舊稿，作者雖交稿前來，不是電子檔，出版社必須找人重新打字，不免延擱時間。而大部份舊稿，因是多年前舊作，參考書目，註釋格式，均已改變，都必須全部重新改正，許多作者都是有年紀的人，我輩習慣又要親自校對，此時已皆老眼昏花，又要翻檢原書，耗費時日，延遲交稿，所在皆是。而蘭臺出版社是一家負責任且嚴謹的公司，任何學術著作都要三校以上才肯出版，更耗費時間。

不可思議的在《二編》校對過程，有作者因年老不慎跌倒，顱內出血；或身體有恙，屋漏偏逢連夜雨，居然又逢車禍；或有住家附近興建大廈，整日吵雜，無法專心校對，又堅持一定要親自校對……等等，各種現象都有，凡此都造成二編書延遲耽擱（原本預計九月底出版），而本論集又是以套書形式出版，只要有一本耽誤，便影響全套書出版。

邀稿難，交稿難，成書更難，這是我個人主編《臺灣史研究名家論集》最大的切身感受，不過忝在我個人自願擔負此一學術工程的重大責任，這一切曲折、波折都是小事，尤其看到即將成書的樣稿，那心中的

喜樂是無法言宣的，謝謝眾位賜稿的師友作者，也謝謝鼎力支持，不計盈虧的蘭臺出版社負責人盧瑞琴女士。

卓克華

106 年 12 月 12 日 於三書樓

黃美英

臺灣史研究名家論集

（二編）

蘭臺出版社

目　錄

媽祖信仰的流傳與特質

前言

　　千餘年來，媽祖的傳說與信仰，經過代代的相傳與增衍，由簡樸的形式演變為多樣，由單純的內容轉化為繁複，從縱切面觀之，媽祖信仰的流傳，歷經了宋、元、明、清，在浩漫的歲月中，媽祖信仰與傳說故事，不僅反映出生活在中國土地上的廣大民眾的心理冀求，也意味著在既定的社會制度和政權結構下，民眾透過宗教信仰所欲尋求的人生理想與價值；相對於現世的生存問題，宗教信仰往往成了民眾心靈的庇佑和託寄，在社會經濟、政治的運作和裂縫中，扮演了互補的角色，象徵著另一種賴以生存的力量和支柱；媽祖的香火，歷經千年，迄今依然興盛不衰，自有其在歷史時代和社會文化上不可忽視的重要性。

　　除了民間的供奉和信仰之外，被中國歷代朝廷對媽祖的封賜褒獎和重視，顯示在不同歷史時期中媽祖信仰的更迭演變，從宋代的航海、元代的漕運、明代的海外宣諭，乃至清廷征台時期，歷代朝廷所賦予媽祖信仰的角色扮演和功能，各有其用意和著重點，也影響了媽祖傳說的內涵和信仰的流佈。

　　再由橫剖面觀之，媽祖信仰的發軔和擴展，是從福建莆田一帶民間流傳的巫覡形態，成為地方上的鄉土神，因其靈驗傳說的流佈，因應各地社會民眾的需求，媽祖信仰逐漸向外傳播，迄至南宋末期，媽祖已成為中國一位重要的航海守護神。元代以漕運立國，海漕路線由平江達於直沽而擴建到北方沿海，由於朝廷對漕運的重視，大力褒揚媽祖庇佑漕運的神功，媽祖的香火也隨著漕運由南而北，蔚為普遍性的民間信仰。

　　明代初期，媽祖信仰不僅在海運糧餉方面仍繼續扮演其重要角色，自永樂至宣德年間，鄭和七次出使西洋，縱橫海外二十餘載，其舟師規模之大、航程之遠、海運之危，已非漕運可堪比擬，媽祖神靈的重要性亦發顯著；正由於明代海上活動的興盛，舟師與商船往來的頻繁，以及

明朝對琉球的冊封和出使航程所需克服的風濤險浪，媽祖信仰的興盛和擴展，及其靈驗事蹟的流傳，已遍及南洋、琉球、朝鮮及日本等地，奠下了今日的海外各地媽祖香火的延續不墜。

在漫長艱辛的台灣漢移民拓墾史上，媽祖信仰也寫下了重要的一章，歷經了明鄭的屯墾治理，乃至清朝征台及其對台政策，媽祖的地位更為提高，民間的信仰益趨普遍，至今媽祖信仰已深植於台灣人的心中，媽祖已成為一位萬能的慈母，庇佑著在現實困境中生存的民眾，寄寓著一份對國泰民安之承平盛世的祈求與來臨。

一、傳說中的林默娘

據今所知，最早提到媽祖姓林的文獻，是宋代李俊甫纂輯的《莆陽比事》，其中第七卷〈神女護使〉條中記載著：

> 湄洲神女林氏生而神異，言人休咎；死，廟食焉。

此外，宋人丁伯桂所撰的《順濟聖妃廟記》」也有如下的說法：

> 神，莆陽湄洲林氏女，少能言人禍福；歿，廟祀之，號通賢神女，或曰龍女，莆寧海有堆。

大體而言，從北宋到南宋之間，有關媽祖的身世，僅可歸納是「莆田湄洲林氏女」這一輪廓而已。但是，若根據近人夏琦的考證，則認為媽祖原不是出生在湄洲，因為在宋代其他文獻如《紹熙志》、《攻媿集》、《夷堅志》、《宋會要》都不見有湄洲的記載，至李俊甫才有湄洲女神之說，夏琦認為媽祖的出生地可能是在莆田寧海聖堆，理由之一是《宋會要》記載為寧海鎮神女；理由之二是最早的媽祖祠是建在寧海的聖堆。然而，媽祖所以被傳說為湄洲嶼人，是因為湄洲一帶靠海，居民以海為生，常遭風濤之險，操舟出海時更需仰

賴神靈的保佑，在信仰心理的需求之下，香火的奉祀和民間的傳說也逐漸在湄洲一帶蔚為風氣，當地人自然也將媽祖視為是出生在湄洲的女神，李俊甫和丁伯桂的記載，便是由湄洲的民間傳說而來，由此也反映出任何傳說常隨時代和地域而演變的原則。

至於媽祖的生平事蹟，元朝中葉程端學《靈慈廟記》則謂：

> 神，姓林氏，興化莆田都巡君之季女。生而神異，能力拯患難。室居未三十而卒。宋元祐間，邑人祀之，水旱瘟疫。舟航危急，有禱輒應⋯⋯

程氏所述有關媽祖之身世與神力，與宋人所載已明顯有了內容上的變化和增衍。自明代之後，對於媽祖的生平家世的記載愈見繁多，說法不一；明人輯錄、清人翻刻的《天妃顯聖錄》，是集媽祖傳說之大成的一部書，簡略言之，媽祖是莆田林氏女，九牧中邵州刺史林蘊的第五代裔孫。及至清代，媽祖的生平傳說已相當具體而固定化了。

流傳至今，咸認為媽祖姓林，世居於今日福建省莆田縣湄洲嶼；生於宋太祖建隆元年（西元 960 年）庚申三月二十三日，相傳她自出生至滿月皆不啼不哭，故取名為「默」。宋雍熙四年（西元 987 年）九月初九日，時年二十八歲的林默娘，在湄峯「羽化昇天」。

另有認為媽祖是無疾而終，尤以民國以來，傳說媽祖為了救父，投海沈溺，死後為人奉祀，遂成為航海守護神，此說加深了媽祖本身所具備的倫理美德和情操。千年來，民間的信仰基礎和重心，並不在於媽祖家世背景的考證論點上，各時代民間傳說的豐富意涵已賦予這位女神一個合理化的具體存在，在各時代各地方所流傳的媽祖故事中，也透露了人們寄予媽祖的角色認同和集體意識。

二、媽祖信仰的發軔和擴展

> 枯木肇靈滄海東，參差宮殿崒晴空
> 平生不厭混巫媼，以死猶能効國功

萬戶牲醪無水旱‧四時歌舞走兒童
傳聞利澤至今在，千里危檣一信風
（知稼翁文集卷五）

　　這首七律是南宋高宗紹興年間（西元 1131～1161），莆田進士黃公
度所寫的《題順濟廟》，不但詠讚了媽祖在聖墩開顯和救濟路允迪船難
的功績，也烘托出媽祖生平特徵及歿後受人供奉，其寺廟香火和傳說的
興盛。

發軔於北宋年間

　　大多數研究媽祖信仰和傳說的學者，咸認為媽祖是由一鄉土性的女
巫，最後演變為全國性的女神。其中歷經幾個關鍵性的轉捩點，大致可
分為三個階段，最早是在宋太宗雍熙四年（西元 987 年）昇化後，歷經
一百年間，至哲宗元祐初年（1086 年），於莆田寧海聖墩開顯，才邁入
第二個階段。但此一百年當中，媽祖只是流傳於莆田鄉里間的女巫形
態，其靈威和信仰的傳播仍未有更大的擴展。北宋是媽祖顯靈立廟的形
成時期，主要是源於漁民對海難的恐懼，因此出現了有關媽祖在海上顯
靈的傳說，由於民眾相信媽祖顯靈救難，便在莆田寧海聖墩為她立祠。
三十年後，宋徽宗宣和五年（1123 年），給事中路允迪出使高麗，在海
上遇難，幸賴神佑而得生還，便奏請皇帝頒賜「順濟」廟額，從此之後，
媽祖的靈驗傳說愈為廣佈，封號和祠廟也日益增多，此階段是媽祖信仰
向外擴展傳播時期，加以官方的褒封，媽祖傳說在北宋末的發展，已成
為庇佑中國南方沿海地區的海上女神了。

　　媽祖成為超地域信仰而備受普及化的供奉，是在興化莆田人陳俊卿
大力提倡之後，約在紹興三十年（1160 年）。這是由於陳俊卿的地位顯
赫，並捐地建廟，與莆田一帶士紳大力推展媽祖信仰，且因宋室南渡之
後，對民間信仰表示重視，媽祖的地位也更為提高，因此當時白湖的順
濟廟也成為主要的媽祖信仰中心，終於奠定了媽祖在中國民間信仰的地
位。白湖順濟廟香火的盛況，可由陳宓所寫的「白湖順濟廟重建寢殿」

一文窺知：

> 昔稱湘水神靈，獨擅南方
> 今仰白湖香火，幾半天下

媽祖信仰的普遍流傳，主要是基於航海者對媽祖護佑的需求，以免於海賊之憂、海難之患。宋時民間對媽祖之祈求，在洪邁搜羅於《夷堅志》的二段記事中明顯可見：一為妃以三吉筶示兆，救護「有賊船六隻在近洋」的海賊之患（浮曦妃祠條）；一為「凡賈客入海，必致禱祠下，求杯筶所陰護，乃敢行。」（林夫人廟）可知白湖、湄洲嶼等處的媽祖廟，能一再改建，成為樓閣崇麗的林夫人廟的原因，便是基於上述的信仰心理。

南宋時期的信仰發展

媽祖信仰的擴展，也和宋室大力推展海外貿易密切相關，宋朝為了增加國庫收入，大力獎勵發展海外交通貿易。大陸東南沿海港口城市如廣州、泉州、溫州、杭州、寧波、上海等，在兩宋時先後設立市舶司，負責管理海上貿易和課征入口稅，而航海的人也將媽祖香火傳播到大陸沿海各城市。

自南宋開始，媽祖神位也被供奉在海船上，宋丁伯挂《順濟聖妃廟記》記載：開禧元年（西元 1205 年），金兵渡淮河向長江流域進犯，宋朝急從福建遣調舟師北上禦敵。船工們為了祈保生命安全，便將媽祖香火請到船上供奉。結果大獲全勝，最後也解救了合肥之圍，媽祖以「有護國大功，加封顯聖妃」，從此以後，海船上都設有供奉媽祖神像或香火的神龕，船上的人早晚燒香祝禱。

南宋晚期，媽祖廟的分佈地區已相當廣大了，例如劉克莊有謂「妃廟遍予莆，凡大墟市、小聚落皆有之。」又謂「妃以一女子而為神，香火布天下」，以及「非但莆人敬事，余北遊邊、南使粵，見承、楚、番禺之人祀妃尤謹，而都人亦然」。丁伯桂也記載有「神之祠不獨盛於莆，

閩、廣、江、浙、淮甸皆祠也。」

元代漕運的影響

　　媽祖在宋代已成為中國重要的航海守護神，至元朝，由於海路運糧的實行，以及航運過程上的風險，使得運糧的官兵水手皆需求助於神明的庇佑，媽祖所扮演的航運守護神的角色益加顯得重要，朝廷對媽祖也屢加褒封，或是遣官致祭，以順應民心。另一方面，元朝也繼續鼓勵對外通商貿易，《元史・世祖本紀》記載有「制封泉州神女號護國明著靈惠協正善慶顯濟天妃」，由此可知，元朝不但承繼了宋代封媽祖的封號，並將媽祖地位升格為天妃。

　　元朝流傳的媽祖顯靈事蹟，也多與漕運有關，程端學的廟記除了敘述天曆二年運舟在三沙海面遇颶風，仰賴神佑而安度險難之外，又記載了一些媽祖感應的傳說，顯示媽祖在元代已扮演了漕運上不可忽視的守護神了，因此也成了朝廷專祀之神明，每年依制致祭。

　　元朝定都燕京，北方人口激增，糧食皆賴來自江南之補給，元代的海漕糧運路線是由平江達於直沽（今日的天津），再由北運河轉達到通州儲藏，以便供元大都的軍需民食。漕運守護神媽祖的香火也因此傳佈至北方，軍民亦立廟奉祀，直沽的天妃廟便是在元代建立的。

　　元代的漕運措施，也是影響了湄洲嶼媽祖廟的香火，由於湄洲嶼位於南北海漕必經之通衢，使得當地的媽祖香火更形與盛，自此湄洲嶼媽祖廟的地位也凌駕於宋代寧海和白湖兩處的順濟廟之上，取而代之，成了全國的媽祖信仰的重鎮，元代的媽祖已成了全國的航海守護神。

護佑鄭和下西洋的舟師

　　明朝實行海禁政策，禁止私人製造海船和出海貿易，所以明代史料所記載的媽祖傳說，主要是在保護外交使節，尤以鄭和七次出使西洋影響至深。

　　永樂三年（西元 1405 年），明成祖命鄭和首次下西洋，永樂五年，

鄭和回朝，奏稱海上多賴媽祖庇佑，明成祖下詔在南京龍江建天妃宮，並特加「護國庇民靈應弘仁普濟天妃」封號。據《明會典》載，南京龍江天妃宮建成後，「每歲以正月十五日，三月二十三日，遣南京太常寺官祭」，此一祭典，一直延續到明亡為止。

明宣德六年（西元 1431 年），鄭和、王景弘第七次奉命下西洋，在劉家港開洋前祭神立碑；此即著名的「通蕃事迹」碑，船至長樂南山港候風時，又刻「天妃靈應之記」碑，此兩碑都詳細記述了歷次下西洋的經過和天妃神迹。永樂、宣德之間，除鄭和親自率眾出使西洋之外，尚多次遣其他太監往西洋從事外交活動，這些使節回朝皆奏明海上大得天妃神佑。自永樂七年至宣德六年（西元 1400 年～1431 年），先後八次由朝廷遣官到湄洲媽祖廟致祭。《天妃顯聖錄》記載宣德六年，鄭和領興平三衛指揮千百戶和府縣官員，到湄嶼買辦木石，修整廟宇，並御祭一壇。文曰：

> 茲遣鄭和等道涉江海，往返諸番，
> 惟神有靈，默加佑助，俾風波無虞，
> 人船利涉，浮逆之際，咸賴底緩。
> 特以牲醴祭告，神其饗諸。（見湄洲嶼志略）

媽祖在明代的功績是以保護下西洋的舟師最為重大，因此明代又建立了幾處著名的媽祖廟。一是奉敕新建的南京龍江天妃宮，規模宏偉，還有御製碑文。二是福建長樂南山寺旁的天妃宮，由於鄭和統率舟師屢次駐此候風開洋，特於永樂十年奏建此廟，以為官軍祈報之所。至於劉家港和湄洲嶼雖已有天妃廟，但也因鄭和大事修葺，規模增大。直到南明時期，湄洲嶼的迎神賽會和媽祖香火仍是非常熱鬧興盛。徐孚遠的「賽天妃」一詩有生動的描述：

> 季春下瀚海南頭，喧喧鉦鼓賽湄洲
> 天妃降真在此地，相傳靈迹無時休　　—（釣璜堂存稿卷六）

琉球的冊封與香火傳播

　　明朝另一重要外交政策是對東方的日本採取和平外交,同時又嚴加防範。其中主要的措施是修好日本近鄰之島國琉球(今之沖繩島)。琉球初分三王,後為中山王所統一,奉中國為宗主國,朝廷便屢次遣使前往冊封修善。使者遠渡重洋,歷經風濤險浪,心靈上無不仰仗神佑,以增強信念。故每次航行,皆舉行隆重的祭神請香儀式,開洋之前,正、副使必先到天妃宮恭奉媽祖神像上舟護航,船上還配備專職「香公」,朝夕祈祝禱告。封舟到達冊封國之後,正副使即恭奉媽祖神龕,登岸安置於當地行宮中,供官民瞻拜。關於媽祖「歷庇封舟」的傳說記載甚多,其中以陳侃和郭汝霖兩部《使琉球錄》最為生動具體。嘉慶四年間,趙文楷和李鼎之被派為冊封琉球的正副使,李氏寫了一部日記體的《使琉球記》,詳述了出使過程中虔誠的祈拜媽祖以求庇佑之情況。媽祖信仰的傳播也隨著冊封的舟師傳播至琉球等地。

　　媽祖信仰發軔於北宋,歷經南宋、元、明,至清末,媽祖已由一地方性的女神,擴展為一全國性的信仰,媽祖香火也遠播至南洋、琉球等海外地區。媽祖信仰的擴展,除了民間的需求之外,也深受各朝代特殊的政經背景影響。大致而言,南宋王室偏安臨安,因緊鄰莆田,官方對地方神明的重視和鄉紳的提倡,皆有助於媽祖地位的提昇及其信仰的流傳。元代對漕運的重視,以及明朝鄭和七次大規模出使西洋,航運活動的頻繁更直接促使媽祖信仰的傳播和擴展。

　　明清之際,媽祖信仰在台灣的移民和拓墾史上,不僅扮演了極為重要的角色,更具有一份深遠而特殊的意義,今日台灣媽祖信仰的普遍、媽祖香火的鼎盛,主要

明朝遣派到琉球冊封的舟船,使者遠渡重洋心靈上須仰賴神佑,封舟上,設有供奉媽祖的「神堂」,由「香公」朝夕祈祝禱告。封舟圖,採自《琉球國志略》。

是源自閩粵移民渡海來台，攜帶了祖居地媽祖廟的香火或神像，在台灣拓墾定居，形成村落，而媽祖的信奉和媽祖廟的建立，也隨之在台灣的土地上紮根。

三、媽祖的神格特質

民間信仰的基礎主要是建立在地方社會文化發展的脈絡上，以及民眾崇信和情感和理念，歷代朝廷的褒封和重視，則是基於在政治、經濟、外交或軍事等方面的因素，官方往往藉由民間信仰和儀式，達成其特定的目的。

媽祖的信奉，原是來自地方住民的生活情感和理念，與地方的生態環境和歷史發展息息相關。因此，在不同的歷史時空，在不同的地域，媽祖的形象和扮演的主要角色也並非完全相同，歷代流傳於民間的媽祖傳說內容，都充分反映了媽祖信仰隨著時代推演和各地域的流傳，深植於民眾信仰理念中所欲訴求的角色形象，也因此賦予媽祖在不同時代和不同地域上的變異性和特殊意義。

媽祖信仰發軔於福建莆田一帶，北宋時期，媽祖的角色仍只是鄉里間流傳的巫神形貌，綜觀媽祖信仰歷經南宋至清代的開展過程，其信仰基礎與整個中國東南方沿海地區的生態環境及航海文化密切相關。換言之，中國人對媽祖信仰所具有的一個共通的主題意識，是來自海上生計及航海危難的憂慮。然而，在中國眾多的神祇中，為何媽祖能脫穎而出，成為千年來中國東南方一位重要的航海守護神？若從這一角度來看，媽祖的女性角色，則是不可忽視的主因之一。

《太上老君說天妃救苦靈驗經》卷首的媽祖圖像（日本天理圖書館藏永樂十二年刊本）

媽祖信仰從醞釀到形成，這當中存在著兩個關鍵的影響因素，二是傳說中媽祖的奇異生平；一是媽祖本身具有的純潔善良的本性，這兩項是使她成為宗教性人物的基本要素。從最早的文獻，以至到集媽祖傳說之大成的《天妃顯聖錄》，處處皆陳述媽祖的神異生平和顯靈事蹟。較早所見的描述，如《莆陽比事》記載的「生而神異，能言人休咎」，《仙溪志》的「為巫，能人禍福」，《靈慈廟記》所載的「生而神異，能力拯人患難」，《天妃廟記》所謂的「少而靈異，能知人禍福；鄉民以疾苦，輒已。」這些早期的傳說反映了媽祖生平所具有的神異、靈通以及能救苦治病等方面的特殊能力，歿後便受到村里民眾立祠供奉。但是，由於莆田是一濱海地區，沿海舟楫活動和航海事業逐漸興起之後，媽祖信仰便在此種生態文化和歷史發展過程中，結合早期具有的神異特徵和秉賦，發揮在救濟水災、海難及保護舟楫海運方面，也建立了航海守護神的形象。

明清以來，媽祖信仰和傳說的擴展，已不再只拘限於海上守護神的主要職司，從許多民間俗信的資料，如《太上老君說天妃救苦靈驗經》、《三教搜神大全》、《新刻宣封護國天妃林娘娘出身濟世正傳》，以及《天妃顯聖錄》、《天上聖母源流因果》等俗文學材料中，顯示媽祖信仰不但融合了儒、釋、道教的理念和色彩，有關各種顯靈傳說更形繁複，媽祖所扮演的角色，已成了一個神通廣大、法力無邊的女神了。

有關媽祖的神格特徵和顯靈事蹟，可由《天妃顯聖錄》得知民眾信仰心理的反映。該書是在明末編成，輯錄了普遍流傳民間的傳說故事，清康熙、雍正年間改編，此書的編纂，不但將各種繁複的傳說具體呈現

出來，並且對歷代以來的媽祖形象予以固定化，此書的流傳，也影響了後世民眾對媽祖信仰的認知。

從「天妃誕降」的記載內容，正反映了民間信仰理念中一個極重要的主題，那便是凡與神靈有關者，多必須是聖潔的、純淨的；在此理念下，媽祖的生平特徵也符合了民眾心理的期望，媽祖的神聖性及其信仰的基礎，也是承自她生平所具備的諸多美德、修持功夫和神異能力等。此外，在「湄山飛昇」的記載中，更烘托出媽祖一生的潔淨自守，異於凡人之特點，自此媽祖羽化成仙的情景便深深的烙在每個崇仰和祈求者的心裡；至今在媽祖飛昇成道日，信徒仍為此舉行慶典活動，湄洲嶼人並在湄峯祭祀之。

媽祖生前是以一未婚女子，在不滿三十歲即昇天成道，然而，值得一提而耐人尋味的是，在漫長的歷史發展過程中，媽祖角色形象的轉變，大致有兩個方向，一是隨著歷代朝廷的褒封，媽祖的地位和權威也因而提高，自北宋徽宗宣和五年（西元 1123 年）因顯靈救濟路允迪，獲頒「順濟」廟額，從此受到朝廷重視，宋、元、明、清，歷代朝廷均有敕封。

歷代朝廷對媽祖的封號，總計約三十次之多，但是在今日台灣民間生活中，我們卻不常聽到民眾提起朝廷的封號；自北宋流傳至今，媽祖的形象已由一「通賢靈女」演變為一位慈藹的母性長者，庇佑著苦難的蒼生，這是媽祖形象轉變的另一個方向。我們不難從民間對媽祖的各種稱呼，勾繪出媽祖在信眾心理和思維中的訴求形象。根據清人趙翼在《陔餘叢考》卷三十五的記載：

> 吾鄉陸廣霖進士云：台灣往來，神蹟尤著。土人呼神為媽祖。倘遇風浪危急，呼媽祖則神披髮而來，其效立應；若呼天妃，則神必冠帔而至，恐稽時刻。媽祖云者，蓋閩人在母家之稱也。

上文反映了民間喜稱呼「媽祖」而少稱「天妃」的一種想法，饒富趣味，聽到這種直接而親切的稱呼，媽祖便立即「披髮而來」，及時解救危難，若呼「天妃」，媽祖還得整裝戴冠一番，信徒惟恐因此耽誤了

時間。此外，還有「姑婆」、「姑」、「阿媽」、「娘媽」、「姥媽」、「老媽」等俗稱，在台灣流傳最普遍而親切的稱呼——媽祖婆！更充分反映了信徒對一位母性長者的訴求，媽祖——象徵著慈愛、悲憫、寬容、親切的母親或祖母，觀照著千年來各時代的興衰和世事的流轉，眷顧著在這塊土地上受苦受難的子子孫孫。

參考書目

（南宋）廖鵬飛，1150，《聖墩祖廟重建順濟廟記》。

（南宋）黃公度（1109－1156），《知稼翁詞》卷五〈題順濟廟詩〉。

（南宋）李俊甫，1214，《莆陽比事》。

（南宋）丁伯桂（1171－1237），1229，〈順濟聖妃廟記〉。

（南宋）陳宓（1171－1230），〈白湖順濟廟重建寢殿上梁文〉。

（南宋）劉克莊（1187－1269），〈風亭新建妃廟記〉。

（南宋）黃巖孫（1218－？），《仙溪志》卷9〈三妃廟〉。

（元）程端學（1278－1334）〈靈慈廟記〉。

（明）郭汝霖，1501，《使琉球錄》。

明人輯錄、清人翻刻，《天妃顯聖錄》。

（清）楊浚，1888，《湄洲嶼志略》。

（清）趙翼，1957（1782），《陔餘叢考》。台北：商務印書館。

李獻璋著、李孝本譯，1961，〈元明地方志的媽祖傳說之演變〉，《臺灣
　　　風物》13（3）：20-38。板橋：臺灣風物雜誌社。

李獻璋，1963，〈元明媽祖資料摘鈔（上）〉，《臺灣風物》13（3）：21-34。
　　　板橋：臺灣風物雜誌社。

李獻璋，1963，〈元明媽祖資料摘鈔（下）〉，《臺灣風物》13（4）：14-23。
　　　板橋：臺灣風物雜誌社。

李獻璋，1963，〈以三教搜神大全與天妃娘媽傳為中心來考察媽祖傳
　　　說〉，《臺灣風物》13（2）：8-29。板橋：臺灣風物雜誌社。

夏琦，1962，〈媽祖傳說的歷史發展〉，《幼獅學誌》1(3):1-37。台北。

閩粵移民的航海守護神

前言

　　台灣──這蕞爾小島的地理位置和生態環境，似乎也決定了她漫長歷史的發展和動向。台灣位於亞洲大陸的最東邊緣，東岸緊鄰數千公尺深而一望無際的海洋，而台灣的西邊，在三百萬年至一萬年之更新世冰河期間，曾數次和亞洲大陸以陸地相連；但是，大約在一萬年前，由於第四紀冰河期的結束，冰河的溶解也導致台灣海峽的形成，自此便分隔了台灣與亞洲大陸。

　　在台灣的舞台上，大陸閩粵移民的大量出現，始自十七世紀初期，雖然在古籍上有一些關於台灣的記載，例如尚書的「島夷」、漢書的「東鯷」、三國志的「夷洲」上和隋書的「流求」，史學家大多認為是指台灣而言，並以此推論中國人知道台灣，可以遠溯至公元前的年代，但是，從書中記載的內容來看，顯示在那些久遠的年代，台灣還沒有漢人移入居住。在漢人大量移住台灣之前，台灣本島已有南島語系民族定居長達五千年的歷史，這些南島語系的後裔，便是今日的「原住民族」。

　　約在四百年前，大陸閩南沿海的移墾者，在動盪不安的時局下，辭別家鄉的父老，捨離故園與親友，冒著生命危險、一波波移民來台，渡過驚濤駭浪、勢如連山的黑水溝，祈禱著安抵一塊新的土地，終於踏上這美麗島嶼的海岸。在這片的土地上，用他們的血汗和毅力，開墾出一畝畝新綠的田地，築起避風遮雨的家園，一處處的村落也逐漸的展現在台灣廣大的平疇綠野中，終於窩下漢人開拓史的新一章，也孕育了台灣的新文化。

　　自漢人大量移入台灣，一代代在台灣土地上繁衍生根，台灣終於成了漢人在海外拓展史上一個的實例，不但延續開展了漢移民文化和信仰，並且建立了一個具有自主性的新移民社會。由台灣早期開拓歷史來看，台灣先民是分別來自大陸東南許多不同的方言群，其歸屬在一起，

只是歷史的因緣，但是也因為這歷史的因緣和交會，註定了這些移民及其後代子孫，歷經了台灣四百年的共同命運。

明末清初，閩粵居民迫於生計，一波波渡海來台，除了攜帶家鄉奉祀的主神，為了祈禱航海的安全，臨行前，也多到祖居地媽祖廟上香，乞請媽祖香火袋攜帶身上，或奉請一尊媽祖分身神像安置船上，庇佑航行，一般便稱為「船頭媽」或「船仔媽」。這種由家鄉媽祖廟奉請神像和香火的信仰行為，稱為「分靈」或「分香」。由於移民的祖籍地各有不同，分靈分香的祖廟也有不同，從湄洲嶼媽祖廟請來的分身媽祖和香火，便稱為「湄洲媽」，從同安縣請來的稱「銀同媽」，從泉州府分香來的稱「溫陵媽」，皆依各祖居地媽祖廟而分別稱呼。移民安抵新的拓墾地後，便在家宅廳堂或另建祠供奉，台灣各地媽祖香火的普遍，與移民橫渡台灣海峽有最直接而密切關係，在茫茫大海的航行中，移民的心理上也須仰賴媽祖神佑。從離開祖居地到台灣的拓墾過程，媽祖信仰便這樣深植在台灣先民的心中，直到今日，媽祖在台灣的舞台上，仍有她無比重要的地位。

閩粵移民渡海來台之初，媽祖扮演了航海守護神的重要角色，因此在早期的移民社會中，台灣尊奉媽祖的風氣反而更甚於大陸沿海各地。這些事蹟，在地方志中固不乏記載，就現存的傳說和習俗，也仍可得知。西元 1662 年，鄭成功驅退荷人，在台灣建立了新的政權，開展了移民社會的新方向，明鄭時期雖僅維持了 23 年，但在台灣移民史上卻寫下重要的一頁。

明清政權更迭之際，清將施琅大大利用了台灣普遍崇奉的媽祖信仰，攻台之後，奏准敕建台灣第一個官方媽祖廟（即今日台南市大天后宮），以此號召全台媽祖信仰，企圖消除明鄭遺民的意識；但是民間各地的媽祖廟仍舊繼續發展，分別與官方天后宮形成抗衡局面；在台南安平及鹿耳門一帶的民間媽祖廟，便盛傳許多和鄭成功有關的事蹟，鄭成功被台灣漢人尊為「開台聖王」，媽祖也被奉為「開台媽祖」。清中葉，開發較早的「笨港」地區的媽祖廟，便逐漸成為民間媽祖信仰中心，地域群體透過宗教信仰而結合的趨勢愈加顯著，媽祖信仰也成了社群整合

和凝聚的重要力量。

　　綜觀閩粵移民在台灣的開拓史，從航渡台灣海峽，到艱辛的開拓，以及明鄭的治理和屯墾，經過清代的祖籍分類械鬥衝突之後，台灣漢人移民社會便逐漸走向本土化的穩定時期，閩粵移民已拋棄早期的祖籍分類意識，終於形成新的地緣群體的認同和整合。

　　回顧整個漫長艱辛的移墾和發展過程中，在不同的的階段，漢人先民都得藉由一些神明信仰的力量和象徵，來幫助他們完成艱辛的生存歷程；因此民間信仰對於個人和社群的穩定，具有極為重要的功能。在台灣民間宗教體系中，媽祖信仰是不可忽視的重要一環。在台灣漢人拓墾史上，媽祖信仰在幾個不同的時期，也扮演了不同的角色，並具有其特殊的社會文化意涵，尤其在台灣社會本土化的過程中，媽祖信仰更形重要而顯著，成了台灣漢人集體意識的表徵。

一、澎湖的移墾與最早的媽祖廟

　　澎湖群島地居台灣本島和中國大陸之間，因此漢人往台灣遷移的過程，也以澎湖為較早的一處據點。根據考古學者臧振華（1987）的調查發掘資料顯示：漢人之拓殖澎湖，很可能是始自唐末或唐宋之間，其時來自大陸東南沿海的漁民，只是將澎湖作為臨時的捕魚基地或休憩之地，稍後才逐漸有人來此定居，到了南宋之後，在澎湖、白沙、中屯、漁翁和八罩等較大的島上，才開始有了較多的漁民聚居。

　　從較具體的文獻資料如宋樓鑰撰《攻媿集》，宋趙汝適撰《諸番志》來看，顯示澎湖在十二世紀已有漢人移住。據史學者許雪姬估計，至南宋滅亡時，澎湖人口約在二千人左右。到了元代至元十八年（1281），置巡檢司於澎湖，隸屬泉州府同安縣，這是澎湖設治之始，推測當時移民人口已有相當數量了。

　　明代循例在澎湖設巡檢司，但對澎湖的經營並不積極，因澎湖侷處海隅，且為倭寇出沒之地，為杜絕倭寇患害，洪武四年（1371），禁止沿海人民私自出洋，其後並有徙回澎湖居民之議。洪武二十一年（1388）

撤廢巡檢司，實施居民內遷。但是到了明末年間，由於大陸局勢不安，澎湖又成了東南沿海居民大量移入之地。

明代末葉，澎湖曾兩度陷入荷蘭人之手，但後來都被明將收復。自明萬曆二十年（1592）至鄭克塽降清（1683）的九十年間，澎湖的開發有了長足的進步，這時期由閩粵沿海遷居來澎的居民最多，現今澎湖十大姓中，大多是在此一時期遷來。至明鄭末期，澎湖估計已有五、六千人，分散於各島嶼。

清聖祖於康熙年間取得台澎後，對澎湖的治理和政經措施，依元明慣例設立巡檢司，隸屬於台灣府，雍正五年（1727），因巡檢已不足以達成治理地方的需要，乃改設廳，以迄光緒二十一年（1895）割讓台澎給日本為止。在清廷治理時期，澎湖人口陸續增加，乾隆二十七年（1762）時，澎湖人口有 24,055 人，至光緒十九年（1893），已增加到 67,504 人，除了大嶼（今稱七美嶼），東吉、西吉、半坪嶼（即今東嶼坪、西嶼坪）因為遼遠而荒僻，清廷不准人民農牧之外，其餘島嶼都已陸續開發。

由於澎湖自然環境有其先天的限制，地瘠民貧，加上旱災颱風連連，在清代，被視為朝廷財政的沈重負擔，因此清廷在澎湖的建設相當有限，但因澎湖特殊的戰略位置，清廷不敢輕言放棄。此後官方並藉由資助寺廟祭典，亟思達成其治理的目的，因此在清代，澎湖雖已有民間各自信仰的神明和寺廟，但凡有關寺廟的建造和整修，官方卻扮演了重要的角色。

澎湖的馬公原名「娘宮」、「娘媽宮」、「媽娘宮」，島上有一天然良港，附近又有豐富的漁場，正是古昔風帆時代船隻輳泊的避風港灣，馬公港成了往來台廈水道船隻的中繼站。隨著船隻的泊靠和移民的落居，由此推溯宋元年代澎湖可能已有媽祖的供奉、以及小祠的建立，供往來航行者和漁民祈拜。

現今澎湖馬公的天后宮，已被公認為台灣歷史上最老的媽祖廟，其創建年代雖然仍無定論，但從有關文獻推斷，最遲在明萬曆三十二年（1604），澎湖已有「天妃宮」存在。明永曆十八年（清康熙三年）（西元 1664 年）二月，荷蘭司令官 Balthazar Bort 攻佔澎湖，將該廟燒毀，

居民嗣後予以修復。同年八月，Bort 再次佔領澎湖，將該廟完全摧毀，而後居民再重建之。永曆二十七年（1673），鄭經督軍進攻清廷，以澎湖為中繼站，並以媽祖宮為統帥府。其後七年，曾進出澎湖多次（參見陳知青之澎湖史話）。康熙二十二年（1683），清將施琅奉清聖祖之命攻台。六月，施琅在澎湖擊潰鄭克塽部將劉國軒。八月，全台降清，施琅乃奏請敕封媽祖，並議加封。翌年清廷加封媽祖為「護國庇民妙靈昭應仁慈天后」，自此而後，澎湖天妃宮便更名為天后宮。

施琅奏請康熙皇帝敕加媽祖的「請加封天妃疏」中，曾提及媽祖顯靈，助他在澎湖八罩島虎井附近沙灘掘得淡水的靈驗事蹟，奏疏中說：

> 澎湖八罩虎井，大海之中，井泉甚少，供水有限；自臣統師到彼，每于潮退，就海次坡中扒開尺許，俱有淡水可餐，從未嘗有。及臣進師台灣，遂無矣。

施琅的奏書一方面顯示他對媽祖的崇奉，二方面則向皇帝誇示他得到神助。自此而後，清廷善加利用原已普遍為澎湖及台灣移民崇拜的媽祖信仰。至道光十九年（1839），媽祖更進一步封為「護國庇民妙靈昭應弘仁善濟天上聖母」，由於清代官方的提倡，媽祖在民間信仰體系中，有其崇高特殊的地位，民眾也習慣以「天上聖母」之尊號稱之。

台灣本島的移墾

大陸東南居民移入台灣本島，比澎湖為遲。宋代仍稱台灣為流求，據趙汝適的《諸蕃志》和《宋史》外國列傳流國條，兩書均提及流求國「無他奇貨，商賈不通」。據元人汪大淵的《島夷誌略》，詳載當時往來大陸與台灣之間的各類貨品。宋代，中國戰亂相接，沿海人士浮海東渡來台避難者日眾。連橫《台灣通史》卷一開闢紀，載「歷更五代、終及

南宋，中原板蕩，戰爭未息，漳泉邊民漸來台灣，而以北港為互市之口……北港在雲林縣西，亦謂之魍港……宋末零丁洋之敗，殘兵義士亦有至者，故各為部落，自耕自瞻，同族相扶，以資捍衛。」

到了元代，中西交通大開，航運頻繁，大陸與台灣之間的往來也較南宋為多，但多為私人活動。由海上旅行家汪大淵的記載，可知台灣已有大陸移民住台，至於官方雖曾兩次企圖經營台灣，派兵前來察看，終無所成。

明代，由於今之琉球群島被冊封為藩屬，稱為大琉球，故另稱台灣為琉球，至萬曆年間，始改稱台灣。明太祖對海外經略多採消極政策，不僅無意經營台灣，且因為倭寇之故，連已入中國版圖的澎湖並予放棄，明成祖時代，海外政策轉趨積極，遣派鄭和七次出使西洋，目的在追踪惠帝的下落，鄭和是否到過台灣，文獻上並無明確記載，只有若干傳說。當時台澎二地，由於海禁政策的影響，朝廷視為邊陲棄地，素為逋逃遯跡之所。

明朝中葉嘉靖年間（1558），大陸東南沿海屢有海寇之亂，《福建通志》中的台灣府治革記載「嘉靖四十二年，流寇林道乾擾亂沿海，都督俞大猷征之，追及澎湖，道乾遁入台……」，在逐漸動盪不寧的年代裡，大陸東南沿海居民也逐漸冒險涉海來台，離開了原居地「襟山帶海、田不足耕」的生存困境。

明代對台灣的經營，多以私人為主，其中以顏思齊、鄭芝龍、林道乾、林鳳等人最為著名。根據《台灣通史》卷二九：「顏鄭兩人於天啟四年（1624）在日本結盟，駕船來台，航行八日夜，至台灣，入北港，築寨以居……漳、泉無業之民亦先後至，凡三千餘人。」據《台灣省通志》人民志人口篇（1971）的統計，顏鄭時期的漢人數目約在五萬以下，聚落成村，顏思齊死後，鄭芝龍仍縱橫海上，聲勢甚大，後來接受朝廷招撫。顏鄭雖被視為海寇，但在獎勵移民、開墾荒土、招募閩粵飢民、解決貧困及對台灣的開發則不無功績，不但奠下了漢移民在台灣拓墾的基礎，而且在荷蘭人侵佔台灣時，仍寫下了漢人在台灣的一頁歷史，但在明朝局勢急轉直下之時，鄭芝龍也來個見風轉舵，走上了降清之路。

　　荷蘭人入侵台灣始於西元 1624 年，根據《巴達維亞城日誌》所載，荷人侵台之前，台南一帶的每個平埔族的村落中，都有若干漢人，這些漢人雜居於平埔族間，從事一些米鹽的商業，他們有一些和土著女子結婚，但仍沒有農業和定居的現象。但是，荷人佔據台南一帶之後，由於重商主義的荷人亟需大量的勞力，便獎勵漢人移住。西元 1636 年之後，荷人開始推廣農業和蔗作，在荷蘭當局的獎勵下，大陸沿海的貧困農漁民，衝破明朝的海禁令，冒險橫渡台灣海峽移民來台，在漢人移民人口不斷增加之後，卻對殖民主義的統治者形成威脅，西元 1652 年，台灣的漢移民不幸遭受到大量屠殺的厄運。

　　不論是留在原居地或渡海來台謀生，都註定閩粵農漁民悲慘的命運。荷人佔據台灣的十七世紀中葉，正值明朝末期，封建制度逐漸崩潰、政權腐化、豪門壓欺，致使民不聊生，地方盜匪流寇四起，天災連連……。在惡劣卑賤的生活困境中，閩粵農漁民不惜離鄉背井，橫渡海峽，企圖展開另一番生存的奮鬥，尋覓最後的一條生路。在荷人統治末期，漢人移民已達十萬人，拓墾的土地遍及台南及鳳山一帶。漢人先民，在中國亂世和荷蘭殖民政策的交迫下，用無數的生命和血淚交織的代價，寫下了一頁辛酸的台灣移墾史。

　　中國歷代朝廷皆視台灣為邊陲島嶼，化外之民，無意善加經營。但在明清之際，面臨朝代政權的更替，戰事方酣之時，台灣卻適時的顯現出她重要的地位。鄭成功自永曆元年（1647）閩海舉義，抗清復明，轉戰各地十餘年，最後由於形勢日蹙，決意渡海攻取台灣作為長期抗清的復興基地。於永曆十四年（1660），取得澎湖。翌年，自澎湖率領四百艘戰船，兵士二萬五千人，大舉向鹿耳門進攻，歷經九個月的奮戰，荷軍終於獻城投降；夕陽敗壘，鹿耳濤聲中，荷蘭的殘兵敗將六百人揚帆悄然而去，結束了台灣三十八年的異族殖民統治時期。

　　朝代政權的對峙，也造成了大陸和台灣在人為政策上的隔絕，清政府為了抵制鄭成功，沿襲明政府的措施，於清順治十八年（1661）再頒遷界令，遷徙沿海三十里內居民到內地，嚴令「片板不許下水，粒貨不許越疆」。再於西元 1676 年實施第二次遷界令，致使世代為漁為農的居

民，被迫遷離故鄉，官兵一至，居民只好棄田宅、拋家產、別祖墳、號泣而去。閩粵沿海居民本就耕地不足，多靠海為生，被迫遷移內地，田宅荒廢，皆離家無業，人民困苦之極！其結果反而造成更多居民冒死衝破疆界，渡海來台謀生。這項殘酷的遷界令一直到清廷派施琅攻下台灣才告解除。

二、明鄭時期的媽祖信仰

（一）開台聖王與開台媽祖

明永曆十六年（1662），鄭成功驅逐荷人，進入台灣。翌年鄭成功病逝於台灣城（今安平古堡），此後鄭經父子慘澹經營二十二年，終被清將施琅攻克，結束鄭氏在台灣的治理。鄭氏三代在台灣奉明朔，延長明祚，世稱「明鄭」，而鄭成功的名字與台灣歷史從此也密切不可分。

就政治上而言，鄭成功在台建立了第一個屬於漢人的政權，引進中國傳統的行政制度和法規，改赤崁地方為東都明京，設一府二縣，這是台灣設置郡縣的開始。鄭氏以台灣為反清復明基地，著力屯兵練兵，勵精圖治，從此這一向被朝廷視為海外蒼茫孤島的台灣，也有了自立自主的政權。就軍事方面而言，台灣是中國海防的戰略據點，在西太平洋上有其形勢的重要性，在早期便引起外國的覬覦。鄭成功逐退荷蘭人，是漢族人第一次收回歐洲人的殖民地，鄭氏對台灣的設官置守，也防患了荷人、西班牙人及日本等再對台灣的覬覦。

最後，就社會經濟和文化層面而言，明鄭採「寓兵於農」的屯墾政策，在台灣各地屯兵開墾，激勵大陸移民來台，鄭氏的治理，不但使同來的移民在台灣土地上拓墾而生根，也滋長了移民定居台灣的意願。最重要的是，這些漢移民也將原居地的文化帶來台灣，並隨著在台灣的適

應和發展過程，逐漸孕育了新的文化，奠下移民社會的基礎。從某個角度來看，漢移民文化進入台灣，以及長時期的發展和壯大，對整個台灣的歷史，以及相對於島上生存五千年以上的原住民而言，無疑是劃時代的重大事件。

對漢人而言，由於鄭成功這劃時代歷史性之舉，使其成為台灣漢人的民族英雄，這位明朝的「國姓爺」，也被尊奉為「開台聖王」，在台灣的開拓和漢文化的發展上，有其含意深遠的象徵意義，也因此，不論史實如何，有關鄭成功的故事和足跡，在台灣許多地方普遍流傳著，成為民間引以為豪且津津樂道的事，尤其是有關鄭成功率大軍和荷蘭人的海戰，以及登陸台灣的第一步，更備受後人和當地人士的重視，這當中蘊含了台灣漢人子孫對鄭成功「開台」功績的感念，也反映漢移民對台灣開拓歷史和本土社會的重視。

鄭成功治台之前，台灣已有為數不少的漢人移民。鄭成功驅退荷人，奉明正朔，對台灣漢移民而言，鄭成功開啟了一個合乎法統的社會，因此明鄭雖僅維持二十三年，而後歷經清政府的治理和日人的殖民政策，但在這三百多年來，台灣漢人對鄭成功的「開台」功績，仍然感念不已，顯示台灣漢移民對其社群文化的重視，而這當中最能反映漢人社群意識的表徵，便是將漢移民共同的民間信仰——媽祖，和鄭成功開台事蹟相提並論；也因此在台南一帶的幾個媽祖廟，一再流傳著和鄭成功開台有關的淵源傳說，這當中所反映的社會意義，已超越了歷史文獻考證的囿限和範疇了。

（二）明鄭建置媽祖廟的疑案

若從文獻資料追溯台灣各大媽祖廟的建置沿革，其中的記載與民間流傳並不完全相符；尤其是明鄭時期台灣媽祖廟的建置，考諸文獻皆闕如未載，這當中或許隱含著一些耐人尋思的疑點，因為明鄭的文獻多被清人銷毀，因此有關該時期台灣媽祖廟的建置，僅能由清人所編修的府縣志書得知一二。

　　考察現存台灣府縣志書的記載，明鄭以前台灣僅二座媽祖廟，一是澎湖馬宮澳內的媽祖廟，即今之馬公天后宮。二是古諸羅縣（即今嘉義）安定里東保的「姑媽廟」，「姑媽」是湄洲鄰近民間對媽祖的暱稱，但該廟今已不存；除此之外，明鄭二十三年期間全無媽祖廟建置的記載。但是民間流傳的說法，在明鄭之前，隨著閩南移民的拓墾和定居，台灣幾個開發較早的地區，已有媽祖香火的供奉和祠廟的建立，尤其在安平和鹿耳門一帶，皆盛傳有關媽祖顯靈，協助鄭成功登陸的事蹟，因此當地幾個媽祖廟的淵源都與鄭成功關係密切，易言之，台南安平及鹿耳門一帶，在明鄭時期已有媽祖廟的存在了。

　　對於這些不同的說法，有關的史家和作者，大致可分為二類，一是從文獻資料考證，有幾分證據說幾分話，認為明鄭時期台灣並無媽祖廟的建置。另一類是從媽祖信仰的傳播和台灣移民史的角度加以分析，如李獻章博士和林明峪先生，並不侷限於官方府縣志書的引證，而兼顧了台灣早期拓墾和漢移民對媽祖的崇祀而加以推論。

　　若根據後者的說法，當明天啟四年顏思齊、鄭芝龍等人入台安寨於笨港時期，移民人數前後高達五萬人，此時漢移民聚居處已有已有媽祖香火和小祠的供奉了。及至鄭氏父子經營台灣之後，移民數量逐年增加；理論上，民間供奉媽祖應更為興盛，何以清朝宮方志書不見記載？

　　上述疑點牽涉到的可能因素，是施琅征台時，為收攏民心。便利用媽祖信仰，告示軍民因有媽祖神助，故能攻克台澎，降服鄭克塽，以此達成征台政策的合理立場。因此施琅在取得台灣之後，便改建明寧靖王府邸為天妃宮，做為全台媽祖信仰中心。由於政策的因素，清廷有意抹滅鄭氏治台功績，除了大力提倡民間崇奉的媽祖信仰之外，也以官方的天妃宮（後稱天后宮）取代明鄭時期台南安平媽祖廟的地位。

　　此外，台灣的官修府縣志書，始於高拱乾的《台灣府志》，修志年代距施琅征台已逾十載，當中是否有意將明鄭時期建置的媽祖廟略而不提，則是值得存疑之事；因此若只以官修府縣志書的記載，來考察台灣媽祖廟的淵源，便難以窺知媽祖信仰在台灣民間的流傳和開展，也難以更深一層的探討媽祖信仰在台灣拓墾史上的社會意涵。

三、鹿耳門風雲滄桑

鹿耳門——現已被台灣漢人視為鄭成功驅退荷人而登陸台島第一處史蹟，此說由來，主要是依據鄭氏隨員且身經鹿耳門之役的「延平王戶官楊英」的《從征實錄》：

（永曆十五年）（四）月初一日（一六六一年四月二十九日）黎明，藩（鄭成功）坐駕船即至台灣外沙線，各船魚貫絡繹亦至。辰時未亮，即到鹿耳線外。本藩（成功）隨下小哨，縶鹿耳門先登岸踏勘營地。午後大艍齊進鹿耳門，先時此港頗淺，大船俱無出入，是日水漲數尺，我船極大者，亦無意默助也，是晚我舟齊到泊禾寮港登岸紮營近街坊，梨□□□□□前鎮督虎衛將坐銃船札鹿耳門□□水師甲板，並防北線尾。……初三日宣毅前鎮□官兵札營北線尾。夷長撥一城上見我北線尾官兵未備，遣戰將拔鬼仔率鳥銃兵數百前來衝殺，被宣毅前鎮督率向敵一鼓而殲，夷將拔鬼仔戰死陣中，餘夷被殺殆盡。

大凡有關鄭成功史事之文獻資料，多載及「進攻鹿耳門」之戰績，史學者大多採信鄭軍驅荷復台最先著績之處，無疑是鹿耳門港及其附近陸域，包括上文中所述的「禾寮港紮營」、「札鹿耳門」、「札營北線尾」。但是十七世紀的鹿耳門古港，歷經漫長歲月，已有了很大的變化，尤其是道光三年〈1823〉，由於大風雨的原故，使鹿耳門古港更是不復舊觀。

明清史料戊編「大學士曹振鏞等奏摺」云：

臣等伏查，府城為全台根本重地，西門外地方與鹿耳門、安平鎮互相犄角，實郡之咽喉，亦米糧財貨積聚之所。從前因濱臨內海，有險可恃，故未包羅入城。道光三年以後，內海之濱，沙日淤墊；北自加（嘉）義之曾文。南至郡城小北門外四十餘里，東自洲仔尾海岸，西至鹿耳門內十五、六里，俱已漲陸埔。

清台灣道姚瑩《東槎紀略》之籌建鹿耳門砲台一文中也記載：

道光三年七月，台灣大風雨，鹿耳門內，海沙驟漲，變爲陸地。

自道光年間以後，鹿耳門古港的地位便一落千丈，本為「郡城之咽喉，米糧財貸積聚之所」，從此海沙淤淺，形成海埔新生地，昔日的大海港僅成了一條溪流，船隻只能泊靠外港或改泊安平。道光間《台灣采訪冊》云：

鹿耳門港，郡龍關鎖之水口，昔年可泊千艘，志所謂「連帆」者是也。今北畔沖漲，港內浮淺，往來船集俱泊港外矣。

滄海桑田，鄭成功登陸鹿耳門時，那波濤壯瀾，巨艦連帆的風光，徒留後人憑弔。「鹿耳春潮」為昔日台灣八景之一，素為文人歌詠之題材，郁永河的竹枝詞：

鐵板沙連到七鯤，鯤鯓激浪海天昏，
任教巨舶難輕犯，天險生成鹿耳門。

今日台江已浮覆成為陸地，散落著幾處村莊、魚塭和鹽田，鹿耳門港道也僅留一條狹窄的水面，淺淺的舖在這曾是明鄭大軍馳騁揮髦的古戰場上；然而，相隔三百多年的歷史故事，卻仍然沒有被忘卻。民國五十年間，居住在鹿耳門溪流兩岸的兩村人，開始為鄭成功登陸地點和古媽祖廟遺址爭議不休，這當中主要也涉及目前兩村的媽祖廟，彼此互爭「正統」的地位，而媽祖助漲潮水，引鄭軍舟艦登陸的顯靈事蹟也在當地盛傳開來。

正統鹿耳門媽祖之爭

有關鹿耳門的古媽祖廟，在清康熙末年以前，似不曾見諸文獻記錄，據王禮纂修的康熙《台灣縣志》卷之九，載有：「媽祖宮在鹿耳門。康熙五十八年各官捐俸同建。」但道光年間姚瑩《東槎紀略》，記載籌建鹿耳門的砲台一文中，有「南線舊建天后宮已有百餘年」之說。李獻章依據多方面資料推測，清代官修志書對鹿耳門媽祖廟的記載，當係從

其規模略備之後寫起，決非原始之記錄，鹿耳門的草創原祠，也應是在明鄭之時。

鹿耳門媽祖廟在道光十一年（1831）遭洪水沖毀，連橫《雅言》第五十一節記載：

> 鹿耳門在安平之西，荷蘭、鄭氏，均扼險駐兵，以防海道；清代因之。住民數百，佃漁為生。亦有廟宇祀天后。道光十一年七月十四日，大風雨，曾文、灣裡兩溪之水澎湃而至；鹿耳門遂遭淹沒。三郊商人，素為海上貿易，憫其厄，每年是日設水陸道場於水仙宮，以濟幽魂，佛家謂之「普渡」，故台南有「鹿耳門寄普」一語，即言其事；亦以喻無業者之依人糊口也。

同治十三年（1874），鹿耳門一帶的洪水再度暴漲，許多史蹟文物皆沉理溪底沉沙之中；鹿耳門形勢大變，面目全非。凡有關古媽祖廟的原址，以及鄭成功率大軍登陸之地，從此也成了一段塌陷而無法復原的歷史痕跡，不但使後代子孫無處憑弔，更因此引發考證上和地方群體間的各種爭議。

歷經一世紀的滄桑，鹿耳門媽祖再度重現其威靈。當地的兩個村落——顯宮里和土城子，分別興建新的媽祖廟之後，至民國四十、五十年間，兩廟終於展開熱烈的「正統鹿耳門」媽祖廟之爭，兩地人士爭相往溪床打撈古廟的遺物，均欲證明是古聖母廟的正統後身，當中也引發了鄭成功登陸地點的勘察和爭執，在這一連串爭議風波中，最重要的焦點是，兩者皆捧出供奉的媽祖神像，宣稱即是當年古廟的開基媽祖，也正是鄭成功舟艦上的媽祖，曾顯靈助漲潮水，庇佑鄭氏舟艦順利登陸，該媽祖神像在古廟被洪水沖毀時，由居民搶救而留存下來，因此也鬧出「正統開基媽祖」的雙胞案。

兩廟人士為了支持各自的正統地位，一方面從文獻資料追溯其歷史淵源和地理位置的相關性，一方面也必須對該廟供奉的媽祖神像來源，提出有力的說法。

土城聖母廟的說法

土城聖母廟人士對該廟的興建過程和媽祖神像來源的說法如下：

道光十一年（1831）七月中，古聖母廟遭風雨大水沖擊時，地方善信為了先安置廟中諸神，乃與台南三郊執事磋商，決議將諸神像暫時疏遷寄奉當時三郊管理的海安宮、水仙宮，等待來日聖母廟修繕竣事後再行迎回奉祀。

寄奉期間，為使長年以來由古聖母廟辦理的「普祭」工作不致中斷，遂改由海安、水仙兩宮代辦，地方人士稱之為「鹿耳門寄普」，俾使自鄭成功率師登陸鹿耳門戰役以還，在鹿耳門港戰歿之無數英靈，有所皈依，祭祀綿延不絕，以慰亡魂也。

相傳當年鹿耳門寄普，是古都府城之一大民間盛事，除演唱梨園之外，並辦五朝清醮，另設觀音大士壇，開鋱口化食，儀式隆重盛大。除有五花十色之紙製旗幡隨風飄揚外，另製大型紙糊帆船數十艘，桅帆船櫓一應俱全，祭後投於江流，任隨波而去，稱為「鹿耳門祭江」頗富歷史意義與民俗淵源。

古聖母廟被洪水沖毀之後，已無跡可尋。迨至民國二年（1912），土城人士於西平湖仔（鹿耳門港一支流）發現一艘由福建莆田湄洲嶼放洋漂流過海而來的王爺船，村民乃迎奉祀，並商議搭一座臨時行宮，為安奉王爺之所，並名之曰「保安宮」。

民國七年（1918），土城耆老及八角頭代表發起組織重建聖母廟，並發動村民挖掘沉理溪底的古廟建材，掘獲刻有「鹿耳門天上聖母」字跡之明代大型石香爐，及石鼓、石獅、石柱等，重建一座寺廟。並於民國七年四月將寄奉海安宮已達八十七年的聖母諸神像由台南市迎歸土城，合併五府王爺奉祀，恢復昔日「鹿耳門聖母廟」名稱，廟之前殿供奉五府王爺，後殿則供奉聖母及佛祖等。

光復後，由於聖母廟位於土城市街中心，又毗鄰市場，更以廟地狹小，經地方人士請示神意，另行擇地重建，稱之為「三建」鹿耳門聖母廟，佔地廣闊，於民國六十四年破土興建，於七十年間舉行聖母移駕暨安座鎮殿大典，爾後仍繼續建設，配合附近鄭成功紀念公園的設立，朝向全台首屈一指的宗教觀光重鎮發展。

顯宮里天后宮的說法

隔著鹿耳門溪，南岸的顯宮里天后宮與土城聖母廟遙遙對峙，顯宮里一帶舊稱「媽祖宮」，當地天后宮的興建和媽祖來源的說法如下：

鄭成功驅荷復台後，感念媽祖神佑，乃建「媽祖宮」於登陸地北線尾嶼，奉祀鄭王隨艦之媽祖神像於廟中。該廟經鄭成功奠基後，香火日盛，遂於清康熙五十八年由百官捐奉擴建為「天后宮」。清同治十年（1871）七月間，曾文溪改道沖毀天后宮，媽祖神像幸賴當時廟祝林贊等人冒險救出暫祀民家。由於莊人無力重修廟宇，直到光復後，經多方奔走鳩資重建一簡陋廟宇為媽祖暫居之所，及至民國六十六年，加以擴建而成。廟中供奉的「鹿耳門媽」，內枝外葉、八獅椅座，是一尊刻工精美的木雕神像，有其悠久歷史，是鄭成功當年隨艦奉祀的湄洲媽祖。

四、政權更迭下的開台媽祖

有關安平的媽祖廟，在清康熙《福建通志》台灣府祀廟項下，載有「天妃宮，在鳳山縣安平鎮渡口」，僅此一條記事，並未載明年代；根據李獻章博士（1965）的推斷，通志不書創建年代的，大都是清代以前的祠祀，由於明初以來，渡海者必定奉祀媽祖於船內，而每當入港停泊時，便請上岸致祭，由此習俗而在港岸建祠之例很多；因此台南安平廟的起源，有可能是由遷祀鄭氏兵船的神像而建立的，而當時的「船仔媽」的神像並不大，各祠廟草創之初，規模也不可能太大。李博士綜合諸種資料，認為安平媽祖宮建於明鄭時代，雖屬草創，自是該地附近之首要媽祖祠廟。

此外，林鶴亭在《安平開台天后宮志》，詳述該廟媽祖神像來源和傳說：

> 明永曆十五年正月間，鄭成功與諸將謀繼續抗清，擬攻占台灣以為基地。三月初十日鄭成功自料羅灣出師之前，先向媽祖降生地福建莆田湄洲嶼恭迎媽祖寶像（軟身的）三尊，作為護軍之神，

及至四月一日黎明，鄭王舟師抵至鹿耳門外沙線……。然，鄭王舟師抵達之時，承媽祖之神庇，引潮水驟漲數尺，使大小戰船得以順利入台江，荷人驚為自天而下。後來荷蘭長官揆一，自知不敵，獻城從降。

　　李獻章和林鶴亭皆主張明鄭時期，安平已有媽祖祠的建置，唯兩者觀點有所不同的是，李氏推測當時奉祀的是鄭氏兵船上的「船仔媽」，林氏則一再引用有關信物，強調該廟的媽祖是「由鄭自湄洲奉請，作為復台的保護神而來台者」，因此該廟媽祖的地位自是不同。據林鶴亭的說法，鄭氏驅逐荷人之後，即致力於屯墾，仍無暇顧及建廟事宜，但經數年經營之後，為感戴媽祖神恩，於明永曆二十二年，在安平鎮渡口處興建了一座「閩台天妃宮」。

　　安平舊稱一鯤鯓，昔為台江門戶，荷人佔據，築熱蘭遮城。鄭成功驅荷之後，以其故鄉之名，改稱安平鎮，以熱蘭遮內城為王府。一鯤鯓為海防要地，且為船戶和商客出入之主要港口，媽祖廟位於鎮渡口，又有創建的歷史背景，向為漢移民進香朝拜的主要寺廟。

　　施琅攻台之後，將媽祖信仰中心移至台灣赤崁城一帶，改建明寧靖王府為官方天后宮，做為各地媽祖廟進香謁拜之中心，安平媽祖廟為明鄭遺民之信仰重鎮，自此便受到有意的貶抑，而兩廟分明，各自為政。安平媽祖廟供奉的神像，仍身著明制天妃之官服，頭戴的冠冕有七條冕旒綴珠，有別於台南大天后宮媽祖的九條冕旒（為清代天后之制），以此象徵安平人士之民族意識。

　　根據安平天后志記載，安平媽祖廟在清末得與敕建祀典廟並駕齊驅，一掃陰霾者，完全得力於船政大臣沈葆禎之奏摺。沈葆禎於同治十三年夏，日本侵台時，奉旨巡視台灣，同年十二月呈請建延平王祠，以鼓舞明鄭遺民共同禦外，此即鄭成功被列入祀典之肇端。及至後來，光緒帝並賜「與天同功」扁額，懸掛於鄭氏安平廟以彰之。自此在台文武百官才開始重視安平廟，捐助祭典及修築等事。

安平迎媽祖

　　對安平人而言，安平媽和鄭成功是密切相關的，且因安平曾是鄭氏王府所在地，在宗教信仰方面，安平媽祖也意味有「開台」的地位，象徵著湄洲媽祖在台灣的總代表，有其權威性及歷史性意義。

　　鄭成功入台後的第二年（1662），病逝於安平鎮王城內，並未回大陸。台灣遺民奉為開台始祖，遂有開山聖王、國姓公、國姓爺、鄭國姓……等名號，並為之建廟在東安坊，其廟額即為「開山王廟」。台民所建之鄭王廟，不冠「延平」之名號，而特冠以「開山王」者，乃表揚尊崇其開闢之功績，安平鎮渡口的媽祖廟，至今仍以「開台」兩字，象徵漢族的集體意識。

　　此外，安平媽祖廟進一步以具體的儀式活動，象徵該廟在台灣的歷史地位。根據安平開台天后宮志（1976）記載：

　　安平迎媽祖的頭旗，即布兵旗，上書「開台天上聖母湄洲進香回鑾遶境全台平安」十八字。

　　「開台天上聖母」代表本宮的媽祖，為台灣最早奉祀者。「湄洲進香」即往媽祖本廟上香認祖。依例，凡由湄洲本廟分靈的媽祖，每年或每三年，必須回本廟省親。

　　「回鑾」，指媽祖往湄洲謁祖返台，信徒於北線尾島迎接。「繞境」即繞安平各境，即本宮所直轄之地。「全台平安」，即所庇佑者遍及台灣，並非僅限於安平一處，也就是安平媽祖有義務保佑全台的信徒。

　　一般而言，民間的迎神賽會，無論是迎媽祖、迎城隍及瘟王爺，都含有消災解厄，祈求合境平安，以及社群整合的功能。安平迎媽祖，地方人士視為別具深沉的意義，其主要宗旨正如布兵旗所示：「開台天上聖母湄洲進香回鑾繞境全台平安」，這一題示包含兩層意義，一是上湄洲認祖，即確認其神靈香火的淵源，以此奠定安平廟之地位；二是針對台灣而言，安平廟負有職司全台安寧的義務，象徵在台灣的領導地位。因此，在清代、安平迎媽祖，蔚為民間一大盛事，其中蘊含著濃厚的文化認同意義。

　　迎媽祖是民間信仰的重要儀式活動，其目地之一，既為求全島平安，則其相對的意味，便是因為台灣動盪不寧而起的。在清代，自康熙

二十二年（1683）至光緒二十一年（1895）割台為止，其間 213 年間內憂外患頻仍。內憂為「三年一小叛，五年一大叛」。外患有：道光庚子（1840）鴉片戰爭，台灣近海遭英國海軍封鎖，達三年之久；同治甲戌（1874）日本侵台及光緒甲申（1884），清廷與法宣戰，由於清廷腐敗，戰爭頻仍，經常使島民深感威脅，人心不安。對於普遍信奉媽祖的台灣人而言，遂有「媽祖出巡」之盛事，仰賴神靈庇佑，祈求國泰民安。

　　安平迎媽祖，徵之於文獻，始自光緒十三年許南英《窺園留草》中一首台灣竹枝詞。其時乃中法宣戰之後三載；另《安平縣雜記》亦有記載，該書約在光緒十七至二十年間採訪撰成，描述安平迎媽祖之盛況及民眾熱烈之情狀。

　　安平媽祖廟創建於明鄭之時，歷經清代統治，至日人據台，清軍兵勇為困於廟內，慘遭屠殺，廟堂為血腥所濺，信眾視為不淨，從此香火冷落，寺廟也隨之荒廢。光緒二十七年（明治三十四），日人假該廟為教室，十年後，為建校舍而拆廟，廟方人士便將神像分別寄祀鎮內之其他神祠，安平媽祖宮遂告廢墜。光復後，安平父老每思重建媽祖廟，再整昔日香火，卜地於水師衙門原址，終於民國五十五年興建完工，即今日「安平開台天后宮」。

參 考 書 目

（南宋）樓鑰，1984（1171），《攻瑰集》。台北：新文豐出版。

（南宋）趙汝適，1956（1225），《諸蕃志》，見馮承鈞《諸蕃志校注本》。台北：中華書局出版。

（明）楊英，1995，《從征實錄》。南投：台灣省文獻委員會。

（清）陳壽祺纂，1958，《福建通志臺灣府》。台北：台灣銀行經濟研究室。

（清）蔣毓英，1993（1689），《台灣府志》。南投：台灣省文獻委員會。

（清）姚　瑩 1984（1832），《東槎紀略》。台北：成文出版。

（清）陳國瑛等，1959（1830），《台灣采訪冊》，《台灣文獻叢刊》第55種。台北：台灣銀行經濟研究室編銀行。

（清）郁永河，1979，《裨海紀遊》〈台灣竹枝詞〉、〈土番竹枝詞〉，刊於《台灣文獻叢刊》第44種（第一輯七）卷上。台北：台灣銀行經濟研究室編，眾文圖書出版。

（清）王　禮，1960（1720），《台灣縣志》，《台灣文獻叢刊》第103種。台北：台灣銀行經濟研究室。

台灣省文獻委員會編，1971，《台灣省通志》卷二宗教篇（上）（下）。台北：眾文圖書出版。

李獻章，1965，〈安平、台南的媽祖祭典安平閩台天后宮志〉，《大陸雜誌》30（9）：4-8。

林鶴亭，〈安平天后宮志〉，《臺灣風物》，26（1）：58-62。板橋：台灣風物雜誌。

郭輝澤譯，1970，《巴達維亞城日記》。台中：台灣省文獻委員會。

連　橫，1979，《台灣通史》。台北：眾文圖書出版。

許雪姬，1983，〈澎湖天后宮的歷史研究〉。刊於《澎湖天后宮保存計畫書》頁15-42。台北：國立台灣大學土木工程研究所都市計畫室。

陳知青，1972，《澎湖史話》。澎湖：澎湖史話編輯委員會。

臧振華，1987，〈從考古證據看漢人的拓殖澎湖〉，《臺灣風物》，37（3）：77-98。

清代的台灣媽祖信仰

一、對台政策與宗教利用

　　清廷對台政策與媽祖信仰密切相關，從進攻明鄭到征台之後，清廷屢次利用媽祖顯靈神助的傳說，以此振奮軍心，籠絡台民，並為其治台政權奠下合理化的基礎。根據《台灣縣志》的記載，清廷賜給媽祖的封號，始於康熙十九年（1680），因閩浙總督姚啟聖及福建巡撫吳興祚等進攻鄭成功的復明基地金廈二島時，有所謂的「神靈顯應」的奇蹟發現，而奏准敕封為「護國、庇民、妙靈、昭應、宏仁、普濟天妃」。

　　康熙二十二年（1682），施琅等率舟師進攻明鄭的前哨據點澎湖及軍事要隘安平港等地時，也有所謂各種神蹟顯示。施琅克台後，於康熙二十三年，將明寧靖王府邸改建為廟，奉祀媽祖，做為官方祭祀中心，以此號令全台媽祖信仰；康熙帝並敕建神祠於原籍地湄洲，紀功加封為「天后」，故官方媽祖廟多稱「天后宮」。

清朝的對台政策，除軍事鎮壓之外，也利用民間盛行的媽祖信仰。

　　康熙五十九年（1720），因翰林海寶冊封琉球回來，奏神靈默佑的功績，而命令全國每年舉行春秋二祭，正式編入祀典。

　　清領時期，在對台政策和鎮壓台灣各地抗清事件上，清廷官員和將領便一再巧妙的運用民間盛行的媽祖信仰，一方面是向台灣民眾宣告因有賴媽祖顯靈神佑，而能收復台灣和弭平民變，再者便以具體的措施，如褒封、賜匾和建廟以取信民心。康熙六十年（1721），清軍平定朱一貴事件，事後經巡台御史禪濟奏報，於雍正四年（1726），清廷下令於台南、廈門、湄洲等三處，賜廟額曰「神昭海表」，十一年（1733）又賜「錫福安瀾」匾額，令江海各省一體奉祀致祭。

　　又如乾隆五十一年，在平定林爽文的抗清事件時，清廷將軍福康安率領十餘萬大軍和舟船數百艘，從鹿仔港口登陸時，便宣稱受到媽祖神靈庇佑。事變平定之後，福康安便以「仰賴天后昭明有赫，護國庇民之功，威靈顯著」之由，在鹿港擇地興建天后宮（即今之新祖宮）。

　　官方對媽祖的崇奉，其基本動機和民間信仰並不完全相同；例如道光十七年，福建水師提督王得祿，統兵渡台，舟次外洋，忽遇颱風，便宣稱因其立即祈禱神助而止息風浪，故得以順風而來，遂平台亂，事後呈上「海天靈佑」廟額誌感。此外，平時運裝礮械糧餉兵之搬運，也常傳聞有賴媽祖神佑，故能順利達成任務。又如光緒元年 3 月 13 日，總理船政大臣沈葆楨奏請封蘇澳海神摺，同年 7 月 21 日奏安平海神請加封號摺等，清代官員對媽祖的崇奉均不出此類。

二、媽祖廟的建置與信仰分佈

　　清領時期所建的媽祖廟，據《鳳山縣志》記載，最早的一座官方媽祖廟，是在康熙二十二年（西元 1725 年），建於鳳山縣志北門內龜山頂的天后廟。其次，就是今日臺南市的大天后宮。其餘建置較早的媽祖廟，根據莊德（1957）的統計如下：

　　今日雲林縣北港的朝天宮，其建置的來歷，據說是在康熙三十三年間（1694），福建興化府樹壁和尚，由湄洲奉媽祖的分靈渡海來臺；中途遇颱風，船破，漂流著陸於北港附近下湖口海岸，乃上陸構叢祠於北港街中，仿湄洲「朝天閣」的名稱，號稱「朝天宮」。後經雍正八年，乾隆三十九年，咸豐十一年等數次的重修，規模宏敞。

　　其次，就是今臺北縣關渡（前屬諸羅縣淡水干豆門，後歸淡水廳、縣，改稱關渡門）的「天后廟」。據《諸羅縣志》所載，該廟在康熙五十一年（1712），通事賴科鳩眾開始籌建。

　　建於康熙年間，另有今臺南縣鹽水鎮的「天后廟」，是由居民合建而成。以及今嘉義市的「天妃廟」，即《諸羅縣志》所載：在城南（今嘉義）縣署之左，康熙五十六年知縣周鍾瑄鳩眾建。

　　康熙以降，歷經雍正、乾隆、嘉慶、道光、咸豐、同治、光緒諸朝，各廳縣官和民間均先後有所增建。將台灣各縣廳志以及採訪冊中所載者，依其建置的年代次序，列表於後（詳見附表）（採自莊德）〈媽祖史事與臺灣信奉〉一文。

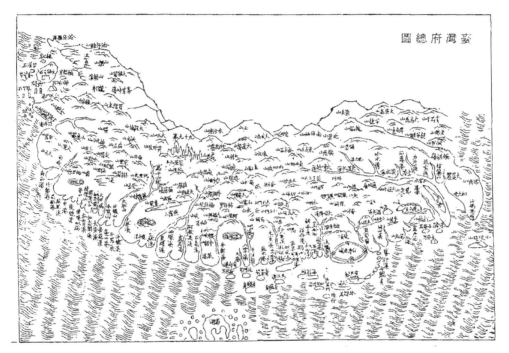

　　其他，在各府、縣、廳志書中，尚列載有三十五所媽祖宮廟。因其建置年代無明文記載，且較簡略，所以從表面看來，似乎較難明白；可是若從志書的纂修年代考之，亦不難查出它建置的大概年代。茲亦分列於下。

《臺灣府志》
臺灣府
一在水港尾。
一在西郊外海邊礱米街。
一在船廠。
一在磚仔橋。
一在鹿耳門。

一在安平鎮渡口。

澎湖廳：各澳皆有廟。

　　按《臺灣府志》纂修於乾隆年間，故上列諸天后廟的建置年代，至遲當在修志年代以前。

　　《鳳山縣志》：按縣治典隆莊、左營、埤頭街、阿里港街、阿猴街、萬丹街、新園街、南仔坑街俱有廟，皆里民募建。按《鳳山縣志》亦修於乾隆年間，故上列諸地天后宮廟的建置年代，當在修志年代以前。

　　《彰化縣志》

一在鹿港新興街，閩安率兵公建。	一在大理杙街。
一在犁頭店街。	一在二八水街。
一在西螺街。	一在葫蘆墩街。
一在東螺街。	一在悦興街。
一在大肚頂街。	一在旱溪庄。
一在大肚下街。	
一在二林街。	
一在大墩街。	
一在小埔心街。	
一在南投街。	
一在北投新街。	

　　按《彰化縣志》之纂修，係自嘉慶歷道光至咸豐之世，故上列諸地的天后廟的建置，至遲當在咸豐以前。

　　《噶瑪蘭廳志》

一在羅東街，居民合建。

　　按《噶瑪蘭廳志》之纂修，係自嘉慶歷道光至咸豐之世（包括續修），故羅東街的「天后廟」的建置，最遲當在咸豐以前。

　　《淡水廳志》

淡水：

一在錫口街，庄民捐建。

一在大雞籠城。

一在大雞籠港口。

按《淡水廳志》的纂修，係在同治年間，故上列各地的天后宮的建置，最遲當在修志年代以前。

綜上所引臺灣府、縣、廳志以及採訪冊等所載有關媽祖宮廟建置的文獻。加以統計：其中有確實年代可考者三十有九：即建置於明代者二；清康熙年間者六；清乾隆年間者十七；清嘉慶年間者八；清道光年間者二；清咸豐年間者一；清光緒年間者三。其他僅知其大概情形者三十有五。總共七十有四。此外，散佈在民間，由漁民紳商等私自捐募倡建，而未為修志者所收採而漏錄的，想必甚多。不過從這些文獻中，我們已可以看出臺灣對於媽祖的信奉，實甚為普遍；而且由來亦甚為遠古。其中最早的甚至可遠溯到明代中葉以前。其傳佈的趨勢，且與來臺開發的移民移動路線相符合，即由西而東，由南而北：由點而線，由線而面，最後遂遍及全島了。

臺灣媽祖廟的分佈概況

隨著漢移民在臺灣拓墾的腳步和遷移的路線，寺廟也逐漸地在各地區建立起來。早期的廟宇多只是草創階段的小祠型態，而後由於移民社會的逐漸安定，經濟生活改善後，寺廟的擴建和發展便成了社群共同關心之事。臺灣許多寺廟的創建年代往往難以確切得知，寺廟建立的年代也常有不同的說法，溫振華（1984）根據林衡道編著的《臺灣寺廟大全》（1974）一書的調查資料，將清代臺灣的媽祖廟劃分成三大區域，茲將清代臺灣的媽祖廟的分佈，依建立時間，整理列表如下：

大區域	小區域（依民 63 年行政區）	乾隆（1789）以前	嘉慶、道光 1796~1851	咸豐、同治、光緒 1852~1895	小區域合計
北部	宜蘭縣	0	6	1	7
	基隆市	0	2	0	2
	臺北縣	4	5	5	14
	臺北市	2	1	2	5
	桃園縣	0	1	2	3
	新竹縣	3	1	0	4
	苗栗縣	2	5	3	10
	小計	11	21	13	45
	百分比	14.4%	28.4%	19.4%	20.6%
中部	臺中縣	7	9	10	26
	臺中市	2	2	0	4
	南投縣	2	3	4	9
	彰化縣	8	5	6	20
	雲林縣	7	5	2	14
	嘉義縣	7	4	2	13
	小計	33	29	24	86
	百分比	42.8%	39.2%	35.8%	39.5%
南部	臺南縣	8	6	6	20
	臺南市	7	4	1	12
	高雄縣	5	2	5	12
	高雄市	0	4	3	7
	屏東縣	8	3	8	19
	臺東縣	0	1	1	2
	小計	33	24	30	87

	百分比				
	總計	77	74	67	218
	百分比	35.3%	34%	30.7%	100%

資料來源：林衡道，《臺灣寺廟大全》，青文出版社，1974。

說明：1.資料中僅載明清代者不列入，載為清末者以光緒朝計算。

　　　2.陽明山管理局列入臺北市。

　　上表顯示，在清代乾隆（1789 以前）、嘉慶道光年間（1796～1851），以及咸豐、同治、光緒年間（1852～1895），三個時期中，各時期媽祖廟的增加比率相距不多，約各占總數的三分之一。再就各時期媽祖廟在三大區域的分佈來看，各時期媽祖廟的建立以中南部兩區為多，據此推知，中南部媽祖信仰程度濃於北部，上表的分析，僅能粗略的勾劃媽祖信仰在臺灣傳播和分佈概況。

三、地方的拓墾和媽祖信仰的開展

笨港的開發和媽祖信仰的發展

　　媽祖信仰的分佈，和漢人在臺灣各地的拓墾開發密切相關。在臺灣歷史上，幾個較為重要的政治、文教中心或商業港埠，往往也成為媽祖信仰的重鎮。

　　明鄭時期，南部地區以安平媽祖、鹿耳門媽祖為漢移民的信仰中心。清將施琅攻取臺灣後，則建立官方祭祀中心（即今日臺南市大天后宮），以此取代明鄭遺民的媽祖信仰中心。

　　中部地區，則以笨港媽祖最為著稱，是民間朝拜的中心。笨港的拓墾和開發，最早可推溯到明天啟年

間（1620 年間），顏思齊與鄭芝龍來臺，在笨港築寨駐屯。若根據清代文獻的記載，笨港所隸屬的諸羅縣，是從康熙三十四年（1695）才開始拓展的，諸羅縣以北的拓殖，在清康熙以後有了急速的進展，諸羅縣北

幾個村莊已經形成，而其中心是笨港，因此笨港也有如旭日昇天似的發達起來，正如《諸羅縣志》規制志中的描寫：

> 笨港街，商賈輳集，臺屬近海市鎮，此為最大。

李獻章博士（1967）對笨港聚落的成立和媽祖信仰的發展，從歷史文獻方面詳加整理分析：乾隆年間，笨港分南北，中隔一溪，即南街與北街，「笨北街」和「笨南街」彼此分庭抗禮。笨港市鎮，原由漳州人聚居南岸，後來泉州人入殖時，因祖籍來源不同，只好在北岸另闢地居住。漳泉對立，乾隆年間，也發生分類械鬥。

嘉慶初年（約 1800 年），南街又因洪水氾濫，被沖毀殆盡，相傳笨港天后宮也橫遭毀壞。水患後，一部分漳人遷移到蔴園寮，建立新南港街（即今新港），嘉慶十七年（1812），重建媽祖廟（即今日新港奉天宮）。由於嘉慶八年（1803）的一場大水氾濫，河川改道，原來的溪床變為陸地，北街商民因而得以向外擴展，在原來的河床上建築店舖。據倪贊元編成於光緒二十年的《雲林采訪冊》的記載和描述，可知該時期北港的地理和經濟地位的重要性。此外，由於大水將笨港天后宮沖毀，自此，北港朝天宮的地位也逐漸提高，成為媽祖信仰重鎮。《雲林采訪冊》記載：

> 廟貌香火之盛，冠於全台，神亦屢著靈異。每歲春，南北居民赴廟進香，絡繹不絕，他如捍災、禦患、水旱、疾疫，求禱立應。

上述記載，說明北港朝天宮媽祖的靈異特徵，吸引信徒朝拜。根據《雲林采訪冊》，記載北港媽祖顯靈，護佑地方，捍禦同治元年間的戴潮春之亂。從有關文獻的記載顯示，臺灣的信徒認為媽祖的神格和靈力是多元，已不再只是海上守護神的角色，其中尤以北港媽祖更具有靈異能力，各種顯靈傳說也促成北港媽祖的香火興盛和重要地位。

彰化地區的拓墾

　　清領時期對彰化平原的開發，大致可分為（一）明末清初，（二）康熙中葉至乾隆年間兩個時期，這兩個時期也代表了兩種不同的方式，明鄭時期是採取「寓兵於農」的辦法，清領之後，因為禁海令的頒行，到臺灣從事墾殖工作，必須有清政府的許可，加上所需資本並不是一般人所能負擔，因此只有豪族巨室才能辦到，此時期或可稱為「墾首時期」。

　　明鄭勢力進入彰化平原是始於永曆十九年（1666），設北路安撫司於半線（今之彰化），並由武平侯劉國軒率兵進駐，平北路諸番並布屯田制，是為明鄭入墾之始，亦為漢人勢力奠基的開端。今之二水鄉一部份及彰化鹿港均有其開發的跡痕，部將林圮亦曾拓地至日月潭及竹山一帶，並在竹山為生番所殺，故今之竹山又稱林圮埔。

　　清領有臺灣之後，曾以「孤懸海外，易為盜賊淵藪」，意欲放棄，後來經施琅的堅持異議，雖然沒有放棄，卻一再頒佈禁海令，限制內地人民來臺，因此到了康熙中葉以後，才有豪族巨室進入彰化平原，「招兵買牛，引水開地，大事墾殖工作」，開發的方向是以明鄭時期的舊跡為藍圖而後加以擴大，即以鹿港彰化等中心，特別是以彰化為根據地再向山區發展。鹿港為彰化平原之出入門戶，彰化則為其腹地重鎮，因此在彰化至鹿港之間的地域，開發最早，這兩地也因而成為媽祖信仰的重鎮。此外，林圮埔（今之竹山）、麥寮堡（今之麥寮）及大甲堡（今之大甲）也各自發展出媽祖信仰圈。換言之，清領時期的彰化平原與鄰近地區，已形成多處媽祖信仰中心。

鹿港的媽祖廟

　　興安宮，是最早到達鹿港的興化人，於康熙廿六年（1684）造建，俗稱「興化媽祖」，是鹿港最早的廟宇。據廟碑所載，出資出力興建此

廟的多為清代官員或政府機關工作的公務
員，故而此廟屬於官廟。由於興化人後來陸續
返回唐山，興安宮乏人照料，香火日漸衰微。

　　鹿港天后宮，俗稱舊祖宮，相傳廟中供奉
的聖母像原供祀於福建莆田縣湄洲嶼賢良港
的天后宮，乃湄洲祖廟六尊開基媽祖之一的
「二媽」。

　　康熙二十二年，福建水師提督施琅將軍奉
旨平臺時，由祖廟湄洲天后宮恭請「二媽」為
護軍之神以渡海。臺澎平定後，其侄施世榜懇
留在宮內奉祀。雍正三年，因廟地太小，不敷
使用，世榜遂獻廟前之地以供擴建，加上「泉廈八郊」及民眾們踴躍捐
款，使建廟順利進行。在鹿港三座媽祖廟中，唯一屬於「民廟」（由民
眾負責祭祀管理）的舊祖宮，因威靈顯赫，前往拜拜的信徒極多，四時
不絕，尤其每年媽祖神誕日，各地信徒紛紛前來進香朝拜。

　　新祖宮座落於「舊祖宮」不遠處，乃乾隆五十一年間為平林爽文抗
清，清廷派親王嘉勇公福康安為帥，柴大紀任先鋒率勁旅十五萬，軍艦
數百艘，由崇武放洋，途遇颶風，全軍避風湄洲，乃奉湄洲六媽正身隨
軍庇護，頃刻間風平浪靜一日千里，順利的由鹿港登陸，遂平林爽文事
件。班師凱歸，獲乾隆敕賜御帑一萬一千一餘圓，命福康安擇地建廟以
報聖靈神功。

彰化城及附近的媽祖廟

　　根據南瑤宮沿革簡介，記載雍正年間彰化置縣，始開始興建城池，
因工程浩大延至乾隆年間始告完成，建城時均自四方招募工人掘土燒
磚，疊成城牆，時有陶工楊謙，自諸羅縣（即今嘉義）笨港南街應募而
來，當時因交通不便，外出者均視數十里路為遙遠，楊某於應募來彰時，
攜帶自家奉祀的笨港天后宮天上聖母的香火，作為庇身之用，並將香火

掛在現在廟址的工寮內奉祀，相傳每入夜晚，民眾頻見五彩豪光照射於天空，乃入工寮，只見天上聖母的香火袋在，咸信必是神的顯靈。

當時的彰化總理林楊及李、賴、蔡各姓士紳遂鳩資雕塑天上聖母神像一尊，奉祀於隔鄰的福德廟（土地公廟）內，自此以後香火日盛，居民禱告動輒顯靈，至乾隆三年瓦磘庄陳氏捐獻土地建立草茅小祠，被稱為「媽祖宮」，此為南瑤宮建廟之開始。至同年十一月總理吳佳聲等人發起，募資建築廟殿，並雕塑神像五尊，正式定名為「南瑤宮」。

由於南瑤宮天上聖母靈驗，香客與年俱增，遠自三貂、噶瑪蘭等地前來進香的善男信女，絡繹於途。南瑤宮媽祖每十二年一次前往笨港進香，隨駕進香的善男信女長達十餘萬人之眾，往返均以徒步而行，彰化縣每年各地信徒乃發起提倡組織鑾班會及輿前會，以護衛聖駕，並由各地信徒成立媽祖會，輪辦笨港進香事宜。

彰化城北門內，另有一座媽祖廟，稱為「天后宮」，俗稱「內媽祖」，與南瑤宮的「外媽祖」互稱。余文儀等纂《續修臺灣府志》卷七的記載：

天后廟，在北門內。乾隆三年北路營副將靳光瀚建。二十六年，副將張世英重修。又一在縣城東；乾隆十三年，邑令陸廣森倡建。

根據《彰化縣志》記載，除了鹿港市街和彰化城的媽祖廟之外，鄰近地區也先後建立許多如媽祖廟，皆與地方的開發有關，各地的媽祖廟大致如下：

天后聖母廟：一在王宮；嘉慶十七年，邑令楊桂森倡建。一在沙連林圯埔；乾隆初，里人公建。一在犁頭店街；一在西螺街；一在東螺街；一在大肚頂街；一在大肚下街；一在二林街；一在小埔心街；一在南投街；一在北投新街；一在大墩街；一在大里栈街；一在二八水街；一在葫蘆墩街；一在悅興街；一在旱溪莊。

大甲地區的媽祖信仰中心

大甲自鄭成功在鐵砧山解危後，即屯兵百人以防制北番，至康熙廿三年鄭氏降清後，已有漢民族移往大甲。到康熙四十年有粵籍林、張二姓率眾由大安港登陸，於大安溪流域一帶，墾荒拓地。由於漢民族不斷的移入與開發，至雍正九年大安港已成為臺灣與福建間的貿易商港，呈現一片繁榮景象。

鎮瀾宮創廟時期，清雍正八年，湄洲嶼人士林永興者攜眷來臺，途經大甲堡，定居謀生。將隨身攜帶湄洲朝天宮（閣）天上聖母神像一尊，安奉廳堂朝拜。大甲堡居民聞知林氏廳堂供奉湄洲天上聖母，紛紛前往參拜。地方士紳即與林氏洽商，徵求同意後，聘地理師擇地建廟，於雍正十年興建。建成後，請來媽祖的神像安奉在小廟內，日後信徒日增，香火不絕。

乾隆五十二年，臺灣府淡水廳大甲分司誠夫宗氏和同鄉進士出身、福建臺灣北路淡水營都閫府陳峰毫氏，以及地方仕紳連昆山氏一同發起鳩集財力，將原先小廟擴張，並買有百甲以上田地，以維持祭祀經費及供給廟祝生活。乾隆五十一年，台灣中部發生林爽文抗清事件，擴及南北部，清廷派福康安前來征討，在海上遇勁風，乃祈佑神明的庇佑，全軍始告平安，及攻至彰化城，林爽文潰敗，本地弟子感謝媽祖庇佑子民之靈而獻匾，另福康安亦奏明聖上，乾隆帝敕賜御筆「佑濟昭靈」匾額。

嘉慶十九年，淡水同和蔣志亮敬匾「誠求立應」。嘉慶廿一年，鹿港巡檢署移駐大甲鎮瀾宮對面（今電信局），改稱大甲巡檢署。由於清廷治理臺灣，常借助宗教力量，因而益發顯著鎮瀾宮的社會地位，大甲媽祖因而成為大甲地區五十三庄民的信仰重鎮。（引自張慶宗，1979）

北部地區的拓墾

明朝天啟四年，荷人竊據臺灣南部，六年西班牙人佔據基隆。崇禎二年西人進入淡水，築城建教堂。崇禎五年，西人由淡水入臺北，沿基隆河開陸路通基隆。次年探險三貂角，視察平埔番的祖地。西人雖有雄

圖，但至崇禎十五年為荷人驅逐退出臺灣。其後荷人雖單獨佔有臺灣，可是經營臺灣南部，力猶不足，實無暇顧及臺北平原。永曆十五年，鄭成功進攻臺灣，克服荷兵，遂光復臺灣。據說鄭氏曾遣三將征討臺北，嗣後沿荷人之制，駐兵淡水基隆。

臺北平原，在清朝收入版圖初期三十年間，官府聽任民間開發，已經達到相當程度。雍正元年置淡水廳於現在的新竹，四年置八里坌巡檢，臺北平原移民漸多，業戶吳廷誥、曹朝招、賴玉蒼等建設士林店舖，稱為八芝蘭街，而萬華（艋舺）、新莊亦均成街市。

乾隆年間，自從粵人廖簡岳開發秀朗以後，一部分進入新莊，另部向東開拓永福、內湖。又一部分則溯基隆河而上，開墾蜂仔峙庄（今汐止），可是乾隆初年，泉州安溪人大批遷入秀朗，取代粵人，進而開墾大坪林。乾隆十年，泉人沈用者侵墾錫口（今松山）。至嘉慶年間，整個臺北平原除深坑鄉外，都已開墾就緒。

和中部地區相比，臺灣北部地區的媽祖香火雖然較為遜色，但在新竹和台北地區，仍然先後出現了多處媽祖信仰中心，其中，以中港（今之竹南）慈裕宮、干豆（今之關渡）媽祖宮、錫口（今之臺北松山）慈祐宮等，香火最為鼎盛。

中港的媽祖潮

中港（今之竹南、頭份一帶），昔時原為一天然良港，與淡水港、紅毛港、鹿仔港、安平港並列於西海岸，且較近大陸港口，故成為大陸之交通、貿易較早之海港之一。相傳昔時閩粵人民坐船來臺，由中港（港仔墘）登陸後分散各地定居開墾。

明永曆十五年（1661）鄭成功入臺以前，已有部分漢人移居中港地方，經康熙、雍正、乾隆中葉，由閩、粵兩地前來中港地方闢庄墾田者年有激增。同時與福建沿海各港口貿易，海運頻繁，建築日增，而形成繁華的中港街市集。嘉慶末年至道光中葉，成為商業最旺盛時期，為附近產物之集散地，亦為臺灣南北交通唯一必經之重鎮，當時實為一地方

政治、經濟之中心。

　中港的媽祖廟，以「慈裕宮」最負盛名，又稱「天后宮」，該廟創建時期，據傳有三說，一為明朝萬曆年代，二為天啟年代，三為永曆十五年。明永曆十五年（1661）前（鄭成功入臺之前），已有漳泉二地人民渡海移居中港各地方開墾，在當時漢人密集的中心地點鹽館前（今開元里），建築土壁茅頂廟宇，奉祀由大陸請來之媽祖神像，祈禱媽祖保佑平安，免於疫害及番害。

　清乾隆四十八年（1783），因原廟址面積不大，無法再擴展宮殿建築，眾議遷往南門口（當時城門尚未建築）重建。清嘉慶廿一年（1816），廟宇因受風雨侵蝕，內外均有損壞，由地方士紳甘騰駒發起捐資修建，於嘉慶廿二年孟秋落成，廟貌煥然一新。清道光六年（1826），因地方發生分類械鬥，廟宇遭受焚燬。又原廟址地基低窪，每逢颱風大水，即被淹浸，眾議遷地重建，乃於道光十八年（1827）遷建於現址。

干豆（關渡）媽祖廟

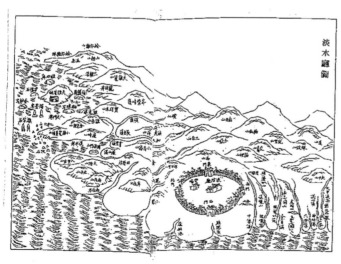

淡水廳包含今之臺北、宜蘭、桃園、苗栗、新竹等縣，即大甲溪以北地區。採自《重修台灣府誌》

　　在北部地方歷史最久，規模最大的媽祖廟堪稱關渡的媽祖廟（今日關渡宮）。相傳關渡媽祖立廟，始於清順治十八年（1661），由福建籍臨濟宗派下石興和尚，從福建興化府莆田縣湄洲島媽祖廟分靈，恭奉兩尊聖像渡海來臺，從滬尾港登陸（今之淡水），進入干答門（又稱干豆，即今之關渡），擇地建廟名曰：「靈山天妃

宮」，仍由石興和尚住持，供奉香火。

康熙五十一年（1712），淡水廳通事賴科鳩眾建廟。傳言，落成之日諸番並集，忽有巨魚數千，隨潮而至，不久，乘潮復出於海，人皆稱異，因而民謠中有「關渡媽祖真是興」之句。五十四年重建，易茅以磚，並由知縣周鐘瑄題額曰：「靈山」。康熙五十七年移建山麓，並設和尚洲（即今之蘆洲）開墾大租權，歸屬該官，開墾者應繳媽祖宮費用。道光年間，廟宇毀損，故居民倡議重建，並由關渡極負盛名的興遠堂黃氏家族，捐獻現址建廟，於道光九年（1830）完成。

錫口（松山）慈祐宮

相傳，乾隆初年福建泉州府安溪縣民入墾，初奠莊社基礎，開墾就緒。時有泉州籍僧林守義，法號衡真者，攜帶媽祖神像渡臺，由滬尾（即今淡水）登陸，托缽抵此。適逢地方漸趨繁榮，且士庶多是泉州籍，咸為媽祖由湄洲分靈，來自故鄉，莫不虔信之。於是捐資，籌建廟宇，擇今廟址，堪輿家稱之為「鯉魚穴」，並將原擬坐北向南，背水而面山，即由泉州廈門，搬運材料，鳩資興建，至乾隆廿二年（1757）告竣。自是，居民精神生活有所寄託，果然地方蓬勃，乾隆四十八年（1783）遂敬贈「利濟參天」古匾一方，以答神恩，至今仍存。惟未幾失修，爾後嘉慶六年（1801）、道光六年（1826）、同治年間，迭經重修。慈祐宮迄今每年於農曆二月廿六日，舉行媽祖出巡繞境，範圍遍及祭祀圈內之錫口（今之松山）等十三街庄。

158

北部各地的媽祖廟

　　此外，其餘各地也都建有媽祖廟。如新莊於康熙二十五年（1686）建慈祐宮；乾隆十一年（1746），艋舺（今之臺北萬華）各郊商捐資創建新興宮；八里坌於乾隆廿五年（1760）新建天后宮；乾隆四十年，水返腳街（今之汐止）創建媽祖宮；嘉慶元年（1796），何錦堂捐建士林天后宮；嘉慶十四年（1809），黃天進等人興建慈護宮於金包里街（今之金山）；雙溪莊（今之臺北縣雙溪）之德心宮於乾隆年間創設，道光十八年（1838）重修；在蛤仔難（今之宜蘭）方面，居民於嘉慶十二年（1807）合建天后廟於縣治南；以捕魚為業的蘇澳於嘉慶十七年（1812）建天后宮；羅東的震安宮則創建於道光十七年（1837）。

　　在竹塹地區（今之新竹）除上述之中港慈裕宮外，苑裡街（今之苑裡）的陳詔盛等人，於乾隆三十七年（1772）捐建慈和堂；通宵街（今之通宵）的媽祖廟創建於道光十三年（1808）；後龍街（今之後龍）的林進興於乾隆三十三年（1768）倡建慈雲宮；貓裡街（今之苗栗）的天后宮，由林璇璣等人捐建於嘉慶十六年（1811）；竹塹城北門外的天后廟則於乾隆七年（1742），由同知莊年，守備陳士挺所建；乾隆十三年，陳玉友倡建另一天后宮於竹塹廳治西門內。

臺灣媽祖廟建置年代一覽表

建置年代	廟址	創造者	重修年代及重修者	資料來源
明萬曆前（1573 前）	澎湖媽宮澳	早期移民	乾隆五十七年協議李南馨等捐修。嘉慶二十三年前廳陞寶等倡修	澎湖縣志
明代鄭氏時期（1662 左右）	古諸羅縣（今嘉義）安定里東保	早期移民	康熙年間改為社學	諸羅縣志
清康熙二十二年（1683 年）	古鳳山縣至北門內龜山頂（今鳳山鎮）	知縣楊芳聲	乾隆二十七年知縣王英重修	鳳山縣志
清康熙二十三年間（1684 年）	古臺灣府治西定坊（今台南市）	靖海侯施琅	乾隆五年鎮標游擊石良臣增建。三十年（縣志作四十二年）知府蔣允焄重修。四十九年郡守孫景燧復修。	臺灣府志臺灣縣志
清康熙三十三年間（1694 年）	古諸羅縣外九莊笨港（今雲林縣）	僧樹壁	雍正八年改建。乾薛肇廣等捐資重建。咸豐十一年訓尋蔡如倡捐再修	諸羅縣志雲林採訪冊
清康熙五十一年（1712 年）	古諸羅縣淡水干豆門（今台北縣北投關渡里）	通事賴科創建	「府志」作康熙五十六年知縣周鍾瑄乾隆七年修。道光三年重建。	諸羅縣志淡水廳志
清康熙五十五年（1716 年）	古諸羅縣鹹水港街（今台南縣鹽水鎮）	居民合建		諸羅縣志
清康熙五十六年（1717 年）	古諸羅縣署之左（今嘉義市內）	知縣周鍾瑄鳩眾建		諸羅縣志
乾隆三年（1738 年）	古彰化邑治北門內協鎮後（今彰化市）	北路幅縣勒光瀚建	乾隆二十六年幅將張世英重修	臺灣府志彰化縣志
乾隆七年（1742 年）	古淡水廳治北門外（今新竹市）	同知莊年等建	嘉慶二十四年郊戶同修	淡水廳志
乾隆十一年（1746 年）	古淡水廳艋舺街（今臺北市萬華）		道光九年修	淡水廳志

乾隆十三年（1748 年）	古彰化邑治東門內城隍廟邊（今彰化市）	邑令陸廣霖倡建		彰化縣志
乾隆十三年（1748 年）	淡水廳治西門內（今新竹市內）	同知陳玉友建	乾隆四十二年同知王右捐修。五十七年袁秉義捐修。道光八年李慎彝重修。同治九年官紳重修。	淡水廳志
乾隆初	鹿港北路	士民公建		彰化縣志
乾隆初	古彰化水沙連林圯埔（今南投縣竹山）	里人公建		彰化縣志
乾隆十八年（1753 年）	淡水新莊街（今臺北新莊）		乾隆四十二年巡檢曾應蔚修，嘉慶十九年縣丞曹汝霖重修	「府志」作雍正九年建
乾隆二十五年（1760 年）	淡水八里坌街（今臺北縣淡水鎮）			淡水廳志
乾隆二十五年（1760 年）	諸羅縣署內（今嘉義市內）	知縣衛克堉建		臺灣府志
乾隆二十五年（1760 年）	諸羅縣治西門（今嘉義市內）	泉州民募建		臺灣府志
乾隆二十七年（1762 年）	諸羅縣蘭井南（今嘉義市內）	平和縣民建		臺灣府志
乾隆中	彰化邑治南門外尾窰（今彰化）	士民公建		彰化縣志
乾隆三十三年（1768 年）	苗栗縣后壠街（今苗栗縣後龍）	林建興等倡捐建	道光十一年杜斐然等修	淡水廳志
乾隆三十五年（1770 年）	淡南大甲溪（今臺中縣大甲鎮）	林對丹等捐建	乾隆五十五年吳編等重修。光緒十八年林鳳儀等復捐重修	淡水廳志 苗栗縣志
乾隆三十七年（1772 年）	淡南苑裡街（今苗栗縣苑裡鎮）	陳詔盛等捐建	嘉慶十八年陳文豐等修	苗栗縣志
乾隆五十五年（1790 年）	鹿港海垵（今彰化鹿港）	大將軍福康安		彰化縣志

嘉慶十七年（1812 年）	彰化縣王宮（今彰化）	邑令楊桂森倡建		彰化縣志
嘉慶二十一年（1816 年）	淡南中港街（今苗栗中港）	甘騰駒等捐建		淡水廳志
嘉慶二十二年（1817 年）	噶瑪蘭廳治大堂之右（今宜蘭市）	官民合建		噶瑪蘭廳志
道光十三年（1833 年）	苗栗縣二保吞霄街（今苗栗通霄鎮）	鄭媽觀捐建	光緒十年舖戶金和安等捐修	苗栗縣志
道光二十五年（1845 年）	苗栗縣銅鑼灣街（今苗栗銅鑼鎮）	陳元亮等捐建	光緒七年例貢生陳嘉樂倡捐重修	苗栗縣志
咸豐六年（1856 年）	苗栗二堡房裡街（今苗栗苑裡）	郭德先等捐建	光緒十三年鄭補等捐建	苗栗縣志
光緒五年（1875 年）	苗栗縣三湖莊（今苗栗三湖）	貢生黎彬南等倡捐		苗栗縣志
光緒十五年（1889 年）	臺東洲馬蘭街（今臺東）	提督張兆連等建		臺東洲採訪冊
光緒年間	恆春縣猴洞山南麓（今屏東恆春）	恆春營官兵建		恆春縣志

採自莊德（1957）〈媽祖史事與台灣信奉〉

參考書目

（清）高拱乾，1960（1694），《台灣府志》《台灣文獻叢刊》第 103 種。
　　　台北：台灣銀行經濟研究室。

（清）周鐘瑄，1962（1717）《諸羅縣志》，《台灣文獻叢刊》第 141 種。
　　　台北：台灣銀行經濟研究室）。

（清）王　禮，1960（1720），《台灣縣志》，《台灣文獻叢刊》第 103 種。
　　　台北：台灣銀行經濟研究室。

（清）陳文達，1720，《鳳山縣志》。南投：台灣省文獻委員會。

（清）周　璽，1993，《彰化縣志》。南投：台灣省文獻委員會。

（清）陳淑均，1963，《噶瑪蘭志廳志》，《台灣文獻叢刊》第 160 種。
　　　台北：台灣銀行經濟研究室。

（清）黃叔璥，1996，《臺海使槎錄》。南投：臺灣省文獻委員會。

（清）陳培桂，1963，《淡水廳志》，《台灣文獻叢刊》第 172 種。
　　　台北：台灣銀行經濟研究室。

（日）宮崎直勝，1942，《寺廟神の昇天—台湾寺廟整理覚書》。
　　　台北：東都書籍株式會社臺北支店，昭和 17 年。

李獻璋，〈笨港聚落的成立，及其媽祖祠祀的發展與信仰實態〉（上、中、
　　下），《大陸雜誌》35（7）：203-207；35（8）：252-256；35（9）：
　　286-293。

莊　德，1957，〈媽祖史事與台灣信奉〉，《台灣文獻》8（2）：5-16。

洪敏麟，1972，〈笨港之地理變遷〉，《台灣文獻》23（2）：1-42。

林衡道，1974，《台灣寺廟大全》。台北：青文出版社。

高綉蘭，1979，〈大甲的精神堡壘—鎮瀾宮簡介〉，《台灣風物》29（4）：
　　44-175。

張慶宗，1981，〈鎮瀾宮—大甲五十三庄民精神的皈依〉，《大甲風貌》
　　頁 255-342。

陳永騰、張慶宗，1981，〈大甲的肇建與北港進香〉，《台灣文獻》32（4）：
　　178-183。

溫振華，1981，〈北港信仰中心形成試探〉，《史聯雜誌》4：10-20。

廖漢臣，1965，〈北港朝天宮及其祭典〉，《台灣文獻》16（3）：69-83。

台灣本土社會的建立與廟宇功能

前 言

  清廷對台灣的開拓，早期仍抱著消極的態度，對漢人的移墾，則屢次「申嚴海禁」，嚴格限制大陸人民遷居台灣，但仍無法遏阻移民的浪潮一波波來台墾殖。

  清代漢人的移墾過程，大致上是由南而北。據康熙《諸羅縣志》記載，康熙四十九年，流移開墾之眾，又漸過半線（今之彰化附近）、大肚溪以北。據《台灣府志》所載，康熙二十四年（1685）至雍正十三年（1735）所開新墾地的甲數為 34910 甲 6 分 1 釐，在這段時期，新墾已擴展至諸羅（今嘉義雲林兩縣），以及彰化地區。

  自清領之初至光緒元年（1875），清廷才取消所有的入台禁令，這其間的海禁令有數次的更變和階段性的廢止措施。自乾隆末年以後，已准許文武官員及安分良民攜眷渡台。乾隆五十四年（1783）閩浙總督奏請開放蚶江港口，並將臺灣理番同知移往鹿港，以便人民渡台。這也顯出移民拓展的方向已由南部轉向中、北部。乾隆以後，大甲溪以北到台北平原一帶（即當時的淡水廳境內）的開拓，才進入極盛時期。嘉慶年間，漢移民的勢力已進入宜蘭和水沙連（今之集集和埔里等地）等山後地區。

  由於土地的開發和移民人口的擴增，迫使清廷在台設立行政制度和統治機構，從初期的一府三縣，增設擴大至割日前的三府十一縣一直隸州，並獨立自成一省。人類學者陳其南（1987）的研究指出，清政府對台政策的更張過程中，前期都是造因於台灣內部的動亂，後期則是為了抵抗外來強敵之壓境。這一個歷史時代的分界點大約是在 1860 年代。1858 年根據天津條約，在台灣開放安平、打狗、淡水和雞籠四港。外人勢力開始侵入台灣，帶來社會經濟上的衝擊。尤其是英商 John Dodd 於此時引入安溪茶，鼓勵種植，從事輸出，對於北部台灣之農村經濟產

生很大的影響。台灣鄉村社會組織型態也在此一階段從移民社會轉變成土著社會（native society）。

清代以來，台灣漢人社會的轉變過程是漸進的，很難找出明確的分界時間，但清代台灣社會所呈現諸多變動的現象，如水利的開發、水稻耕作的普及、人口大量增加、土地所有制的複雜化，以及社會的階層化等，皆有其深遠的影響，致使十八世紀末（清乾隆末年），台灣社會走向一個較大的轉捩點，在此時期，台灣社會的內部構成也開始展開激烈的重組。大致說來，早期的台灣仍富於移民社會的特徵、漢移民仍未拋棄祖籍的地緣意識，而以祖籍意識為認同基礎劃分人群，並從事大小規模之械鬥。清代台灣漢人的分類械鬥事件，可溯自康熙六十年（1721）朱一貴之亂，至同治（1860 年代）以後始漸消弭。

大約在 1860 年以後，臺灣各地不再發生大規模的，以祖籍人群為分類單位的械鬥事件。陳其南指出：到了清末時期台灣漢人的社會意識顯然已經逐漸拋棄祖籍觀念，而以現居的聚落組織為其主要的生活單位，這種現象便是台灣漢人社會逐漸從一個移民社會，轉變成本土社會的過程之最佳說明。而在這轉變過程中，村落的寺廟神和宗教組織擔任著最重要的整合角色。

清代中葉以後，台灣鄉村的寺廟擔負起整合鄉莊社會的任務，使台灣漢人社會從傳統的、封建的祖籍分類意識中解放出來，而在新的移民環境建立新的社會秩序。更清楚地說，清代台灣漢人社會中，新的地緣團體之建立是以寺廟神的信仰為基礎，而發展出來的村落或超村落的社會組織。

依據陳其南（1987）著述，從 1683 年到 1895 年的兩百多年中，台灣的漢人移民社會逐漸從一個邊疆的環境中掙脫出來，成為人口眾多、安全富庶的土著社會。整個清代可說是來台漢人由移民社會（immigrant society）走向「土著化」，變成為土著社會（native society）的過程。在此社會轉型過程中，劃分這兩個階段的標準是社會群體構成（social group formation）的認同意識，在前期的「移民社會」中，緣於大陸的祖籍意識扮演著最重要的角色，而反映在不同祖籍群之間頻繁的分類械

鬥事件上，後期的土著化過程則以建立在台灣本地的地緣和血緣意識做為新的社會群體認同指標。

　　本土社會的特徵，最主要的是表現在移民本身對於台灣本地的認同感，不再一味地以大陸祖籍為指涉標準。換句話說，在意識上由「唐山人」、「漳州人」、「泉州人」、「安溪人」等等概念轉變為「台灣人」、「下港人」、「南部人」、「宜蘭人」等等。或在血緣意識及祖先崇拜的儀式上不再想「落葉歸根」，或集資返唐山祭祖或掃墓等等，而重新肯定台灣本地才是自己的根據地，終老於斯，並且也在台灣建立新的祠堂和祭祀組織，逐漸地從大陸的祖籍社會孤立出來，而成為一新的地緣社會。

　　作者按——本節主要是根據陳其南提出的「土著化」的理論觀點，此理論基本上是一個人類學式的研究，主要是透過社會結構、族群關係和人群認同意識的分析，來闡明清代台灣社會的轉型過程，讀者可進一步參考陳其南著《台灣的傳統中國社會》（1987）。

一、地域認同和信仰象徵

　　台灣的漢移民，主要是來自大陸東南許多不同祖籍的人群，在清代二百多年間，這些移民群體歷經了遷徙拓墾、分類械鬥、以及各地社群重組等幾個階段的發展，逐漸達成新的地緣群體的認同和整合；漢移民一代代艱辛的生存下來，終於將群體認同意識落實在台灣本島上。

　　早期台灣漢人移民社會的特徵，包括意識型態上的祖籍認同和祖籍神的崇奉，而後期的轉型則在於將這類意識型態的認同參考點轉移到台灣本土的過程，祖籍意識也逐漸被台灣「本籍」意識所取代，建立起新的地緣群體的社會；漢人心中所重視的，正是在台灣本土建立出來的社會，並且將自我群體和社會的發展視為一實質存在的主體。

　　台灣漢人社會在本土化的過程中，最具體的表徵是在宗教信仰和祖先祭祀的型態上，在這兩方面的轉變方向是：祖籍人群械鬥由極盛而趨於減少，同時本地寺廟神的信仰則形成跨越祖籍人群的祭祀圈；宗族的活動則由前期以返唐山祭祖的方式，漸轉變為在台立祠獨立奉祀，換言

之，當台灣漢人社會逐漸定住化以後，社會群體的分類原則也隨著有所轉變，逐漸以本地的神明信仰和新興的各種宗族組織為認同對象，特別是受祖籍觀念影響的移殖型宗族，轉變為源於來台開基祖（開台祖）在本地所形成的新宗族（參閱陳其南 1987：125）。

超祖籍群的神明信仰

在漢人社會逐漸從一個移民社會轉變成本土社會的過程中，宗教信仰扮演了極為微妙而關鍵性的角色，而民眾賦予宗教信仰的內涵和象徵意義，往往隨著社會的轉型和發展而有所調整和轉變。台灣漢人從閩粵來台時，舉族遷移的情形受到極大的限制，因此各地移民陸續來台後，大部分則以在台灣本島的地緣作為認同的標準而聚居生活，因此台灣的地緣村落遠多於血緣村落，形成與大陸華南地區不同的社會組織特徵；而在這種以地緣為人群組織之基礎的社會中，寺廟神明的祭祀，便具有特殊的功能和意義，成了組織社群和文化整合的重要象徵。

早期，漢移民在開荒墾地，建立家園之初，面對的是外在環境和自身文化的各種適應問題，包括克服自然生態環境，以及和原住民的族群接觸或衝突，乃至漢人移民群體之間的爭端，此外還有來自清廷的政策和清廷的壓迫等等……，因此清代漢人移民社會常處於動盪不安的情境中，人們為了安於生計或身家財產的保障，常在一特定地域內，將所有的村落團結成為一個更大的社會群體，而作為這種社會群體表徵的，經常是該地域內居民共同崇奉的鄉土主祭神，鄉土主祭神的廟宇也就成該地域的社會、經濟、自治、防衛等等的樞紐，這是漢人鄉民社會主要特徵之一。

　　在早期的台灣漢人移民社會中，不同祖籍人群大多供奉其特有的神明，並以廟宇為團結的象徵，例如漳州人多奉祀開漳聖王，泉州三邑人多奉祀觀音佛祖，同安縣人多奉祀保生大帝、安溪縣人奉祀清水祖師、客家人奉祀三山國王，以其主祀神的信仰作為人群分類的表徵；但是隨著移民社會逐漸趨向本土化過程時，村落的寺廟神則扮演了社群整合的重要角色，此種現象見諸學者的研究，例如李國祁教授指出（1978：141）：

> 早期移墾者雖因其原籍不同，各有其尊奉的主神，但定居日久，視台灣為家鄉的本土觀念逐漸加深，原來畛域分明的祭祀圈逐漸產生融合作用，於是形成了新的宗教觀念，即有共同尊奉的神祇。此類共同尊奉的神祇也正是大陸各省人民所共同尊奉者，因而這種新的宗教觀念一方面打破了台灣移墾社會重移墾原籍的社會結合關係，另方面亦促進了其向中國本部各省看齊的內地化作用。……故尊奉媽祖為共同神明的形成，可視為台灣社會消除舊移墾原籍地域觀念的一個重要里程碑，而其形成的年代則在咸豐至光緒初期，亦即十九世紀的五十至七十年代。

　　李教授指出漢移民社會在轉型過程中，宗教信仰方面呈現的特徵，換言之，由於漢移民對台灣本土觀念的加深，不同的祖籍人群已放棄早期的意識型態，逐漸結合成新的地域群體，而此結合的象徵，便是尊奉各移民群體在大陸共同信仰的神祇，在此種情況下，媽祖的角色便突顯出來，在漢移民社會本土化的過程中，扮演了極為重要的角色，成了台灣漢人共同的信仰象徵，具有社群整合和文化認同方面的重要功能。

　　此種經由共同的信仰象徵而結合不同祖籍人群的現象，實際上所反映的，正是漢移民群體對台灣本土的認同和共識；然而，李國祁教授將此現象解釋為台灣漢人社會「內地化」的性質，這種解釋，只是從神明信仰的外顯形式而論，忽略了宗教信仰的內在意涵，實質上已隨著社群意識的轉變，而有不同的象徵意義。換言之，清代中葉，台灣漢人社會的媽祖信仰，相較於大陸祖籍地的崇奉，已顯現出不同的意涵和功能了。

超地域的信仰象徵

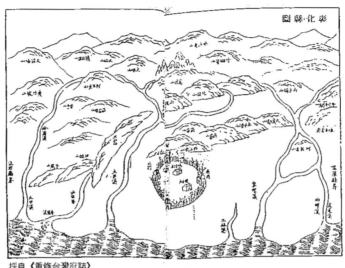

採自《重修台灣府誌》

　　媽祖在台灣漢人社會發展上有其特殊的意涵,已故的人類學者施振民（1973：198）指出：媽祖是漢人村落的主神,但也常常是超地域的神明,由於媽祖在台灣香火興旺,全省各地有不少規模頗大的媽祖廟,由分火而來的媽祖特多,也構成媽祖神系統特有的從屬關係；換言之,媽祖比王爺更常成為超聚落層次的地域神,例如許嘉明關於彰化福佬客地域組織的研究,在較小以客家人為主的聚落主神是三山國王,與漳州人結合而成的七十二庄會莊聯盟的中,卻是天門宮的媽祖。

七十二庄聯盟的中心

　　根據人類學者許嘉明（1973：180）的實地研究：彰化平原上的漳、泉、客三個主要人群,從早期各個人群的數字上看,勢力並不均衡,漳客兩個人群的總和,尚不及泉州居民的三分之二。乾隆以降、分類械鬥事件不時發生,逼使漳客兩個弱小人群結合在一起,因此有超祖籍人群的地域聯合,最具體的表現是所謂七十二庄的組成。

　　七十二庄是漳客兩個人群的聯盟組織,漳州人以天門宮為代表,客籍人則以永安宮為全體福佬客村落的象徵,相互透過對方的鄉土神的祭

祀，將兩個不同祖籍的人群，聯合成一個社會群體。

　　天門宮的主祀神是媽祖，七十二庄由八個不同的聚落所組成，由每個聚落單位雕刻一尊名稱各不相同的媽祖，供奉在天門宮，凡有喜慶則恭請回去奉祀；八尊不同名稱的媽祖，代表著八個不同的祭祀團體，如開基祖姓、湄洲媽、大媽、大二媽、舊二媽、武西二媽、太平媽、湳雅大二媽；從八個祭祀群所包含的村落來看，武西二媽與湳雅大二媽兩群，無疑是完全由客籍村落所組成，其他的六個群體，大部份是由漳州人群的聚落所組成，其中有一部分是漳客雜處的聚落。

「會媽會」的組織活動

　　彰化平原的客家村落以地域性的聚落為單位，和不同祖籍人群共同組成一個社會群體，除了上述具有特別歷史因緣的七十二庄外，還有彰化南瑤宮的「會媽會」。南瑤宮的會媽會共有十個之多，其中由客家居民組成的有兩個，這兩個是共同在農曆 3 月 28 日祭祀媽祖的「老四媽會」和「聖四媽會」。

　　彰化市的南瑤宮，主祀天上聖母（媽祖），許嘉明的調查顯示：南瑤宮在建廟之初，據稱只有十八家居民出錢有份，因此廟務由十八戶人家輪流管理，後來香火日盛，始有「爐主」制度的設立，南瑤宮的祭祀範圍，從原來的十八戶人家，隨著香火的興盛而日益擴張，除了最基本的地域範圍之外，前來參與南瑤宮祭祀活動的信徒區域已逐漸擴大；據稱到日治時期，參加南瑤宮祭祀活動的區域，除了鹿港和芬園之外，幾乎包括了整個台中州。在這廣大的區域內，南瑤宮媽祖的信徒，為了表示對媽祖的虔誠熱忱，紛紛成立「會媽會」。

　　「會媽會」又稱轎班或鑾班，主要是因為媽祖進香時各地信徒爭相要抬媽祖神輿，為了公平起見，便按聚落人群沿途分段輪流，故稱轎班，後來因為各轎班的成員，每人出錢若干，塑一尊媽祖神像，供奉在南瑤宮，餘款做為公基金，所以有「會媽會」的稱呼和由來。

　　南瑤宮有十多個會媽會的組織，各會雕塑的媽祖，名稱和祭祀日期

各有不同，一般是按照成立的早晚，依次排列；其中除了「新大媽會」提前在農曆 3 月 22 日舉行外，其餘均在媽祖生（3 月 23 日）之後，一天一個媽會，依次為其所塑的媽祖舉行祭典。平時「會媽會」活動並不是一體的，各會有其祭祀的日子，但每逢媽祖進香時，則所有的「會媽會」便一起行動，換言之，在媽祖進香時所見到的整個進香團體，實際上是包含了許多個不同的地域群體。

南瑤宮的十多個「會媽會」，除了共同參與媽祖進香活動之外，另有聯繫各媽會會員關係和感情的活動，主要是每個媽會都有一個「吃會」活動的設置，每個輪值當爐主的聚落，在舉行祭祀媽祖的那一天，必須設宴款待來自其他各聚落的所有會員；據說因為祭祀範圍很大、會員眾多，平時會員之間不一定彼此熟識，為了識別各會會員，每個會員均有一套專為「吃會」製作的「制服」，這種「吃會」的活動，到了二次大戰期間，因為受到糧食配給制度的影響而停辦。

自清朝中葉至日治時期，南瑤宮「會媽會」的組成地域範圍分佈廣大，在彰化平原上，各聚落的人群，包括閩南和客家，透過共同的媽祖信仰象徵和祭祀活動，使地域群體間賴以維繫而不墜；此種現象，正反映台灣漢移民經由長期的拓墾，終於將群體認同意識落實在本土上，且逐漸打破祖籍人群的藩籬，建立了新的地域群體的聯繫和整合；而在漢人社會本土化的過程中，衬落的宮廟和共同的神明信仰，便成了結合地域群體的重要象徵。

二、殖民政策下的寺廟圍限

日本治台五十年間的宗教政策，基本上是宣揚日本國內的各種宗教，壓抑台灣傳統的民間信仰，日人治台初期，依據宗教信仰自由之原則，將日本國內有組織的宗教，如神道教、佛教、基督教等引入台灣，尤其對日本神道的推廣更是不遺餘

力。至 1930 年代末期，更是變本加厲，強制人民在家中奉祀日本國家神道所崇拜的天照大神，即「神宮大麻」，但此時期中，對深植於台灣人民心中的傳統信仰，則依據台灣總督府於明治三十二年（1898）所制定的「舊慣之社寺廟宇建立廢合辦法」，取締台灣舊式寺廟齋堂、神明會及祖公會之建立。

此時期，台灣民間寺廟的傳統功能也受到極大的限制，例如各地寺廟原來具有的自治、自衛與對外關係等地方自治機能，幾乎全被剝奪。此外，清領時期的台灣寺廟，大多擁有田園、山村或宅地等廟產，但在日治時，很多廟產都被指為無主或產權不明，因而充公歸為官有，許多寺廟不得不依靠信徒的香火錢和捐款而勉強維持。

媽祖信仰歷經明清兩代的發展，在台灣已奠定深厚的基礎，但在日本限制民間宗教的政策下，媽祖崇奉也受到相常程度的影響。在 1918 年的寺廟調查中，全台灣計有 320 座媽祖廟，至 1930 年增為 335 座，增加幅度可說是相當緩慢，但是媽祖信仰仍然深深的留存在台灣民眾的心中。此時期，中南部地區原已極為熱烈的崇拜，並且逐漸向北部地區擴展。例如，桃園景福宮於 1915 年至北港朝天宮割火，迎請媽祖分靈奉祀，並由桃園縣各鄉鎮分別請去奉拜，迎媽祖時，各村鎮都極為隆重，在只有六、七十戶的村庄，如桃園縣龜山鄉的山頂村，卻組成二、三十隊的鑼鼓陣頭，可見媽祖信仰在台灣民間的根深蒂固與重要意義。

日本治台後期，由於中日政治關係的惡化，台灣民間宗教受到更激烈的壓抑。西元 1937 年，日本在中國大陸發動蘆溝橋七七事變，台灣總督府惟恐台灣人謀反，因此極力推行「皇民化運動」，不僅強制人民使用日語，改用日姓，獎勵穿和服，並且推動所謂的「寺廟整理」，企圖摧毀台灣的民間宗教。在此之前，新竹、彰化、嘉義等地區都曾著手整治民間寺廟，但規模仍不算太大。至 1938 年在新竹州中壢郡的「寺廟整理」之舉，則是日人在壓制民間宗教的理論和實行上最為徹底的一案，此舉也就是日人所謂「寺廟神昇天」之策略。

西元 1938 年 11 月 11 日，新竹州召開州下「國民精神總動員參與會」時，參加開會的二百餘官員與地方人士，為積極推行皇民化政策，

決議廢止寺廟、神明會及祖公會等宗教團體，並在第二年（西元 1939
年）十月，在中壢街仁海宮舉行寺廟神昇天祭，將民間信仰的神像用斧
頭砍壞或焚毀，因這次政策而被廢棄的神祇主要有土地公、開漳聖王、
關聖帝君及媽祖等，所幸當時，由於日本佛教界（特別是臨濟宗）依據
宗教自由之理念，呼籲停止宗教迫害，因此「寺廟神之昇天」的策略僅
在中壢郡舉行，未波及全台。

　　新竹州毀神坑像的寺廟全廢決策，實是基於日本人對台灣民間宗教
的偏見，認為台灣民間信仰只具有靈驗本位、多神體系，以及祈求多福
多壽多子孫的「功利主義」；但是從客觀的宗教理論來看，事實上，靈
驗與功利的特性乃是人類大多數宗教共同的基礎，即便是基督教徒的見
證，也顯示對超自然力量的靈驗訴求，這是人類極為普遍的心理現象，
並非台灣民間信仰所獨有。至於「功利主義」的說法，更是以外來者的
觀點來排斥和貶損台灣民間信仰的特質。若從比較宗教學的觀點加以合
理的評析，我們不難發現宗教信仰的出現，其基本原因都是為了安定或
滿足人類的心靈，只不過不同的宗教所能滿足其信徒心靈的內容，往往
隨著社會經濟型態而有所不同。

　　在傳統台灣農業社會中，人民的生存環境以及生活健康，乃至生命
的延續與安危，都飽受外界各種威脅，因此祈求超自然靈力的庇佑，乃
是台灣民眾極自然的表現。在台灣社會長期發展過程中，民間信仰在穩
定人心和社群的功能上，有其不可抹滅的意義，因而能持續不斷而強勒
的發展下去，也因此，當台灣的民間信仰，特別是台灣漢人共同崇奉的
媽祖信仰，即使在日本殖民政府的高壓政策下，仍能保有其潛在的動力
和旺盛的生機，而當高壓解除之後，民間信仰隨即迅速展現其無可搖撼
的重要地位。

參考書目

（清）高拱乾，1960（1694），《台灣府志》，《台灣文獻叢刊》第 103 種。
　　　台北：台灣銀行經濟研究室。

（清）周鐘瑄，1962（1717），《諸羅縣志》，《台灣文獻叢刊》第 141 種。
　　　台北：台灣銀行經濟研究室。

（日）宮崎直勝，1942，《寺廟神の昇天—台湾寺廟整理覚書》。
　　　　台北：東都書籍株式會社臺北支店，昭和 17 年。

李國祈，1978，〈清代台灣社會的轉型〉，刊於王曾才編《台灣史研討會
　　　記錄》，頁 55-75。

施振民，1973，〈祭祀圈與社會組織—彰化平原聚落發展模式的探討〉，
　　　《中央研究院民族學研究所集刊》36：191-208。

許嘉明，1973，〈彰化平原福佬客的社會組織〉，《中央研究院民族學研
　　　究所集刊》36：165-190。

陳其南，1987，《台灣的傳統中國社會》。台北：允晨文化公司。

戰後的媽祖信仰

前言

　　戰後，媽祖信仰在台灣的開展歷程，反映出台灣社會政治經濟發展和絜根的過程，同時也代表了生活在這塊土地上的人們，對本土社會的強烈關懷和認同。回顧台灣的歷史，長達五十年的日本殖民統治，雖然企圖削弱台灣傳統的民間信仰，但戰後數年內，各地廟宇卻如雨後春筍一般，紛紛重修或興建。

　　隨著台灣的社會經濟發展，媽祖信仰及活動更顯興盛，普遍流傳在島上各種有關媽祖靈驗的傳說，反映媽祖對台灣民眾在生活和心靈的需求。各地媽祖廟的擴建和香火的繁盛，象徵經濟發展下的台灣子民對媽祖的感念，同時也反映急速社會變遷中，人們面臨了無數的困惑和難題，也因此在無奈的現實生活中，轉而尋求宗教信仰的力量和慰藉。

　　戰後台南地區有關媽祖廟歷史的爭議，顯示地方社群透過宗教信仰活動所隱含的競爭心理和意識型態。在中部地區，一些有名的媽祖廟，除了特別強調其媽祖的悠久年代之外，也產生了媽祖分香來源的爭辯。這些流傳於各地媽祖廟的種種說法，若從民間信仰的理念和心理來看，一方面反映台灣居民對媽祖靈力的重視，另一方面，媽祖信仰也被用來做為提升地方宗教地位的一種表徵。

　　每逢農曆三月的媽祖神誕祭典，放眼台灣中南部地區的幾個媽祖信仰重鎮，源自台灣傳統農業社會的祭儀活動，也隨著現代社會的發展，呈現日趨繁複的景象，在這當中，不僅反映台灣民間社會經濟的蓬勃力量，同時也蘊涵著地域群體相互競爭的心理，這種心理主要是根源於台灣民眾濃厚的地方社群意識和地域認同。更進一步而言，超越地方社群意識和競勝心理之上的台灣媽祖信仰，則反映出漢移民在台灣的落定，及其衍生而來的對這塊土地的認同。

　　台灣的媽祖信仰，自十七世紀隨著閩粵移民冒險渡海，便受到民間普遍的重視，閩粵移民在台灣逐漸落定之後，媽祖信仰也代代流傳下來。尤其是在施琅攻台及清政府的有意提倡之下，對媽祖加以敕封和賜匾，媽祖信仰的流傳和發展更形興盛，而與台灣人的生活緊密結合。

　　1945 年，日本殖民政權撤出台灣之後，被壓抑多年的民間宗教旋即獲得舒解，展現其旺盛的生機，並適時發揮其撫慰人心和社群整合的功能；而在繁複的民間信仰體系中，原本就有其特殊地位的媽祖信仰，也再度迅速的受到台灣民眾的崇拜與祈求；隨著經濟力的成長，相對於清政府設立的天后宮和祭典的衰微，台灣民間媽祖廟便一再的整修或新建，其寺廟組織和建築規模呈現擴大的趨勢，媽祖神誕祭典和進香活動也日益蓬勃。「三月痟媽祖」這一句台灣諺語，貼切反映出媽祖在台灣民間信仰的高超地位和重要性，例如每年農曆三月上旬的大甲媽祖進香活動，以及北港朝天宮盛大的神誕慶典，不僅是中部地區的重大祭典，也是全省各地信徒期盼的日子，媽祖香火的鼎盛和日趨盛大的媽祖祭典與進香活動，顯現出台灣媽祖的異采和光華，這當中反映出信徒對媽祖虔信的崇奉，而媽祖信仰也成了結合地方社群最重要的一種宗教力量。

一、地方政經與宮廟互動

　　根據台灣地區寺廟的統計資料，近百年來，媽祖廟數目始終高居台灣所有寺廟的前四位。除了「田頭田尾」的土地公祠之外，寺廟最多的主神是王爺，這是因為台灣總計有近百位不同姓氏的王爺，而且王爺的信仰也侷限於地域性的崇拜。其次是觀音和媽祖，觀音菩薩則包含佛教和民間信仰兩方面的信奉，在台灣也極為普遍，但因其神格較高，與民間的俗世生活，以及社群活動較無密切關連，因此屬於全台灣民眾的共同信仰，而又與地方生活息息相關的神祇便首推媽祖了。1981 年的寺廟調查顯示，全台總計 510 座媽祖廟，佔登記寺廟總數的 9.2%。僅次王爺廟（753 座）和觀音寺（578 座）。

　　從媽祖廟的發展趨勢來看，戰後媽祖廟的增加速度遠超過日據時

期，1930 年至 1960 年的三十年間，媽祖廟從 335 座增至 383 座，增加幅度為 14%，1960 年至 1981 年的 21 年間，增加為 510 座，增加幅度為 33%。若以每年增加幅度計算，則戰後台灣媽祖廟的增加比例，幾乎是日治時期的三倍，由此可見日本殖民政權下的台灣民間宗教具有的強韌力，同時更顯示出媽祖信仰在台灣民眾心目中的崇高地位。

　　大多數的農村社會是一個多面向而整合的單位，這當中，政治制度、經濟發展、道德倫理、宗教信仰等，經常是彼此依存而相互影響。尤其是地方的政治經濟發展和寺廟活動，具有密不可分的關係。寺廟，往往是一個地區的民眾活動中心。

　　有些學者認為民間信仰終會隨著社會的工業化而日漸式微，但事實顯示並非如此，文崇一教授等人於 1970 年代在關渡的調查研究中，發現關渡雖然正由農業社會轉變為工商社會，但是民間信仰的活動頻率並未減少。在台灣，民間信仰實際上已成為人們生活的一部分，為了祈求合家平安，祝禱事業順遂，或消減人生疾苦，人們對所有的超自然力量總是懷著崇敬虔信的態度。由於民間信仰與人們生活的密切融合，因此也隨著社會文化的發展和變遷，呈現不同的面貌和特徵，在這當中，也與政治、經濟等社會制度的運作密切相關；尤其是許多不合理或難以突破的政策和制度，不但影響社會和民間生活的正常發展，最後也迫使許多民眾轉向宗教的冀求。

　　晚近四十年，台灣的經濟發展和寺廟活動的交互影響下，也呈現許多有別於傳統的面貌，顯而易見的是各地寺廟的新建和擴增，廟宇建築規模日趨宏大，祭典活動的陣容愈趨繁複，觀光和社交的功能也愈為顯著……等，總之，寺廟香火和各種慶典活動的興盛，一方面反映台灣社會變遷和經濟發展上的特徵。同時，透過寺廟組織和活動運作，因此也帶動地方的經濟活動。

　　在漢人社會中，地方的宗教事務經常有政治領袖參與，政治領袖甚而常兼任宗教領袖。例如各宮廟的董事有許多是由村、鎮長、民意代表或鄰里長擔任，其中原因是一些宮廟事務往往須透過地方行政體系的運作來達成，如收集蓋廟的丁口錢或緣金等。在另一方面，宗教活動的擴

展則有賴地方居民在經濟上的支持。審視晚近台灣社會發展過程中,經濟成長固然有其成功的一面,但一般民眾在日常生活中,仍然無法免於苦難與憂慮,轉而尋求超自然力量的慰藉,因此,經濟的成長也助長了民間信仰活動的典盛。

從宗教信仰的功能而言,台灣民間宮廟不僅象徵地方民眾的共同意識,而宮廟的各項活動對地方的經濟、文教與政治也有莫大的影響。總之,地方的政經發展和宮廟的興盛是合為一體的,尤其是台灣幾個有名的媽祖廟,更是地方政經活動中心。這些較具規模的媽祖廟,由於信眾的香火錢和捐獻,已累積相當大的經濟力量,而在回饋鄉里的認知下,各媽祖廟的董事會大多能善加利用香火捐款,襄助地方建設,普設教育基金,參與貧戶救濟,甚而捐建醫療大樓、圖書大樓等。換言之,廟方執行者往往將信徒捐奉的香火錢,藉由再分配的過程,流通到社會各層面,對於這些宗教事務的推展和宮廟資金的運用,主要是由地方民眾和士紳的積極參與所共同促成的,這當中,不僅蘊含了民眾虔誠的媽祖信仰,也反映出民眾對本土的關懷與認同,而地方士紳藉由宗教參與,不僅提升個人的社會聲望,對鄉里的建設也有其貢獻和導引作用。

二、廟會慶典與曲藝表演

宗教可視為某些群體的共同意識和情感的體現,共同的宗教活動,亦以強化一個群體的社會凝聚力。而不論個人或群體,往往藉由各種不同的宗教團體和組織,或透過宗教活動中的種種儀式與行為,達成一些實質上的目的或心理上的需求,並表達其信仰理念及內心的各種情感。台灣各地的廟會活動和神誕祭儀,大多具有這些特徵。其中,規模最大最為普遍的活動是媽祖慶典。

媽祖慶典除了神聖的宗教儀式(如祝壽大典、割火)之外,也有神聖與世俗兼具的民間戲曲和陣頭遊藝表演活動。換句話說,整個宗教活動基本上是在神聖和世俗兩個象徵範疇間交相運作,以信仰及儀式為核心,逐漸向外緣形成一波波世俗性活動之熱潮,藉此滿足民眾的各種需

求動機，交融成一個綜合、開放、自由參與的社群活動，這當中，不僅顯示出堅定的信仰本質，而且反映出強烈的社群意識。

　　傳統民間戲曲及陣頭遊藝團體，依其組織型態，主要可分為兩類：一是業餘性質，自行組織，義務演出的「子弟團」；一是職業性的團體。早期參與宗教活動的曲藝團體，以「子弟團」的型態為主。從戲曲技藝的發展來看，上古時代戲曲技藝活動的目的原是在娛樂鬼神，或做為宗教之儀式，藉以驅逐邪祟；而後隨著社會文明的發展，及各種百戲技藝的高度發展，娛樂成分增多。

　　台灣漢人社會中，「子弟團」的產生，主要是基於社群認同和宗教信仰，並且透過活動的參與和表現技藝的機會，達到社群間的競技及個人的成就動機，藉此也強化了個人在社群的角色和地位，並消弭了社群與社群間長期接觸可能造成的緊張關係。其組成方式，通常是由一村或數村聯合，聚集一些年輕子弟，組成數個不同性質的「社」。往昔台灣各庄里、氏族或行業，往往成立非職業性的「子弟團」，開館學藝，有的以習武為主，有的以戲曲為主，即今所謂的「武館」及「曲館」。這些子弟多利用閒暇聚集一堂，由老一輩教導年輕弟子學習各項曲藝或武術，藉此娛樂消遣，或練武強身，並可免年輕人游手好閒惹事生非。逢有地方上的節慶廟會活動，則向鄰里募捐或自行鳩資，備置行頭，參與地方活動，為鄉親帶來許多戲曲技藝的表演。

　　一般地方性宗教活動的戲曲表演，其劇團來源主要有兩種：一是聚落中幾個村里的「子弟團」，依年輪流義務演出，另一種是由信徒（個人或集體）出錢請職業戲班演出。前者例如大甲鎮瀾宮媽祖進香的戲曲活動，主要是由大甲鎮五個曲館輪流組團參與。曲館是由庄里人士負責，往昔常有庄里的子弟，聚集於館中向前輩學藝，遇有節慶廟會，這些子弟團便酬神演戲。每年大甲媽祖進香期間，負責演戲酬神的曲館子弟團，需在進香啟程之前演出「起馬戲」，並一路跟隨進香團在途中幾個廟宇「隨駕演戲」，回程抵達鎮瀾宮，則演出「落馬戲」。由此可見民間戲曲和遊藝表演與地域群體的緊密關係。

　　除了反映出群體共同意識之外，宗教性曲藝活動也含有豐富的象徵

意涵，神聖性和世俗性兩個理念範疇的運作也呈現在陣頭和曲藝表演的過程中。考察台灣常見的迎神賽會，宮廟的神明出巡繞境或進香的隊伍，通常都是以繡有宮廟及主神名的頭旗為前導，而由舞獅隊打頭陣居多，依次是龍陣、鑼鼓陣隊、曲藝表演隊，接著是神格較低的神祇、主神的部將、主神的護衛，然後才是主神，跟隨在主神之後則是一般信眾。在這支隊伍中，大致可劃分為幾個不同類型和性質的團體，每一團體各別顯現出不同的儀式內涵和象徵意義。

頭旗陣、獅陣、龍陣、宋江陣

　　頭旗雖非民間所謂的「陣頭」，但在神明出巡的隊伍中，是整支隊伍的代表，具有相當神聖性的象徵，負責向行經的寺廟致敬，或向出迎的寺廟陣頭答禮，有一定的揮旗致禮的步法，持頭旗者，必是訓練有素，德行良好者。獅陣、龍陣、宋江陣等「陣頭」，都是以武術為基礎的子弟團，皆有固定的組織，各有其崇拜的守護神，或以某一廟宇為中心；有些龍隊則附屬在宋江陣中，凡加入陣隊者，必經過入館之儀式，拜師學藝，且需遵守一些戒律，平日在館中練武強身，一旦鄉里有事，並負有保衛鄉里的任務，兼具社群認同的意義。逢有地方上的節慶廟會活動，則組隊「出陣」。

　　在儀式的象徵意義方面，中國及台灣的民間信仰中，獅與龍皆屬象徵祥瑞降福的古獸，被視為具有驅邪逐祟的靈力。早期的宋江陣，則以108 人為最完整的陣容，即象徵三十六天罡與七十二地煞之天將神軍所具有的法力，以收制邪壓魔之效，而在其各種陣法中，又以「八卦陣」被視為最具法力的陣形。這些陣頭的遊街繞境，皆有鑼鼓陣隊的伴奏，在一陣陣緊鑼密鼓的催促下，獅陣、龍陣或宋江陣的表演者，雖著分明的節拍，揮舞出強而有力的步法和陣勢，傳遞了一種撼人的神秘力量，往往所到之處，家家戶戶或燃放鞭炮、或賞之以紅包，皆認為這些陣頭能驅邪招福，具有保境安民的功能。因此，在本質上，這類陣頭的宗教性和神聖性遠超過世俗性的娛樂表演意義。

神偶遊行團體、家將團與莊儀團

神偶遊行團體，常見的有神童團、彌勒團、福德團等，這些大型神偶，是以竹材為骨架，再以紙、布糊製而成，其神格都低於主神，由表演者在裡面撐持著，隨著鑼鼓節奏前行，表演者皆需經過一段時日的訓練，才能熟悉各種步法。這些團的團長皆需經由擲筊、經由神明的應允才能擇定；撐持大型神偶遊行，除了壯大隊伍聲勢之外，最主要的仍是在於出巡意義上的神聖本質。

由人扮成神兵神將的儀式性遊行隊伍，最明顯的便是家將團的表演，演出時，多為八人陣，稱為八家將，但也有四將、六將、十將、十二將的家將團；家將團為一神界的巡捕組織，成員各有所司，各懷絕技，家將團的主要功能，是在協助主神驅鬼平妖，是主神的隨從、部將，故只要主神的性質，是審理世事、壓制妖魔鬼怪者，皆有家將團。因此，家將團最常見於地方上的王爺廟，一方面保護主神，一方面助其行使職守、保護地方安寧。家將團具有相當濃厚的宗教儀式的色彩，各地的家將團，在武器、面譜和陣式上雖有不同，但皆有一套繁複的出巡儀式和禁忌；出巡三天前，所有扮演者，一律需齋戒沐浴、禁絕酒色，昔日多須住進廟中。出巡當日，由面譜師為各將畫面譜時，先行祭拜、寫符、燒符，在各將面前揮舞，以示避邪；「開面」之後，直到「上馬」、「開步」、「出軍」、「領令」、「出巡」，皆有一連串象徵的儀式及唸咒，在出巡遊街時，進退規則亦十分繁複，其陣法、拳法皆有淵源及意涵，各家將口中亦唸咒語，令妖魔鬼怪避之。有時，也會進入恍惚狀態，信眾多認為是神明附身，顯示其神力。家將團的表演，在本質上富有濃厚的宗教意味，幾乎不帶絲毫娛樂氣息。

在神明出巡隊伍中，走在主神之前的必是護駕將軍，例如媽祖的護駕——千里眼和順風耳，城隍爺的護駕——七爺、八爺。通常是製作成大型神偶，由莊儀團的成員撐持著遊行，其遊行表演，主要乃是源於宗教信仰上的需要，並非以世俗性的娛樂為目的。

曲管團體與遊藝表演團隊

　　不論是何種曲管演奏的音樂團體，或各類的遊藝表演團體，在基本上，都是屬於世俗性、娛樂性之本質，而這些團體也多是基於共同的興趣，由村人自行組成的業餘表演的子弟團之類型。這些源自傳統農業社會的子弟團之組織型態，其表演內容，多取材自農村生活之寫照，例如：牛犁陣、車鼓陣、布馬陣、鬥牛陣、高蹺陣、七響陣，以及藝閣之化妝遊街等等表演，皆屬於民間歌舞小戲及雜技之表演形式，不需太繁複的技巧，舞蹈動作亦較為簡單，角色扮演也有限；其表演的主題，與民間生活密切相關，例如牛犁陣的表演，由幾個人妝扮成農夫、農婦，以及牛、驢之類的家畜，同時又有幾人負責音樂伴奏；表演者邊走邊唱，帶些簡單的舞步和動作，彼此相互唱和表演，其音樂和歌詞，多是通俗歌謠或情歌。又如車鼓陣，是以小旦、小丑為主的逗趣小戲之表演，小旦通常是在鼻端塗白粉、鼻孔插兩絡鬚、臉上點痣、身穿黑衫、頭戴圓帽；小丑則手持扇子或手捐、身著彩衣、頭戴綵冠，忸怩作態；車鼓弄的表演，以俚俗逗趣為主要目的，且歌且舞，相互答唱，多為民間小調，即興的成分很多，其內容亦多描寫男女私情。

　　綜上所述，台灣民間信仰和儀式行為，不但是一個社群集體意識的表徵，而且具有整合社會的功能。早期，一些以強身練武、捍衛村里為目的的「子弟團」，往往在迎神賽會時，才組團出陣，而有龍陣、獅陣、宋江陣、家將團等儀式性的表演活動，這些陣頭表演的性質即有宗教性或巫術性的意涵和功能。而這些子弟在入館習藝後，需遵守許多戒律及禁忌，平日不得輕舉妄動，只有透過廟會活動，各團體才大顯身手，所謂「輸人不輸陣」，即是將個人社群間的摩擦或競爭，化為公開場合團體性的技藝競賽，在這當中並有公眾認可的規範和秩序，對其行為予以約束。由此顯示，民間常見的「拼館」、「拼陣頭」，乃至於賽龍舟的「競渡」，皆反映出強烈的社群意識、成就動機及競爭的心理。

　　在晚近快速的經濟成長中，隨著工商業的興起及都市化的影響，台灣民眾的生活已逐漸脫離傳統農業社會的生活方式，而根植於農業社會

的民間宗教祭儀和曲藝表演，也呈現了本質上的改變與新形式的產生。
例如，在人口大量外流的情況下，早期以聚落社群或氏族及同業關係而
組成的業餘表演團體（子弟團），不論是學習戲曲或練武術的團體，多
因現代年輕人已不再參與而逐漸解組。近年大甲鎮各曲館已寥落無人，
難以自組子弟戲班，而每年大甲鎮瀾宮的媽祖往北港進香，是當地盛大
的宗教活動，大甲鎮五個曲館需依年輪流籌備演戲酬神之事宜，但由於
館內人手欠缺、陣容不足，只好請其他職業劇團代為演出或四處邀集藝
人助陣。這種現象，顯露出台灣民間傳統技藝的式微，以及在現代科技
的影響之下，新形式的由藝表演（如卡拉 OK 伴唱、時裝歌舞表演，甚
而有熱情豔舞出現）已經產生極大的衝擊，這是值得注意的課題。但若
從另一角度思考，日趨繁簇的祭典，實際上反映出經濟成長下的台灣民
間社會，已培育出極為濃厚的地方意識，並欲透過宗教慶典活動（如媽
祖遶境進香）予以彰顯，因此，整體而言，繁簇的祭典一方面象徵信仰
的虔誠，另一方面則意味著台灣民眾社群意識的高漲！

三、台灣開基媽祖之爭

正統鹿耳門媽祖之爭

　　台灣許多媽祖廟各顯神通，其用意在提升該廟的聲威，並促進地方
的發展和繁榮，也因此形成各地寺廟彼此競爭的態勢。綜觀各廟在強調
其媽祖的聲威和靈驗時，往往是就當地有關的歷史發展和民俗特色加以
發揮，例如開發較早，且曾是明鄭登陸和設府的台南地區，大多著重於
鄭成功開台的事蹟和傳說，並以此確認該廟媽祖的「正統」地位或「開
台」功勳和權威。其中以今日台南市安南區顯宮里的「鹿耳門天后宮」
和土城子的「正統鹿耳門土城聖母廟」兩廟的爭議最為激烈，這兩個毗
鄰的村里的人士和居民，自民國四十六年開始，便一直爭奪鄭成功登陸
地和鹿耳門媽祖廟的正統身份，這當中也引起一些史學專家、以及政府
各級有關單位、乃至地方民意代表對鄭成功登陸地的勘察和考証風波；

由於古昔興建的聖母廟已被洪水沖走，媽祖神像和文物下落不名，兩村人士則各捧出媽祖神像，皆稱是昔日聖母廟的「正媽」（媽祖正身），是正宗湄洲媽，而引起「正媽」和「假媽」的爭議，在台南一帶掀起無數風波，至今，這樁真假媽祖鬧雙胞的案子仍未平息，兩地的關係日趨緊張，每年的媽祖神誕祭典或建礁活動，兩地人士更是傾全力籌辦該廟盛大而繁簇的活動，以此號召外地信眾。

笨港媽祖之爭

台灣嘉雲地區，北港朝天宮和新港奉天宮，形成長期抗衡的局面，這當中牽涉早期開拓的歷史和媽祖香火的供奉。北港和新港兩地，原屬三百年前「笨港」的範圍，笨港的開發，最早可推溯到明天啟年間（1620年間）顏思齊、鄭芝龍在笨港築塞駐屯；至康熙末年（1717），笨港已是台灣西部沿岸帆船停泊的重要港口，也是嘉南平原貨物轉接的一大要港，康熙年間，笨港已有媽祖的祠祀。但是，在嘉慶八年（1803）的大水氾濫，河川改道，將市街沖毀，古笨港媽祖廟也遭沖毀，居民散居鄰近地區。

由於笨港地理的變遷，也改寫了「笨港媽祖」的歷史，嘉慶十七年（1812），居民重建媽祖廟，即今日新港奉天宮；至今，奉天宮仍以供奉「笨港媽祖的祖媽」號稱，由於笨港開發較早，奉天宮也宣稱笨港媽祖即是台灣最早的湄洲媽祖，因而自稱為「開台媽祖」，其分靈媽祖遍及全台。

但是，今日的北港朝天宮，也號稱是「笨港天妃廟」的直接香火傳承，朝天宮的媽祖是康熙三十三年（1694），由樹璧和尚從湄洲朝天閣奉請來台，在笨港北岸登陸，建廟供奉。雍正八年，漸具規模，改號「笨港天后宮」，經乾隆年間數度重修和整建之後，建築更為宏偉。至道光十九年（1839），清廷頒賜「朝天宮」，加封「弘仁普濟天上聖母」，奠定了朝天宮在台灣媽祖信仰的地位。

各地的媽祖廟，在強調其媽祖的神威和靈驗時，往往就當地的歷史

發展和民俗特色加以發揮，各大媽祖廟傾全力籌辦祭儀之活動。

台灣媽祖權威的建立

當奉天宮與朝天宮爭執台灣最老的笨港媽祖之時，鹿港天后港也自稱是台灣開基媽祖廟，而且認為北港朝天宮的香火是從鹿港天后宮分出去的，鹿港天后宮並以保留至今的信物做為證據，例如明朝時代的進香爐、全副的鑾駕儀仗、精緻的鳳輦等等，並以供奉湄洲祖廟六尊開基媽中的一尊，這尊媽祖因為千年來受香烟薰成黑色，故稱「香烟面媽」，且受歷代帝王敕封，地位崇高無比。

此外，號稱台灣開基媽祖的寺廟實為數不少，各廟一再宣稱其媽祖香火是台灣拓墾早期，先民直接從湄洲祖廟奉請來台的，除了具有悠久歷史以外，並紛紛傳誦著各種顯靈事蹟。

從上述各大媽祖廟的爭執，以及各廟振振有詞，一再強調的內容和重點來看，不外是（一）年代的悠久、（二）與湄洲祖廟香火的直接淵源（三）靈驗事蹟的流傳；這當中反映出民間對媽祖信仰的三個基本理念：

（1）和湄洲祖廟有直接而密切的香火淵源，包括供奉由祖廟請來的分身媽祖，或到祖廟進香得來的香火之類。由於祖廟是神靈香火的源頭，分廟須不斷的到祖廟加以補充香火；一則確認彼此間的主從關係，再者象徵香火的延續和增強，因此每隔一年或數年，分廟則需舉行進香謁祖和乞請靈火的儀式活動。

（2）該廟的媽祖具有悠久的歷史，在台灣漢移民的拓墾和發展上有重要的意義，這些廟也多建在較早開發的地區，該廟媽祖的香火也逐漸分佈到全省各地，並建立了許多分香的寺廟，因而在台灣的媽祖廟中奠定其權威地位。

（3）該廟媽祖若有顯靈事蹟流傳，便較能吸引各地信眾的朝拜，香火也因而興盛；特別是和庇佑全體住民的靈驗事蹟，以及和地方歷史大事相關的傳說，更能提升該媽祖的聲望和地位。

祈求合家平安，是民間信仰最基本的理念，一串「平安符」，盛載著現實人生多少的悲愁。

基於以上的信仰理念，台灣各地的民眾，在企圖建立當地媽祖廟的權威地位時，實際上也反映其強烈的社群意識，因而透過共同的信仰象徵，依為各地區不同社群之間的抗衡或競爭；換言之，這種蘊涵地域群體相互競爭的心理，主要是根源於民眾濃厚的地方社群意識和地域認同。

四、台灣媽祖與認同象徵

1987 年 7 月，長達三十八年的戒嚴令終告解除，隨著開放外省人返鄉探親的熱潮，台灣媽祖和湄洲祖廟的交流將會比過去五十年為多。1987 年 10 月底，正值媽祖成道千年紀念日（農曆 9 月 9 日），湄洲天后宮向各地廣發邀請卡，歡迎各媽祖廟和信徒前往參加慶典；台中大甲鎮瀾宮率先組團到湄洲認祖進香，並請回一尊新的湄洲分身媽祖和香火爐、石印等，安置在大殿「鎮殿媽」神龕外的供桌上，讓信徒參觀膜拜。

1988 年 2 月，台北縣中和海山宮央託返鄉探親人士前往湄洲嶼，請當地師傅雕刻四尊媽祖像，並在祖廟開光，迎回台供信徒參拜。此外，南方澳一再傳出大陸漁船趁夜登岸，以紙箱盛裝湄洲媽祖神像，留有字條並署名船號，說明贈送媽祖給「台灣同胞」的心意。此種迎請祖廟分身媽祖和湄洲媽祖「登陸」的現象，一時之間，成了台灣媽祖廟之間的熱門話題。

　　事實上，若從民間信仰的角度加以深思，我們不難理解，不論何種神明信仰，往往必須在當地的歷史脈絡中，歷經數代的流傳才能深植於民眾心中，也因此台灣各大媽祖廟爭相以供奉具有悠久歷史的「老媽祖」號稱，或強調是台灣開拓早期先民由祖廟奉請來的「開台媽祖」、「開基媽祖」。由於媽祖信仰的流傳，當中牽涉到台灣數百年來的命運和歷史文化的發展過程，因此，十七世紀登陸台灣的「湄洲老媽」，和二十世紀晚近登陸的「湄洲新媽」，兩者的重要意涵並不相同，在信徒的心中，也自有不同的看待和想法。

　　由民間的信仰理念和儀式行為來看，從台灣到湄洲的進香活動，或是專人迎請湄洲分身媽祖來台供奉，雖然也含有謁祖探源的意義，但更重要的，此種進香和迎請分香媽的行為，也反映出主事者與當地的信徒，都希望藉著與湄洲祖廟直接的香火淵源，來建立其媽祖廟在台灣的權威地位與自主性。

　　另一方面，相對於前往湄洲進香之舉，台灣各地的大小媽祖廟也展開熱烈的慶典活動；其中，北港朝天宮舉行的環島繞境，以及鹿港天后宮邀請全省各地方的媽祖返回團聚的活動，皆反映出該廟媽祖在台灣的顯赫地位和重要性，同時也凸顯出媽祖信仰的台灣性格與本土意義。

　　北港朝天宮的全省繞境，從 1987 年 10 月 3 日開始，由朝天宮的開基媽祖領導，先至彰化、南投、台中，一路北上，10 月 13 日到達台北松山慈祐宮，而後折而東行，至基隆、宜蘭、花蓮、台東，一直到 25 日的晚上抵達高雄小港，當夜住駕於三鳳宮，再行北上，於 28 日再回駕北港。朝天宮表示此一繞境是沿省公路路線，以致有許多市鎮無法前去，甚表遺憾，而此次全省繞境耗資一千五百萬元。

　　鹿港天后宮於十月下旬，舉行「恭迎全省各地聖母蒞臨」活動，將分靈至各地的媽祖請回來團聚，大約有一百多尊的媽祖齊聚於天后宮大殿，並配合電動花燈、歷史相片展覽、南北管演奏及手工藝展示等民俗活動。此外，屬於地域性的活動，則有嘉義朴子配天宮的出巡繞境，配天宮媽祖的統轄區統是以嘉義地區為主，該次媽祖出巡繞境原定 53 個村落。但因沿途各地爭相請求媽祖聖駕蒞臨，因此擴及 103 個村落。

　　從上述名大媽祖廟的活動來看大甲鎮瀾宮到湄洲謁祖進香,並迎請分靈媽和香火返台,以此向台灣信徒宣示該廟媽祖香火和湄洲祖廟的淵源,其主要目的在增加該廟名望,並吸引民眾朝拜湄洲新媽,間接促進地方的繁禁。此外,在北港朝天宮、鹿港天后宮、朴子配天宮及南部各大媽祖廟也在台灣分別等行各種熱烈的慶祝活動。從表面上觀察,各廟雖然都採取不同的儀式活動和表現方式,但進一步從民間信仰的深層意義加以思考,這些現象正顯現出台灣各地媽祖廟,歷經長期的歷史發展,不但已在這塊土地上紮根,而且更冀望進一步奠定該廟媽祖在台灣的顯赫地位,此種信仰心理,實質上反映出台灣各地民眾藉由媽祖信仰活動,來表達他們極為強烈的社會意識和本土認同。

　　1989 年三月間,有些寺廟也將新近自福建湄洲請回台的「湄洲新媽」帶往鹿港天后宮「過爐」,表示增添了開基媽祖的神靈和香火,因為信眾相信歷史悠久的老媽祖,更具有靈氣和權威地位,這當中也顯示出媽祖在台灣的本土性格。

　　隨著閩粵移民在台灣四百年的拓墾歷程和逐漸本土化的趨勢,媽祖在台灣民眾的心中,已由早期的航海守護神轉變為法力無邊、靈驗異常的萬能慈母,尤其是在河港和農業地區,媽祖更是庇佑鄉土和民眾生活的主要神祇。四百年來,由於媽祖信仰和台灣社會發展的緊密結合,因此,相對於閩粵地區原有的媽祖信仰,台灣的媽祖也顯現其不同的社會文化意涵;而流傳於台灣各地的媽祖靈驗事蹟也和閩粵地區有所不同,在台灣漢移民社會逐漸本土化的過程中,媽祖信仰已成了台灣漢人群體意識和本土認同的一種象徵。

　　普遍流傳於台灣各地的媽祖靈驗事蹟,大都與台灣漢人抵抗外來者有關,包括較早期的傳說,主要是協助漢移民橫渡險惡的台灣海峽、來台後克服天災地變、逐退海盜的入侵和強悍的先住民的攻擊;較晚近的傳說,是有關媽祖庇佑台灣民眾躲過日軍的侵襲和美機的轟炸,以及媽祖帶給中部農田的及時雨,甚至在日常生活和工作中,媽祖也時時庇佑著台灣的子民。對無數的信眾而言,媽祖信仰與傳說故事,當中蘊涵了漢人在台灣的生存歷程和各種生活遭遇,並且與他們生長的土地緊密結

合著，因此，對媽祖的虔信與感念，也反映出台灣漢人對本土的認同，正如美國人類學者桑高仁（P. Steven Sangren, 1987）所言：「台灣民眾參與媽祖進香時，不只是一群人在空間的流動，而且顯示出他們對先民移墾事蹟的感懷；當他們回到先民移墾台灣的灘頭堡（如北港）去進香時，他們已明顯的向世人宣告，台灣人是一群實際存在的社會群體。」

　　數百年前，閩粵移民帶來了祖居地的神祇與香火，從湄洲到台灣，媽祖的分靈與分香固然象徵著祖廟千年香火的延續，但是隨著漢移民在台灣的開拓和發展歷程，媽祖信仰已在台生根落定。近百年來，台灣媽祖信仰的持續不衰和普遍流傳，更顯示媽祖已成了台灣多數民眾的共同信仰。在台灣民眾的心中，最重要而崇奉的，仍是那一尊尊庇佑先民渡海來台，歷經漫長的艱辛歲月，而今安坐在各廟大殿中，救苦救難、慈祥而尊貴的「開基媽祖」！

參考書目

大甲鎮瀾宮董事會，1987《大甲鎮瀾宮》。台中：大甲鎮瀾宮董事會。

文崇一等，1975，《西河的社會變遷》，中央研究院民族學研究所專刊第
　　　六號。台北：中央研究院民族學研究所。

正統鹿耳門媽祖廟管理委員會編印，1985，《正統鹿耳門媽祖廟沿革》。
　　　台南：正統鹿耳門媽祖廟管理委員會。

正統鹿耳門媽祖廟管理委員會，1986，《鹿耳門志》（第四版）。台南：
　　　正統鹿耳門媽祖廟管理委員會。

林衡道，1961，〈鹿耳門天后宮真偽論戰之解決〉，《台灣風物》11（5）：
　　　3-5。

郭清林，1981，《正統鹿耳門土城聖母廟沿革暨風雲滄桑錄》。台南：鹿
　　　耳門史蹟研究委員會。

鹿耳門天后宮管理委員會，年代不詳，《鹿耳門天后宮簡介》，台南：鹿
　　　耳門天后宮管理委員會。

鹿耳門聖母廟董事會，1961，〈正統鹿耳門天上聖母像暨聖母遺跡辨
　　　正〉，《台灣風物》11（7）：7-11。

許炳南，1961，〈「鹿耳門」天上聖母神像之考據〉，《台灣風物》11（5）：
　　　12-15。

許炳丁等，1961，〈鹿耳門古港道里之位考〉，《台灣風物》11（9）：3-34。

黃美英，1983，〈大甲媽祖進香記〉，《民俗曲藝》25：23-57。

黃美英，〈神聖與世俗的交融：宗教活動中的戲曲與陣頭遊藝〉，刊於李
　　　亦園、莊英章主編，1985，《民間宗教儀式之探討研討會論文
　　　集》頁 80－102，台北：中國民族學會。另刊於 1985，《中國
　　　民族學通訊》23：80－95。

新港奉天宮，年代不詳，《新港奉天宮開台媽祖簡介》。嘉義：新港奉天
　　　宮。

Sangren, P. Steven, 1987. *History and Magical Power in a Chinese Community*. Stanford: Stanford University Press.

台灣媽祖信仰的歷史文化特色

一、前言

　　台灣人類學界對漢人「民間信仰」的研究，已累積頗多的成果。但多偏重神明祭祀的社會功能和意義，較少研究是針對神明與香火的關係，尤其是「香火」及其儀式意涵的探討；多數的研究皆指出神明祭祀具有統合社群的功能，共同祭拜媽祖或其儀式活動，在某種程度和形式上，可聚集和結合一地區的信眾，或連繫超地域的寺廟與人際網絡。

　　筆者的看法是：「香火」和「神明」正是一體的兩面，「香火」視為一種象徵的資源與力量（包含了神的靈力與信眾分享的香灰、香煙和靈氣），因此，進一步從進香、割火、割香等儀式分析，可瞭解「香火」具有「分配」的特性和象徵意涵。

　　「香火」視為一象徵，以及有關的儀式活動，有其相當複雜的多義性（multivocality）；各媽祖廟重視其香火來源，以此建立其正當性與合法性，各媽祖廟的香火權威、歷史論述與儀式的名稱，牽涉各廟之間的位階關係，並可象徵神靈的顯赫和聲威，因此「香火」成為一種可轉化的象徵資本（Bourdieu 1977：123-139）。

　　近年，人類學者對於媽祖廟「歷史」論述的建構和香火儀式意涵已有初步探討（Sangren 1987，1988，黃美英 1994a），筆者在本論文中，一方面強調媽祖信仰在台灣的普遍性及重要性，另一層面，則進一步指出進香和割火儀式，與媽祖的香火、靈力、位階密切關係，討論台灣媽祖廟之間存在著香火權威與位階的競爭態勢，及其運作機制。此外，本文進一步解析媽祖信仰與儀式中的性別差異，主要內容是指出女神／香火與女性的關連，並呈現媽祖進香脈絡中的性別差異。

二、地方歷史意識與情感認同

廟方領導者建構該廟香火權威的方式頗為多樣，主要是透過神明香火「淵源」（例如直接來自最老的湄州祖廟）或「歷史」（例如台灣最早開發的地區）的闡釋、乃至各種靈驗特徵（例如北港朝天宮強調該廟地理的特殊性）。各廟的歷史論述，與地方的開發史事及群體的經驗、情感密切結合。鈴木清一郎指出：湄州嶼和泉州同安縣，都是媽祖廟較大者，移民多半從這兩廟「分香」，然後帶到台灣，從湄洲分香的叫「湄洲媽」，從同安分香的叫「銀同媽」，從泉州府分香的叫「溫陵媽」。這些分香而建的廟，在一定時間回本廟進香，由信徒組成盛大的進香團。[1]

但是，有一個明顯的現象是，不論是從大陸哪一個祖廟分香來台灣，後來在各地建立的媽祖廟，歷經一段時期的發展，逐漸有新的稱法出現：「開台媽」、「開基媽」、「鹿耳門媽」、「台南媽」、「笨港媽」、「新港媽」、「北港媽」、「鹿港媽」、「梧棲媽」、「大甲媽」、「關渡媽」等等，顯示媽祖信仰的「本地化」特徵，並且和地方的歷史事件及社群經驗融合，形成地方性的媽祖文化，反映地方群體意識與情感認同（黃美英1988：110-124）。

這種現象也可從陳其南提出的「土著化」的觀點加以探討（陳其南1987：97-126）。換句話說，媽祖的香火，經由「分香」而傳播各地，歷經長期發展，從其分身神或分香廟的地位，逐漸在移居地建立其權威與自主性的地位，各分香嗣的「本地化」現象，也表徵了從「移民社會」（immigrant society）成為「土著社會」（native society）的過程（同上引：125，參見黃美英1988：121-125）。

但是，台灣的媽祖信仰同時也演變成為一種超祖籍群的神明祭祀，具有結合超地域群體的功能。因此，各地的媽祖廟在發展過程中，也和鄰近地區的媽祖廟產生競爭的態勢，各廟主事者及地方人士便企圖運用各種論述、資源及儀式活動，彰顯該廟的神威及特點，企圖成為超地域

---

[1]　參見《台灣舊慣習俗信仰》。頁383-384。（鈴木清一郎著，高賢治與馮作民編譯1978）。

的信仰重鎮或香火中心。

　　1983 年的統計。全台主祀媽祖的寺廟多達 515 座，因此各地的媽廟的主事者若要建立它的「神威顯赫」和「香火鼎盛」，所運用的資源和策略各有不同，或各自標榜「開台」、「最老」、「較老」、「正統」等方式，或藉由和湄洲祖廟直接的香火淵源，強調其淵源的權威性，或突顯媽祖和地方開發及歷史事件的關連；此外，經由官方的認可，也可提昇媽祖的地位。因此，儀式活動的組成，也以多種方法密切和地方的歷史黏合，「歷史」扮演一重要角色，而歷史事件的爭議和堅持，往往也隱含了當時的社會價值（Sangren 1988：676）。

　　筆者認為此種現象，牽涉有關集體經驗情感與歷史意識的建構，以及當中的轉化機制；換言之，此機制主要是將文化資源予以正當化（legitimacy），將「過去」（past）視為一種主體（subject），並重新解釋（re-interpretation），藉此產生「傳統」的權威性和支配地位。進一步分析，「傳統」的權威（traditional authority）之所以能被確立，是透過一種特殊的文化轉換過程，過去的資源所以能重新運用，其基礎是在於重塑該群體共有的經驗和記憶，而被喚起一種群體情感和意識，或發掘歷史的源頭，使人們在家庭、親屬、世系等「血濃於水」的關係和情感之外、建立一種「共同體」的情感意識，來幫助現在及未來的連結和維繫。因此，「歷史」的書寫、闡釋，皆和群體意識的建構關係密切。

　　但是這種說法並不表示一文化群體內部的「共識」就能達成一致，因為「過去」的事本來就很難重新界定和釐清，因此不論是「歷史」的生產，或「過去」的再現（representation）（Turner and Bruner, 1986），乃至「傳統」的發明（Hobsbawm and Ranger, 1983），對不同利益和立場的群體，皆可以賦予不同的詮釋和意義，在這當中，往往造成「歷史」或「文化」詮釋權的爭奪戰，從這個角度。我們可進一步探索各大媽祖廟對其創建和儀式「歷史」的再詮釋的意義。

　　在這眾多紛雜、莫衷一是的爭議中，反映出台灣媽祖文化的特徵，是關於一種權威性傳統（an authoritative tradition）的意義建構，以此來界定信徒的歷史意識和情感認同，因此寺廟和儀式的「歷史」或「名稱」，

成為台灣媽祖文化意義網絡和「位階」結構中的符號象徵，在全台五百多座媽祖廟中，具有「開台」、「開基」、「正統」的「老媽」或「最靈」的廟，透過此種文化轉換的機制，逐漸建立其香火權威和「歷史地位」，成為進香、割火或觀光中心。

三、香火權威與位階的調整

廟方領導人物，以及參與進香的團體和個人（散香）而言，不同的群體和香客對儀式意涵的詮釋，其中有許多的差異性，雖然對一般的信徒和隨香客而言，並不注重大甲媽和北港媽之間的地位差距。但近年大甲鎮瀾宮的領導人物。亟思調整兩廟間的地位。有意釐清兩者的香火淵源；對早期沿用下來的「謁祖進香」的名義和「回娘家」的傳說頗感不滿，極力扭轉兩廟在「位階」上的不對等關係。

但是，對創廟僅二百年的「大甲媽」而言，實無法競爭台灣「最老」或「正統」權威，因此採取另一種方式，便是重新和湄洲祖廟取得直接的香火淵源，因為湄洲「祖廟」是香火的最源頭。具有香火權威傳統的最高的「位階」（媽祖香火綿延已有千年歷史）。於是，在開放返鄉探親後（1987），大甲鎮瀾宮在具體的儀式行動上，便率先前往湄洲祖廟「謁祖進香」，並請回一尊新雕的湄洲「分身媽」神像和香爐回廟供奉。以此取得湄洲祖廟直接的香火淵源，平衡和北港媽香火權威的差距。

另外，最足以突顯大甲媽的特色，便是每年一度徒步進香的盛大儀式活動，該廟從湄洲回來後，便正式更改北港進香的名義，將「謁祖進香」改為「遶境進香」，「謁祖」是指分香廟對祖廟謁見的儀式活動，「遶境」是意味著該神對其庇祐區域的巡視（正如香條或香燈上所寫的「合境平安」之意），兩者的意義和儀式所象徵的香火位階並不同。由於北港朝天宮對儀式名義變更有所意見，兩廟董事也未能獲致良好的溝通和協調，鎮瀾宮董監事經三度開會，最後決議不再往北港，改往與北港僅一水之隔、且相互競爭的新港奉天宮「遶境進香」。

值得重視的另一現象是，進香的目的地改變後，信徒因此也都跟隨

媽祖到新港，因為對信徒而言，「隨香」之意就是「隨媽祖進香或割香」；但是，也有許多香客在抵達新港後，又抽空到鄰近的北港朝天宮燒香拜拜，對眾多的香客而言，重視的是自己「拜媽祖」的誠心和儀式的實踐精神，以及媽祖對他們賜福庇祐的靈力。至於兩廟地位或「頭人」之間的問題，並非信徒最為關切之事。在此，也可看出，廟方雖然有責任籌辦進香事宜、並有權力更變儀式內容，但信徒對媽祖的信奉和參與進香的自主意願，乃是促成進香活動歷久不衰的主因和動力。

　　因此，我們也必須從「隨香客」的角度和觀點，來詮釋媽祖香火與儀式的意義。我們若深思其中奧妙所在，會察覺媽祖文化意義和價值的形塑，並不僅是依靠宮廟組織和儀式活動的運作，也不祇是透過「歷史」和儀式意義的再詮釋，而是以更隱微、非組織性的各種「潛移默化」的情境，穿透到人們的日常生活理念中，形成一種「根深蒂固」的「常識」（common sense），因此從一套意識形態（ideology），擴散成為人們生活中的常識和慣行（practice），正是一種「文化」源遠流長的形塑與建構過程。

四、媽祖女神的性別文化特徵

　　媽祖女神特質的形成與建構，已歷經千年漫長歲月，在不同的時代和地區中，有相當多的變異性，涵蓋多層面的複雜意涵，包含個人與群體的凝聚（solidarity）、地域之間的互動關連，以及從地方（local）到國族（nation）的象徵建構。但是，較為人忽略的是，存在於婦女／男權，以及家庭／社群的關連性。下文先從有關媽祖權威的提昇、儀式的象徵與意義詮釋，以及當中隱含倫理教化，來探討女神信仰與儀式的性別意涵。

　　許多的研究和文獻皆指出媽祖扮演的航海守護神的角色，而歷代王朝的褒封與航海、漕運、外交有關。此外，歷代朝廷藉此女神攏絡民心，尤其在臺灣歷史上，清廷的攻台政策和平定「民亂」（抗清事件）過程，媽祖佔有其重要一席之地。在儀式象徵方面，各地區有關拜媽祖、「迎

媽祖」、「謁祖」、「割火」的意涵也相當多樣化，官方和民間的儀式偏重點也有不同之處，例如臺南祀典大天后宮以其官方地位，清代每年需舉行春、秋二次大祭、文武重要官員需參加。三月媽祖生，各地進香團也會往參拜。政權轉移後，大天后官的號召力便衰退下來，且引發和北港朝天宮對儀式歷史詮釋的爭議。相對的，在清代，「安平迎媽祖」所代表的「明鄭遺民」的民族意識，以及一些媽祖廟將「開台聖王」事蹟與「開台媽祖」並列，皆反映出臺灣媽祖在民間歷史意識的象徵意涵。

　　臺灣在開放返鄉探親後，前往中國大陸的民眾和進香團增多，湄洲祖廟和官方便十分重視廟宇的修建和儀式活動，並重新詮釋媽祖角色和儀式意義，而臺灣的觀光客和進香客到祖廟參拜媽祖的民俗信仰行為，被過度解釋為「認同祖國」或「文化尋根」的行為表徵，媽祖也因此躍身成為「海峽和平女神」，被賦予促進兩岸交流與「祖國統一」的任務，不但促使大陸「媽祖學」蔚為風氣，充斥統戰論述（參見無逸 1993，林文豪 1992），臺灣的一些媽祖廟也陸續舉辦兩岸「宗教」交流的各類活動作為號召，成為當代政經與宗教方面一個重要的象徵資源，其中的政經意涵與資本化現象都是值得進一步探討的課題。

　　媽祖這位女神不只是受到朝廷或政權的重視，也是一地區的重要神祇。不少的調查研究指出，媽祖是一地區的最高神祇，例如小龍村（蘇兆堂譯 1979）、關渡（文崇一等著 1975）、林圮埔（莊英章 1977）、岩村（許木柱 1978）等報告，皆指出媽祖廟是該地區最大的廟宇。但有一點仍未被進一步探討的是，媽祖為甚麼會成為一地區的最高神祇？平日媽祖廟的信徒為甚麼是以女性居多？而這些宮廟和儀式活動中則是由男性主導，並藉重女神的號召力，逐漸擴展其組織和儀式活動。

　　此現象可從多方面探討，筆者嘗試從漢人的性別文化加以審視。千年來，媽祖的地位雖不斷提昇，但不論是在生前的社會角色或死後的鬼神世界（乃至晉陞為神），卻始終處在一個從屬的地位。首先可從歷代的封號來看，媽祖從一個「湄洲林氏女」，歿稱「通賢神女」或「龍女」（宋人丁伯桂的順濟聖妃廟記），朝廷的賜封從宋代開始為「崇福夫人」、「靈惠夫人」、逐漸升格為「靈惠妃」，乃至「天妃」、「天上聖母」、

「天后」（清朝封號）（參見李獻璋 1960，1961）。李豐楙（1993）指出媽祖在官僚體制下，經由官方認可的「正祀化」過程，從一「巫媼」、「里中巫」的巫現的宗教性質，屢受朝廷褒封，逐漸轉化、提昇成為一個重要的女神，而且這位女神具有一種母性的慈悲。

　　我們可進一步瞭解。雖然在歷代朝廷的封號上，媽祖已經到達最高地位，但從另一角度而言，媽祖在天庭的神格和職位上，仍處於從屬地位，其中「妃」、「后」、「母」三者的地位仍然有別。「妃」扶正後才是「后」。「母」的尊高地位是來自其子嗣。因為需成為母親，盡到延續香火的母職後，才受到肯定。媽祖生前雖無子嗣，但她成為地方守護神，如母親般照顧地方子民，受民間崇奉，香火延續不斷，因此由皇帝冊封為「天上聖母」。更值得注意的是，在天庭的職位上，媽祖也無法取得正式的職權。反觀天上的男神大多有其官階和職位，從玉皇大帝、三官大帝、城隍爺，乃至灶君、土地公（俗稱里長伯），都有個一官半職，換言之，雖然媽祖的法力無邊、神威顯赫，但她在天庭並沒有掌握實質的權位。

　　再者可從民間的稱呼和儀式意涵來看其「母性」特質，臺灣民間稱她為「媽祖婆」，閩南一帶稱為「娘媽」、「姑婆」，媽祖在民眾心中是一母性長者的地位。從世俗文化的角度來看，作為一個平凡的女人，在世俗社會中是毫無一席之地。童年是依附在父親撫養下，為人女兒。長大嫁為人妻。則成為男方家族中一個「媳婦」，仰賴男人的家庭和經濟，為男方家庭作家事、侍奉公婆。唯有在生了兒子之後，為男方歷代祖先傳繼「香火」，她的地位才提昇為「母」，而且需熬到兒子聚妻生子後，才能有「婆」的地位。死後則被列在丈夫牌位中，但牌位上祇有「姓氏」，沒有名字，漢人女性在成年結婚後，成了「無名」氏，她的身分是依附在親屬和婚姻關係中（參見 Watson 1986）。換言之。一個女子不論在生家或夫家，都沒有自主的地位。她一生的身份雖有變換，但仍是附屬於別人的。

　　媽祖具有女（母）性質，因此她的信徒也以婦女居多。筆者住在媽祖廟中觀察，從清早天未亮，一些婦女信徒便主動來廟裡清理神案供

桌。平日來媽祖廟燒香燒金的以婦女居多，在儀式行為方面，卜杯和求
籤詩的信徒中，也以婦女居多。婦女多是跪在正殿神龕前（表示希望能
愈接近神像），手持線香喃喃不斷的向媽祖傾訴和請示問題原由，這種
儀式行為可視為一種自我對話與探問的過程，這當中也反映大多數婦女
信徒平日對媽祖婆的依賴，媽祖廟提供婦女日常生活中一個屬於自己的
空間，許多鄰近的婦女，習慣在早上或晚間到媽祖廟，但逗留的時間很
少超過半小時，因為須回家料理家務。而一些五、六十歲的男人，常聚
在廟埕大樹下閒聊，但很少去燒香，一坐就是一個上午或午後的時間，
到吃飯時間才回家去。這些男性的慣行，較傾向於社交和休閒性質。

　　在大甲地區，給媽祖做義子（誼子）的風氣十分普遍，大多由母親
到媽祖廟裡為其子女辦理登記「結契誼字」。順利成年時，會去答謝媽
祖庇佑，有一些母親也會帶著兒女跟隨媽祖進香。另一傳說是關於媽祖
照顧幼兒，閩南沿海漁村婦女在岸邊工作忙碌，任由一些兒童也在海邊
玩耍，傳說出現一婦女幫忙照顧這些孩童，這位婦女就是媽祖。媽祖和
婦女、兒童關係密切，充份展現女／母性神的特質，被視為婦幼的保護
神。

　　媽祖靈驗傳說，有許多和水旱或祈雨有關。例如現存最早文獻是宋
代莆田人黃公度（1109-1156）所撰，其題詩有云「萬戶牲膠無水旱，
四時歌舞走兒童。傳聞利澤至今在，千里桅牆一信風。」另有一種說法，
是認為「天妃之名即水神」（趙翼《陔餘叢考》，卷三十五），此說也證
明媽祖的水神淵源。媽祖傳說源自閩南沿海，和生態及生計方式緊密結
合。流傳至臺灣，在臺灣農業地區，有關媽祖降雨的傳說也十分普遍。
《小龍村》一書中即有描述，又如大甲媽祖被稱為「雨媽」，相傳進香
期間為繞境所經的農村，總會來春播稻禾所需的雨水。媽祖的神力，與
海上救父有關，從早期被視為海上守護神，乃至庇佑大陸沿海移民渡過
黑水溝，來臺灣拓墾的過程，媽祖不但成為地方上地位極高的主神，也
是家庭供奉的重要神祇。

　　較為人忽略的層面是，媽祖被賦予的倫理教化的意涵，及其對女性
／家庭／家族的影響。例如官建媽祖廟特別強調儒家倫理，臺南大天后

宮聲稱正統權威地位與忠孝節義的教化功能。臺灣許多主祀男神的廟宇，並沒有特別建「聖父母殿」，但臺灣的媽祖香火重鎮——北港朝天宮建有「聖父母殿」，供奉媽祖的父母親，因此也有「謁拜媽祖父母」的儀式和說法，強調的是倫理孝道的實踐。

另外，在媽祖的儀式活動中，「回娘家」的說詞也深具女性特色。我們可更進一步探討「回娘家」的意義，也是為了孝道的實踐，強調對己身父母家庭的感恩和維繫，北港朝天宮建有「聖父母殿」，所以傳說之一種，是說「大甲娘祖回娘家」是去謁見聖父母、由於媽祖生前是一個未出嫁的女兒身份，而且是個孝順的女兒，有救父傳說。媽祖成神後，朝廷不僅對她褒封，也對媽祖父母親加封侯位，較大的民間廟宇塑像供奉。1990 年大甲鎮瀾宮也從湄洲祖祠，請回媽祖父母的塑像回該宮供奉，這些都顯示官方與民間重視媽祖與父母親的關係，以及孝道的教化意涵。

另一方面，若是從漢人家庭廳堂普遍供奉的「神明彩」來看媽祖的特質和地位。一般的「神明彩」，最上層是觀音，第二層是媽祖、關公，最低一層才是灶君和土地公。從倫理規範的意涵來看官方或士紳所強調的美德是慈悲為懷與忠孝節義的美德，在廳堂的「神明彩」中，觀音的形象特質偏重慈悲，關公形象偏重忠義，媽祖形象則偏重節孝，土地公是「里長伯」，強調保護鄰里平安，灶君上達天庭，是針對家戶的神，但也是控制婦女的神明，避免婦女在灶腳（廚房）議論是非，因為「灶腳」是婦女日常生活中主要活動的空間。由上述現象可知不論在公／私領域，媽祖崇奉所著重的教化意義。

五、結語

總之，「媽祖」這位流傳千年、「香火」不衰的女神，從一個小鄉里地方性的「通賢靈女」，歷經各時代的衍變和地域化的過程，以及朝廷、官方的提倡褒封，她的形象、地位及儀式，已富有相當多樣的象徵意義。筆者曾探討媽祖女神的形塑，在漢人父系社會具有特殊的性別意涵，以

及進香儀式與香火分配呈現的性別差異，據筆者的調查，在進香活動中，「苦行」的「散香」以婦女居多，但都是由政權及男性主控宮廟的組織、祭典活動及資源運用等，並掌握神祇形象、宮廟歷史與儀式意義等方面的詮釋權（黃美英　1994b）。

換言之，媽祖「救苦救難」的形象特徵和漢人女性的「命苦」的生命經驗連結，提供婦女一個尋求庇佑祈福的神祇對象，女性為己身的遭遇、兒女成長及「合家平安」的重擔，托寄在一個救苦救難的女神身上，而媽祖女神被賦予的貞節德行和孝道實踐，正是漢人父系文化的核心價值所在，也是政權和男性強調的倫理教化。

在媽祖進香割火儀式的運作，和「香火」的象徵分配過程。婦女「隨香」是處於邊緣地位，無法取得儀式與香火資源的主導權，在儀式中重要的象徵物，如香火爐、神像、符印等等，是由男人所組成的組織負責掌管，祭典由男人主祭，「香火」的分配也有等級差異。男人一方面以其在世俗社會中所擁有的社經地位和資源，掌握了宮廟組織和香火儀式活動的各種權利，同時將宗教資源運用於世俗社會的權力關係或社會聲望上。相對的。漢人女性在世俗社會結構中，不論在己身父母的家庭或是婚家，都無法取得「香火」祭祀的地位，但在漢人的婚姻關係中，最根本而重要的一件事，卻是藉由女性的身體，達成子嗣的香火傳承。在漢人所強調的香火信仰叢結中，女神和女性角色的處境和意涵是值得深思的一環，有待更進一步的探討。

（本論文原刊於《澳門媽祖信仰歷史文化論文集》，澳門海事博物館、澳門文化研究會 1995，頁 109-113。）

參考書目

文崇一等，1975，《西河的社會變遷》，中央研究院民族學研究所專刊第
　　　　六號。台北：中央研究院民族學研究所。

李豐楙，1983，〈媽祖傳說的原始及其演變〉，《民俗曲藝》25：119-152。

李豐楙，1993，〈媽祖與儒釋道三教〉，《歷史月刊》63：34-42。

李獻璋，李孝本譯，1960，〈媽祖傳說的原始形態〉，《台灣風物》10
　　　　（10-12）：7-22。

李獻璋，1961，《元明地方志媽祖傳說的演變》，《台灣風物》11（1）：
　　　　20-38。

林文豪主編，1992，《海內外學人論媽祖》。北京：中國社會科學出版社。

莊英章，1977，《林圯埔：一個臺灣市鎮的社會經濟發展史》，中央研究
　　　　院民族學研究所專刊乙種第八號。台北：中央研究院民族學研
　　　　究所。

許木柱，1978，〈岩村的宗教活動：一個農村的工業化與社區活動之三〉，
　　　　《中央研究院民族學研究所集刊》42：73-95。

許嘉明，1973，〈彰化平原福佬客的地域組織〉，《中央研究院民族學研
　　　　究所集刊》36：165-90。

陳其南，1987，《台灣的傳統中國社會》。台北：允晨出版社。

無　逸，1993，〈民國以來媽祖研究概述〉，《歷史月刊》63：54-60。

黃美英，1988，《千年媽祖》。台北：人間出版社。

黃美英，1994a，《台灣媽祖的香火與儀式》。台北：自立文化出版。

黃美英，1994b，〈香火與女人：媽祖信仰與儀式的性別意涵〉，1994寺
　　　　廟與民間信仰研討會論文：行政院文化建設委員會主辦、漢學
　　　　研究中心協辦。

鈴木清一郎著，高賢治、馮作民編譯，1978，《台灣舊慣習俗信仰》。台
　　　　北：眾文出版社。

英文參考書目

Bourdieu, Pierre, 1977(1972). *Outline of a Theory of Practice*. Richard Nice, trans. Cambridge: Cambridge University Press.

Hobsbawm, E and T. Ranger eds., 1983. *The Invention of Tradition*. London: Cambridge University press.

Sangren, P. Steven, 1983. "Female Gender in Chinese Religious Symbols: Kuan Yin, Ma Tsu, and 'the Eternal Mother,'" In *Signs* 9: 4-25.

Sangren, P. Steven, 1987. *History and Magical Power in a Chinese Community*. Stanford: Stanford Univ. Press.

Sangren, P. Steven, 1988. "History and The Rhetoric of Legitimacy: The Ma Tsu Cult of Taiwan," In *Comparative Study of Society and History* 30: 674-697.

Turner, V. W. and Edward M. Bruner eds., 1986. *The Anthropology of Experience*. Urbana and Chicago: University of Illinois Press.

Watson, James L., 1985. "Standardizing the Gods: The Promotion of Tien Hou ('Empress of Heaven') along the South China Coast, 960-1960." In David Johnson, eds. *Popular Culture in Late Imperial China*, pp: 292-324. Berkeley: University of California Press.

Watson, Rubie S., 1986. "The Named and The Nameless: Gender and Person in Chinese Society," *In American Ethnologist* 13(4): 619-631.

香火與女人——媽祖信仰與儀式的性別意涵

一、媽祖女性特質的建構

近年，人類學者對於媽祖廟「歷史」論述的建構和香火儀式意涵已有初步探討（Sangren 1987、1988、1991，黃美英 1994），本文重點是進一步解析媽祖信仰與儀式中的性別差異，主要內容是指出女神／香火與女性的關連，並呈現媽祖進香脈絡中的性別差異。

（一）政權與地方之間

媽祖女神特質的形成與建構，已歷經千年漫長歲月，在不同的時代和地區中，有相當多的變異性，涵蓋多層面的複雜意涵，包含個人與群體的凝聚（solidarity）、地域之間的互動關連，以及從地方（local）到國族（nation）的象徵建構。但是，較為人忽略的是，存在於婦女／男權，以及家庭／社群的關連性，下文先從有關媽祖權威的提昇、儀式的象徵與意義詮釋，以及當中隱含的倫理教化，來探討女神信仰與儀式的性別意涵。

許多的研究和文獻皆指出媽祖扮演的航海守護神的角色，而歷代王朝的褒封與航海、漕運、外交有關。此外，歷代朝廷藉此女神攏絡民心，尤其在臺灣歷史上，清廷的攻臺政策和平定「民亂」過程，媽祖佔有其重要一席之地。在儀式象徵方面，各地區有關拜媽祖、「迎媽祖」、「謁祖」、「割火」的意涵也相當多樣化，官方和民間的儀式偏重點也有不同之處，例如臺南祀典大天后宮以其官方地位，清代每年需舉行春、秋二次大祭，文武重要官員需參加。三月媽祖生，各地進香團也會前往參拜。政權轉移後，大天后宮的號召力便衰退下來，且引發和北港朝天宮對儀式歷史詮釋的爭議。相對的，在清代，「安平迎媽祖」所代表的「明鄭遺民」的民族意識，以及一些媽祖廟將「開臺聖王」事蹟與「開臺媽祖」

並列，皆反映臺灣媽祖在民間歷史意識方面的象徵意涵。

　　1987 年，臺灣在開放返鄉探親後，前往中國大陸的民眾和進香團增多，湄洲祖廟和官方便十分重視廟宇的修建和儀式活動，並重新詮釋媽祖角色和儀式意義，而臺灣的觀光客和進香客到祖廟參拜媽祖的民俗信仰行為，被過度解釋為「認同祖國」或「文化尋根」的行為表徵，媽祖也因此躍身成為「海峽和平女神」，被賦予促進兩岸交流與「祖國統一」的任務，不但促使大陸「媽祖學」蔚為風氣，充斥統戰論述（參見無逸 1993，林文豪 1992），臺灣的一些媽祖廟也陸續舉辦兩岸「宗教」交流的各類活動作為號召，成為當代政經與宗教方面一個重要的象徵資源，其中的政經意涵與資本化現象都是值得進一步探討的課題。

　　媽祖這位女神不只是受到朝廷或政權的重視，也是一地區的重要神祇。不少的調查研究指出，媽祖是一地區的最高神祇例如小龍村（蘇兆堂譯 1979）、關渡（文崇一等著 1975）、林杞埔（莊英章 1977）、岩村（許木柱 1978）等報告，皆指出媽祖廟是該地區最大的廟宇，但有一點仍未被進一步探討的是，媽祖為什麼會成為一地區的最高神祇？平日媽祖廟的信徒為什麼是以女性居多？而且在這些宮廟和儀式活動中則是由男性主導，並藉由女神的號召力，逐漸擴展其組織力量和儀式活動。

（二）女神的附屬地位

　　此現象可從多方面探討，本文嘗試從漢人的性別文化的角度加以審視。千年來，媽祖的地位雖不斷提昇，但不論是在生前的社會角色或死後的鬼神世界（乃至晉升為神），卻始終處在一個從屬的地位。首先可從歷代的封號來看，媽祖從一個「湄洲林氏女」，歿稱接「通賢神女」或「龍女」（宋人丁伯桂《順濟聖妃廟記》），朝廷的賜封從宋代開始為「崇福夫人」、「靈惠夫人」、逐漸升格為「靈惠妃」，乃至「天妃」、「天上聖母」、「天后」（清朝封號）（參見李獻璋 1979）。李豐楙（1993）指出媽祖在官僚體制下，經由官方認可的「正祀化」過程，從一「巫媼」、「里中巫」的巫覡的宗教性質，屬受朝廷褒封，逐漸轉化、提昇成為一

個重要的女神，而且這位女神具有一種母性的慈悲。

　　我們可進一步了解，雖然在歷代朝廷的封號上，媽祖已經到達最高地位，但從另一角度而言，媽祖在天庭的神格和職位上，仍處於從屬地位，其中「妃」、「后」、「母」三者的地位仍然有別，「妃」扶正後才是「后」，「母」的尊高地位是來自其子嗣，因為需成為母親，盡到延續香火的母職後，才受到肯定。媽祖生前雖無子嗣，但她成為地方守護神，如母親般照顧地方子民，受民間崇奉，香火延續不斷，因此由皇帝冊封為「天上聖母」。更值得注意的是，在天庭的職位上，媽祖也無法取得正式的職權，反觀天上的男神卻各有其官階和職位，從玉皇大帝、三宮大帝、城隍爺，乃至灶、土地公（俗稱里長伯），都有個一官半職，換言之，雖然媽祖的法力無邊、神威顯赫，但她在天庭並沒有掌握實質的權位。

　　再者可從民間的稱呼和儀式意涵來看其「母性」特質，臺灣民間稱她為「媽祖婆」，閩南一帶稱為「娘媽」、「姑婆」媽祖在民眾心中是一母性長者的地位。從世俗文化的角度來看，作為一個平凡的女人，在世俗社會中是毫無一席之地，童年是依附在父親撫養下，為人女兒，長大嫁為人妻，則成為男方家族中的一個「媳婦」仰賴男人的家庭和經濟，為男方家庭作家事，侍奉公婆，唯有在生了兒子之後，為男方歷代祖先傳繼「香火」她的地位才提昇為「母」而且需熬到見子娶妻生子後，才能有「婆」的地位，死後則被列在丈夫牌位中。漢人女性在成年結婚後，成了「無名」氏，她的身分是依附在親屬和婚姻關係中（參見 Watson 1986）。換言之，一個女子不論在生家或夫家，都沒有自主的地位，她一生的身分雖有變換，但仍是附屬地位。

　　媽祖具有女（母）性特質，因此她的信徒也以婦女居多，筆者住在媽祖廟香客大樓的觀察，從清早天未亮，一些婦女信徒便主動來廟裡清理神案供桌。平日來媽祖廟燒香燒金的以婦女居多，在儀式行為方面，卜杯和求籤詩的信徒中，也以婦女居多，婦女多是跪在正殿神龕前（表示希望能愈接近神像），手持線香喃喃不斷的向媽祖傾訴和請示問題原由，這種儀式行為可視為一種自我對話與探問的過程，這當中也反映大

多數婦女信徒平日對媽祖婆的依賴，媽祖廟提供婦女日常生活一個屬於
自己的空間，許多鄰近的婦女，習慣在早上或晚間到媽祖廟，但逗留的
時間很少超過半小時，因為需回家料理家務。而一些五、六十歲的男人，
常聚在廟埕大樹下閒聊，但很少去燒香，一坐就是一個上午或整個午後
的時間，到了吃飯時間才回家去，這些男性的慣行，較傾向於社交和休
閒性質。

在大甲地區，給媽祖做義子（誼子）的風氣十分普遍，大多由母親
到媽祖廟裡為其子女辦理登記「結契誼字」。順利成年時，會去答謝媽
祖庇佑，有些母親也會帶著兒女跟隨媽祖進香。另一傳說是關於媽祖照
顧幼兒，閩南沿海漁村婦女在岸邊工作忙碌，任由一些兒童在海邊玩
耍，傳說出現一婦女幫忙照顧這些孩童，這位婦女就是媽祖。媽祖和婦
女、兒童關係密切，充份展現女／母性神的特質，被視為婦幼的保護神。

媽祖靈驗傳說，有許多和水旱或祈雨有關，例如現存最早文獻是宋
代莆田人黃公度（1109-1156）所撰，其題詩有一句「萬戶牲醪無水旱，
四時歌舞走兒童。傳聞利澤至今在，千里桅牆一信風。」另有一種說法，
是認為「天妃之名即水神」（趙翼《陔餘叢考》卷三十五），此說也證明
媽祖的水神淵源。媽祖傳說源自閩南沿海，和生態及生計方式緊密結
合。流傳至臺灣，在臺灣農業地區，有關媽祖降雨的傳說也十分普遍，
《小龍村》一書中即有描述，又如大甲媽祖被稱為「雨媽」，相傳進香
期間為繞境所經的農村，總會來春播稻禾所需的雨水。媽祖的神力，與
海上救父有關，從早期被視為海上守護神，乃至庇佑大陸沿海移民渡過
黑水溝，來臺灣拓墾的過程，媽祖不但成為地方上地位極高的主神，也
是家庭供奉的重要神祇。

（三）倫理孝道的教化

較為人忽略的層面是，媽祖被賦予的倫理教化的意涵，及其對女性
／家庭／家族的影響。例如官建媽祖廟特別強調儒家倫理，臺南大天后
宮聲稱其正統權威地位與忠孝節義的教化功能。臺灣許多主祀男神的廟

宇，並沒有特別建「聖父母殿」；但臺灣的媽祖香火重鎮－－北港朝天宮建有「聖父母殿」，供奉媽祖的父母親，因此也有「謁拜媽祖父母」的儀式和說法，強調的是倫理孝道的實踐。

　　另外，在媽祖的儀式活動中，「回娘家」的說詞也深具女性特色，張珣（1989）認為「媽祖回娘家」具有擬親屬的特徵，表示神與神之間就像人間親屬的聯繫，林美容（1991）也指出媽祖的女神屬性，媽祖儀式活動常有「作客」或「回娘家」、「轉外家」的說詞，表示出嫁女子與娘家的關係，反映一作為女神與漢人社會之女子相似的社會屬性，是漢人親屬結構中婚姻的情境與作用——女人的移動，與聯盟關係的建立與擴張（林美容 1991：358-360）。我們可更進一步探討「回娘家」的意義，也是為了孝道的實踐，強調對己身父母家庭的感恩和維繫，北港朝天宮建有「聖父母殿」，所以傳說之一種，是說「大甲媽祖回娘家」是去謁見聖父母，由於媽祖生前是一個未出嫁的女兒身分，而且是個孝順的女兒，有救父傳說。媽祖成神後，朝廷不僅對她褒封，也對媽祖父母親加封侯位，較大的民間廟宇則塑像供奉。1990 年大甲鎮瀾宮也從湄洲祖祠，請回媽祖父母的塑像回該宮供奉，這些都顯示官方與民間重視媽祖與父母親的關係，以及孝道的教化意涵。

　　另一方面，若是從漢人家庭廳堂普遍供奉的「神明彩」來看媽祖的特質和地位，一般的「神明彩」，最上層是觀音，再者是媽祖、關公，最低一層才是灶君和土地公。從倫理規範的意涵來看官方或士紳所強調的是慈悲為懷與忠季節義的美德，在廳堂的「神明彩」中，觀音的形象特質偏重慈悲，關公形象偏重忠義，媽祖形象則偏重節孝，土地公是「里長伯」，強調保護鄰里平安，灶君上達天庭，是針對家戶的神，但也是控制婦女的神明，避免婦女在灶腳（廚房）議論是非，因為「灶腳」是婦女日常生活中主要活動的空間。自上述現象可知不論在公／私領域，媽祖崇奉所著重的教化意義。

二、媽祖香火儀式特徵

（一）儀式的基本形式

　　媽祖進香是地方上一項盛大的宗教活動，筆者認為看似繁複多樣的媽祖儀式，基本上是由寺廟、神明、香火、靈力和信徒交互構成儀式的運作網絡，下文探討儀式的運作和香火分配法則，並進一步分析其中存在的性別差異現象。

　　進香的基本形式是指廟方或團體或個人，前往他地的神前燒香禮拜，因此對參拜者俗稱為「香客」或「香燈腳」，「割火」儀式則牽涉「靈力」和「香火」的割取，這當中又包含二層意涵，一是甲神對乙神割取「香火」和「靈力」，二是信徒參與儀式，向神明獲取「香灰」和「靈氣」。「火」、「靈」、「神」三者，都具有「傳遞」和「分散」的性質，經由一套儀式化的過程，火經由「割火儀式」而得到「分火」，主神藉由「分身儀式」而有無數「分身神」，靈力可以藉由人為操控（例如用符咒、符令）而得到「分靈」和「靈氣」。「火」是指取自天上的「聖火」（或「靈火」），象徵生命的資源，是萬物賴以生存的基本元素，神明需從大自然（宇宙）獲得聖火，才有「靈力」信徒則需獲得神明的「靈氣」，所祈求的事物才會「靈驗」（參見圖一）。

圖一：儀式運作過程簡示

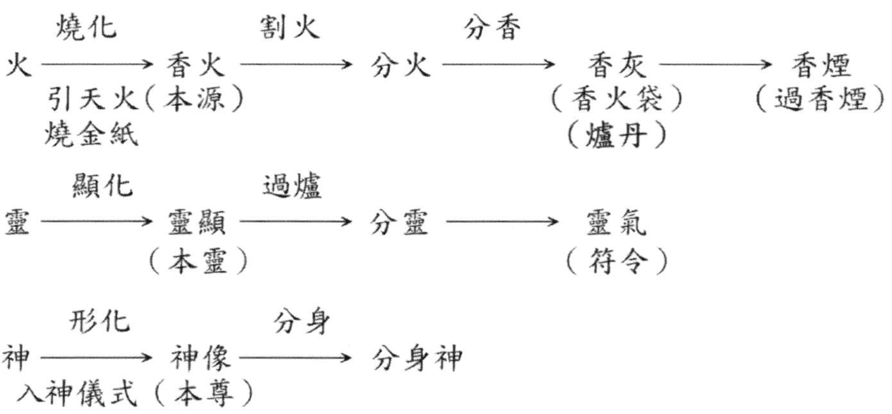

　　早期的進香型態和割火儀式相當簡樸，進香團的型態也僅是建立在核心儀式的需求上。當時，進香媽祖是由值年的爐主負責，爐主須親自恭請神像前往目的地，另外需有人負責割火儀式盛載香火的「香爐」。後來演變由轎夫扛抬進香媽祖的神轎，另由挑夫負責香火爐，形成日後的「大轎班」和「香擔組」，至於「進香爐主制」也經過數度改變，而有今日「財團法人董監事委員會」組織形態。大甲進香團從早期數十人，歷經近百年的發展，1990 年代已達五萬人之多，發展出各種不同層級的團體，這些團體雖然具有共同性（以媽祖香火為目地），但各團體在參與儀式活動的過程，也呈現相當的自主性與變異性，由於各團體和組織的不斷擴展，一方面壯大了「大甲媽」的聲威，同時也藉著各種儀式來創造和形塑該群體的自我意象和生存空間。

（二）香火與靈氣的再分配

　　人們若想獲取神明的香火和靈力，可以有很多種方式，參與進香和割火即是最具體的途徑，對個人或軍體而言，富有一種超越（transcend）的神聖力量，使個人和社區藉由進香儀式的特殊時空，形成自我的轉化和疏離（alienate）情境（Sangren 1993）。進香活動雖屬於一種開放性的儀式空間，一般人皆可自由參加，但在整個參與者之中，仍存在著權利與義務的差異性，從「爐主」（或廟方委員）、頭家、各團體、以至到一般信徒，或從「頭香」、「貳香」、「參香」……到「散香」或「隨香客」，皆有等級的區分，因此表現在儀式和「香火」分配上，「爐主」的權利和責任最為重大，「頭香」出資最多，相對的便擁有「插頭香」的重要儀式，而一般的「隨香客」，尾隨著去進香割火，稱為「散香」，並沒有特定的組織或任務，但也不其特殊的權利，因此，依儀式參與者的類別、等級，顯示儀式中存在的權利差異，以及「香火」資源分配的差異性（參見附表一）。

　　早期清代往湄洲進香或日治時代往北港進香，參與的人數和組織分工的情形究竟如何，因欠缺切確的文獻資料可考，也無從得知當時女性

扮演的角色，但從耆老的口述，不論是頭家爐主，或扛香擔和神轎者，皆以男性為主。舉行「割火儀式」，女人不能靠近，有一次我跟隨進香，參加割火儀式，但主持的和尚不準我靠近拍照，但卻沒有阻止男攝影者，鎮瀾宮的董事向他說明我已經進香多次了，而且是用走路的，是非常有「誠心」的女子，和尚才讓我拍攝儀式過程。

　　廟方人士負責完成進香及祭祀事宜，以求得地方的平安和社群整合（合境平安），掌理進香主導權與決策權，爐主平日供奉進香媽祖神像，割火回來爐主頭家們可分得香火爐中的「香灰」，統籌運作及掌管進香募得的全部經費。早期擲卜爐主頭家雖然不限制性別和年齡，但擔負大眾事務所需運用的經濟資源和社會關係，並非一般婦女能勝任，有一些男子為了爭取較多卜杯機會，會以妻子或女兒的名義參加卜杯，但實際的權利義務仍由男性負責。宮廟的組織從「爐主頭家制」演變到管理委員，乃至現今的「財團法人董監事委員會」的組織成員，皆以男性為主導，並且和地方政經勢力密切結合。

　　進香團體的組成，具有明顯的兩性差異：綿延數公里長的進香隊伍，總計有三十多個大小團體（參見表二），依進香行列，這些陣頭、曲藝團體和護駕團隊，都走在媽祖神轎之前，尾隨在神轎之後的，是沒有形成組織或不具團隊型態的信徒，一般稱為「隨香客」或「散香」。陣頭、曲藝和神偶團體，主要是以技藝表演為媽祖進香活動「助陣」，雖沒有「插香」的權利，但可以走在神轎之前，繞境村界或市街，遊行表演，各團隊的組成以男性為主，許多團體已迎請大甲媽祖分身神像，擲卜爐主供奉，組成媽祖會。至於「頭香」、「貳香」、「參香」是出資最多者，也享有「插香」和「陪拜」的權利，日治時代，搶香者多為個人，晚近二十年，已形成具體的媽祖聯誼會或委員會，組織規模日益擴大（參見表三）。

　　徒步八天七夜的散香，忍受疲累和疼痛，用苦行的方式，獲得神明的保佑，凡參加進香的香客，需向廟方購買一份「識別條」（五元），通常也會隨意「添油香」，並且繳納進香的「捐金」和祝壽的「豬羊份」（每份三十元）。但是一般的隨香客，並沒有「插香」或「分香灰」的

儀式權利，只能在神像「過爐」後，持進香令旗在香爐上「過香煙」薰附媽祖的香火靈氣。

（三）婦女隨香的特徵

從實地的參與調查，我們不難發現，目前已具備組織的團體，主要是由男性成員所組成，這些團體的發起人和負責人也都是男性，而「散香」信眾主要是中老年婦女，她們並沒有形成固定的團體或「媽祖會」仍是以個人方式，或鄰里厝邊親友相伴來跟隨媽祖進香。換言之，在整個進香隊伍中，男性扮演著籌劃、組織的重要角色，他們擁有較多的資源和財力，運用其社會關係這些團體也隨著年年的進香活動，逐年擴展各自的組鐵、募集財源，同時也壯大了媽祖進香的場面和聲勢。不論是宮廟的組織或參與進香的團體，兩性所顯示的差異性，皆是明顯可見。

從日治時代，大甲街上盛行的「軒園相拼」以及每年元宵暝公開的「搶香」儀式，皆反映大甲男人在地方曲藝和宗教活動上的重要性。直到今日，從搶香團體和陣頭、神偶等團隊、神明會的擴展，以及他們不惜耗費巨資、愈演愈盛、形同競賽般的排場，仍然是以男性為主導，而女人則無法獲得如此的社經地位和組織能力。眾多的婦女，她們仍然只是背著簡單的行囊，以一個「散香」的身份，亦步亦趨的緊隨著媽祖神轎，走在八天七夜、塵沙漫漫的路途上。

百年來，大甲媽祖以維持徒步進香聞名，尤其在晚近二十年，由於交通的便利，臺灣各地以搭乘遊覽車、並帶著濃厚的觀光旅遊性質的進香活動大增，然而，大甲媽仍不改其傳統的徒步進香方式，但是當我們看到逐年擴展的進香團隊，以及種類繁多的助陣表演活動，相形之下，尾隨在神轎之後的「散香」婦女，她們在媽祖進香所扮演的角色，雖不似男性團隊的「風光」，卻有著不可或缺的重要性。

隨香婦女的生活遭遇與進香經驗有關係密切，在那些滿臉風霜，拖著疲憊身軀、不辭路遠的徒步進香的婦女身上，反映的正是與男性不同的社會地位與生活經驗。根據訪問，一些日以繼夜走完八天七夜路程的

信徒，平均年齡在四十到五十歲，共同特徵是：教育、經濟地位低，大多是大甲鎮外務農的家庭，從結婚生子、操持家務從為人「媳婦」到熬成「婆」，過了大半生貧苦、操勞的歲月，她們都有一個共同點，有一個素樸的心願：「只要一家大小能平安就好」只要能平安的過完這一生，但是「這一生要能平平順順，並不是那麼容易的啊！」孩子生病了、書讀不好、變壞了、找不到頭路、丈夫的健康、工作問題，婆媳的相處、田裡的收成……等等，這些婦女平日便常到媽祖廟燒香、抽籤，請示媽祖內心的一些問題，有一位婦女甚至常在清晨五點前，就從大安鄉走路到鎮上的媽祖廟，她說是因為早上廟裡人少，她有好多話向媽祖請示，才比較能說清楚，她們大多認為大甲媽的籤詩很靈，當事情有轉機或解決了，她們沒有太多的經濟能力來答謝媽祖，而此時也正是準備隨香，以徒步苦行方式，表達對媽祖的「一份誠心」，祈望媽祖能年年庇佑平安度日。

在漫長的進香路途中，信徒跟隨著媽祖神轎，在每個停駕的寺廟燒香祈拜、燒金紙、取符紙，並將手持的進香令旗在香爐上薰染「靈氣」（稱為「過香煙」），信徒藉由不斷重複的儀式行為，以及不斷出現在眼前的宗教景物，逐漸增強信仰的理念和力量，透過這漫長的進香歷程，信徒投身在宗教領域的時空，沈浸在對神明的祈訴與感情經驗中，直到抵達進香的目的地，進行盛大隆重的祭儀時，信徒和信仰象徵的互動與「交融」，便達到了最高漲的階段，每個信徒都手持進香令旗和線香，信徒不斷訴說生活的煩憂，祈禱著媽祖的庇佑與賜福，他們相信不辭辛苦的跟著媽祖畏途進香，一定會得到庇佑的。

這些現象和 V. Turner 指出朝聖過程的象徵與情感的關連，基本上是相同的，對這些徒步的「散香」（多屬個人方式參與進香）而言，媽祖的信仰和儀式，正是一種屬於社會結構性強勢文化籠照下的「邊緣者」或「弱勢者的力量」（the power of the weak）（何翠萍 1984：60）。Turner 指出墨西哥盛行的「棕色聖母」（Brown Virgin）的崇拜和許多朝聖中心的形成，是一種「弱勢者的力量」的儀式象徵（例如被殖民的情境），但同時也是在男性中心社會（androcentric society），透過「女神」象徵，

提供世俗的弱勢者的力量，能有一機會轉換成強者的力量（the power of the strong）（Turner 1974：152-153）。但是，在媽祖信仰與進香儀式中，漢人婦女的地位仍是無法轉化或超越現世結構的侷限。

四、結語

「媽祖」這位流傳千年、「香火」不衰的女神，從一個小鄉里地方性的「通賢靈女」，歷經各時代的衍變和地域化的過程，以及朝廷、官方的提倡褒封，她的形象、地位及儀式，已富有相當多樣的象徵意義。本文旨在探討媽祖女神的形塑，在漢人父系社會具有特殊的性別意涵，以及進香儀式與香火分配呈現的性別差異，本文指出在日常生活中，到媽祖廟燒香拜拜的信徒是以女性居多，在進香活動中，「苦行」的「散香」也以婦女居多，但都是由政權及男性主導宮廟的組織、祭典活動及資源運用等，並掌握神祇形象、宮廟歷史與儀式意義等芳面的詮釋權。換言之，媽祖「救苦救難」的形象特徵和漢人女性的「命苦」的生活經驗連結，提供婦女一個尋求庇佑祈福的神祇對象，女性為己身的命運遭遇、兒女成長及「闔家平安」的重擔，托寄在一個救苦救難的女神身上，而媽祖女神被賦予的貞節德行和孝道實踐，正是漢人父系文化的核心價值所在，也是政權和男性強調的的倫理教化。

在媽祖進香割火儀式的運作，和「香火」的象徵分配過程，婦女「隨香」是處於邊緣地位，無法取得儀式與香火資源的主導權，在儀式中重要的象徵物，如香火爐、神像、符印等等，是由男人所組成的組織負責掌管，祭典由男人主祭，「香火」的分配也有等級差異。男人一方面以其在世俗社會中所擁有的社經地位和資源，掌握了宮廟組織和香火儀式活動的各種權利，同時將宗教資源運用於世俗社會的權力關係或社會聲望上。相對的，漢人女性在世俗社會結構中，不論在己身父母的家庭或是婚家，都無法取得「香火」祭祀的地位，但在漢人的婚姻關係中，最根本而重要的一件事，卻是藉由女性的身體，達成子嗣的香火傳承。在漢人所強調的香火信仰叢結中，女神和女性角色的處境和意涵是值得深

思的一環，有待更進一步的探討。

　　（本文原刊於《寺廟與民間文化研討會論文集》，頁532-551。台北：行政院文化建設委員會主辦、漢學研究中心承辦，1995。）

附表一：儀式參與者的差異性

參與者類別	主要義務	香火權利
爐主、頭家 （後改為寺廟董監事）	籌募儀式經費及事宜	1 供奉進香媽 2 主持祭典 3 分取割回的香灰
神轎班	抬神轎	接近神像
香擔組	挑香擔	接近香火
護駕團隊 神偶團體	護駕、接駕 繞境、遊街表演等	無 無
搶香者（或團體） 1.頭香 2.貳香 3.參香 （新設）贊香	請陣頭、演戲酬神 備牲禮祝壽	陪拜代表 插頭香 插貳香 插參香 插贊香
散香 （隨香客）	隨意「捐金」 或「豬羊份」	以「過香煙」儀式獲得 靈氣

附表二：1991年大甲媽祖遶境進香駕前團隊順序表

編號	團體名稱	人數	車輛	備註
1	報馬仔	2	1	除繡旗隊成員為婦女之外，其餘團體的成員主要是男性，而且繡旗隊婦女是屬個人式的自願參加，不是一個正式的組織。
2	頭旗、頭燈、三仙旗	16	2	
3	開路鼓、轎前吹、轎前吹	21	2	
4	馬頭鑼、令旗、娘傘	18	2	
5	鎮瀾宮鑼鼓陣	16	1	
6	大甲德化里 長壽俱樂部	9	1	
7	大安鄉鎮安宮 鑼鼓陣	10	2	
8	西安鑼鼓陣	10	1	
9	贊香鑼鼓陣	30	10	
10	頭香鑼鼓陣	15	6	

11	貳香鑼鼓陣	30	10	
12	參香鑼鼓陣	50	8	
13	繡旗隊	260	5	
14	三十六執士	120	6	
15	爆竹團	21	1	
16	福德彌勒團	80	10	
17	彌勒團	90	9	
18	太子團	80	10	
19	神童團	80	10	
20	莊儀團	80	12	
21	哨角隊	51	9	
22	神轎班	36	2	
23	受付組	28	7	
24	交通隊	45	17	
25	宣傳車	5	1	
26	燈光電池組	9	2	
27	草席隊	3	1	
28	隨駕戲團（藝術學院）	78	12	
29	民族所	4	1	
30	文化藝研所	10	1	
31	東海歷史系	18	2	
32	大名影視（台視）	12	4	
33	光啟社錄影	8	1	
34	誦經團	36	1	
35	符令組	4	1	
36	醫療車	4	4	
37	服務車	5	3	
38	點心組	30	1	
39	各組服務人員	18	3	
40	中視攝影	4	1	
41	董監事顧問	21	20	

資料來源：1991 年鎮瀾宮天上聖母遶境進香工作手冊。

表三：1983-1992 年搶香者（團體）

年次	頭香	貳香	三香
72	大里鄉廣三關係企業公司	臺中市工商業團體	豐原、神崗 代表人：邱錦城 王水車
73	臺中市天上聖母籌備會	旅北志翔水電廚具公司	神崗：王水車 豐原：邱錦城 外埔：林振南
74	臺中市天上聖母籌備會	大甲、大安外埔工商團體	小林煎餅
75	臺中市天上聖母籌備會	慈航聖母會	大新建設公司 大榮建築鋼駕公司 大安電動捲門廠
76	臺中市天上聖母會籌備會	慈航聖母會	大新建設公司 大榮建築鋼駕公司 大安電動捲門廠
77	臺中市天上聖母會	慈航聖母會	大新建設公司 大榮建築鋼駕公司 大安電動捲門廠
78	臺北大甲媽祖聯誼會	慈航聖母會	大新建設公司 大榮建築鋼駕公司 大安電動捲門廠
79	臺北大甲媽祖聯誼會	慈聖聖母會	屏東天上聖母會
80	臺北大甲媽祖聯誼會	慈聖聖母會	屏東天上聖母會
81	臺北大甲媽祖聯誼會	慈聖聖母會	屏東天上聖母會

備註：

（1）七十九年開始增設的「贊香」是「臺中市天上聖母會」。

（2）慈航聖母會七十九年改組後，改名為慈聖聖母會。

參考書目

中文參考書目

Gallin, Bernard 著，蘇兆堂譯，1979，《小龍村：蛻變中的台灣農村》。
　　　台北：聯經。

文崇一等，1975，《西河的社會變遷》，中央研究院民族學研究所專刊第
　　　六號。台北：中央研究院民族學研究所。

何翠萍，1984，〈從象徵出發的人類學研究──論 Victor Turner 教授的
　　　過程性象徵分析〉，《人類與文化》19：56-64。

李豐楙，1983，〈媽祖傳說的原始及其演變〉，《民俗曲藝》25：119-152。

李豐楙，1993，〈媽祖與儒釋道三教〉，《歷史月刊》63：34-42。

李獻璋，1979，《媽祖信仰の研究》。東京：泰山文物出版社。

李獻璋，1980，《媽祖信仰的研究》自序，《大陸雜誌》60（1）：34-36。

李獻璋，1990，〈媽祖傳說的開展〉，《漢學研究》8（1）：287-307。

林文豪主編，1992，《海內外學人論媽祖》。北京：中國社會科學出版社。

林美容，1991，〈台灣區域性宗教組織的社會文化基礎〉，刊於《東方宗
　　　教討論會論集》2：343-363。台北：國立藝術學院傳統藝術研
　　　究中心。

張　珣，1988，〈台灣民間信仰的組織──以大甲鎮鎮瀾宮進香組織為
　　　例〉，1988 中國人與中國社會研討會：中央研究院民族學研究
　　　所。

張　珣，1991，〈媽祖信仰在兩岸宗教交流中表現的特色〉，收錄於《第
　　　一屆兩岸宗教文化交流研討會論文集》。貢寮：靈鷲山般若文
　　　教基金會。

張慶宗、陳永騰，1981，〈大甲鎮瀾宮的肇建與北港進香〉，《台灣文獻》
　　　32（4）：178-183。

莊英章，1977，《林圯埔：一個台灣市鎮的社會經濟發展史》，中央研究
　　　院民族所專刊第八號。台北：中央研究院民族學研究所。

許木柱，1978，〈岩村的宗教活動：一個農村的工業化與社區活動之三〉，
　　《中央研究院民族學研究所集刊》42：73-95。

許嘉明，1973，〈彰化平原福佬客的地域組織〉，《中央研究院民族學研
　　究所集刊》36：165-190。

郭金潤主編，1988，《大甲媽祖進香》。豐原：台中縣立文化中心。

陳敏慧，1988，〈參與者之反應：以進香中之香客閒聊為例〉，《台灣史
　　田野研究室通訊》9：19-21。

陳維新，1988，〈信仰、懼怕與權力：以大甲進香為例〉，《民俗曲藝》
　　53：13-46。

無　逸，1993，〈民國以來媽祖研究概述〉，《歷史月刊》63：54-60。

黃美英，1979，〈八千里路雲和月〉，《民俗曲藝》3（報紙版）。

黃美英，1980，〈我送大甲媽祖回娘家〉，《綜合月刊》138：36-45。

黃美英，1982，〈大甲媽祖回娘家〉（9 篇），《民生報》副刊 5 月 13 日
　　－6 月 4 日。

黃美英，1983，〈大甲媽祖進香記〉，《民俗曲藝》25：23-57。

黃美英，1985，〈神聖與世俗的交融——台灣宗教活動中的戲曲和陣頭
　　遊藝〉，收錄於李亦園、莊英章編，《民間宗教儀式之探討研討
　　會論文集》，頁 80-102。台北：中國民族學會。另刊於《中國
　　民族學通訊》23：80- 95。

黃美英，1988，《千年媽祖》。台北：人間出版社。

黃美英，1992，《權力與情感的交融——媽祖香火儀式分析》。新竹：國
　　立清華大學社會人類學研究所碩士論文。

黃美英，1994，《台灣媽祖的香火與儀式》。台北：自立文化出版。

鈴木清一郎著，高賢治、馮作民編譯，1978，《台灣舊慣習俗信仰》。台
　　北：眾文出版社。

蔡相輝，1989，《台灣的王爺與媽祖》。台北：台原出版社。

英文參考書目

Bourdieu, Pierre, 1977 (1972). *Outline of a Theory of Practice*. Richard

Nice, trans. Cambridge: Cambridge University Press.

Chen, Min-hwei（陳敏慧）, 1984. *A Study of Legend Changes in the Ma Tsu Cult of Taiwan: Status, Competition, and Popularity*. Master's Thesis, Department of Folklore, Indiana University.

Sangren, P. Steven, 1983. "Female Gender in Chinese Religious Symbols: Kuan Yin, Ma Tsu, and 'the Eternal Mother,'" In *Signs* 9: 4-25.

Sangren, P. Steven, 1987. *History and Magical Power in a Chinese Community*. Stanford: Stanford Univ. Press.

Sangren, P. Steven, 1988. "History and The Rhetoric of Legitimacy: The Ma Tsu Cult of Taiwan," In *Comparative Study of Society and History* 30: 674-697.

Sangren, P. Steven, 1991. "Dialectics of Alienation: Individuals and Collectivities in Chinese Religion," in *Man* 26: 67-86.

Sangren, P. Steven, 1993. "Power and Transcendence in the Ma Tsu Pilgrimages of Taiwan," In *American Ethnologist 20* (3): 564-582.

Turner, V. W., 1974. *Dramas, Fields, And Metaphors: Symbolic Action in Human Society*. Ithaca: Cornell University.

Turner, V.W. and Edith Turner, 1978. *Image and Pilgrimage in Christian Culture: Anthropological Perspective*. New York: Columbia University.

Watson, James L., 1985. "Standardizing the Gods: The Promotion of Tien Hou ('Empress of Heaven') along the South China Coast, 960-1960." In David Johnson et al., eds. *Popular Culture in Late Imperial China*, pp.292-324. Berkeley: University of California Press.

Watson, Rubie S., 1986. "The Named and The Nameless: Gender and Person in Chinese Society," In *American Ethnologist* 13(4): 619-631.

宗教與性別文化——臺灣女神信奉初探

一、檢視臺灣寺廟神祇的分類與性別差異

（一）各家的分類

臺灣地區各種寺廟所奉祀的神祇相當多且複雜，歷年有關的介紹與專書皆有不同的分類，這些分類方式大致如下：

林衡道（1963：31-33）在他所編著的《臺灣寺廟大全》一書中，將臺灣地區四千二百二十座寺廟的主神二百四十七種神明，分類成：自然崇拜的神、庶物崇拜的神、靈魂崇拜的神、道教的神、通俗佛教的神等五大類型，摘述如下：

1、自然崇拜的神：計有玉皇上帝（天神）、玄天上帝（北極星神）、三官大帝（天、地、水的神）、東嶽大帝（山神）、文昌帝君（文昌星神）、三山國王（山神）、太陽星君（太陽神）、水德星君（水神）、城隍（古代祭祀城壕，叫做城隍，後世各地方就把當地有功德的人當城隍來祭祀）、福德正神（土地神）、石頭公（石神）、大樹公（樹神）、風神爺（風神）、五雷元帥（雷神）、南斗星君（星神）、三仙姑（狐神）、地母（地神）、北斗星君（星神）、山神前（山神）、太陰娘娘（月神）等二十種。

2、庶物崇拜的神只有「三侯公」一種，神體是一塊木材。

3、道教的神：計有玉皇上帝、玄天上帝、三官大帝、東嶽大帝、爭佑帝君、城隍、玄壇元帥、張天師、玉皇太子、玉皇公主、李老君、三寶仙、女媧娘娘等十三種。其中玉皇上帝、玄天上帝、三官大帝、東嶽大帝、城隍等五種，也為自然崇拜的神。

4.通俗佛教的神：計有地藏王菩薩、閻羅王、釋迦佛、觀音佛祖、彌勒佛、李天王、三寶佛、伽藍爺、達摩祖師、韋馱菩薩、中壇元帥、定光古佛、清水祖師、三坪祖師、三代祖師、飛雲祖師、顯應祖師、香山祖師、五公佛祖等十九種。

林衡道扣除已述的自然崇拜的神二十種、庶物崇拜的神一種、道教

的神八種（道教的神十三種中，五種是起源於自然崇拜，所以已經列入自然崇拜的神之中了）、通俗佛教的神十九種，以及性格不明者三、四種除外，其餘大約一百九十五種都是靈魂崇拜的神，一如天上聖母、義民爺、五府王爺之類，他認為臺灣所供奉的地方神、鄉土神大多是屬於靈魂崇拜的神。

　　鍾華操（1979：1-7）依照各神明的由來，將臺灣地區的神明分成五類：

　　1、天神（天人合一的神）：包括太陽星君和太陰星君、風伯雨師和雲中君、五雷元帥和閃電婆、文昌帝君、三官大帝、南斗天神、七星娘娘、五顯靈官、司命灶君。

　　2、釋家的神（佛）：包括釋迦牟尼佛、彌勒佛、阿彌陀佛、藥師佛、地藏王菩薩、普賢菩薩和文殊菩薩、觀音佛祖、大勢至菩薩、韋馱菩薩、定光古佛、十八羅漢、達摩祖師、伽藍爺、清水祖師、齊天大聖、濟公活佛。

　　3、道家的神：包括玉皇上帝、太上老君、西王母和東王公、玄天上帝、天上聖母、彭祖、二郎神、三山國王、鬼谷先師、玄壇元帥、托塔天王、中壇元帥、葛府仙翁、麻姑娘娘、感天大帝和神烈真人、伏魔公、孚字佑帝君、八仙、福德正神、五嶽大帝——東嶽大帝、城隍爺、十殿閻羅王、孟婆尊神、張天師、法主公、廣澤尊王、保生大帝和虎爺、敵天大帝。

　　4、古聖先賢：包括盤古公、伏羲仙帝、九天玄女、神農大帝、黃帝、制字先師和沮誦聖人、水仙尊王、開山侯、藥王大帝、巧聖先師、蔡侯祖師、華陀仙師、孔夫子、關聖帝聖、伏魔副將和子龍爺、靈侯太子和周府將軍、靈安尊王、護國尊王、西秦王爺、田都元帥、保儀尊王和英濟王、韓文公、開漳聖王、輔順將軍、包青天、朱衣神君、岳武穆王、助順將軍、三忠公。

　　5、臺灣地方神：包括開臺聖王、寧靖王和五妃娘、王爺、義民爺、註生娘娘和臨水夫人、吳鳳、曹公、有應公、大眾爺、慚愧祖師、陳府將軍、徐林二老伯、瞿公真人、痘公婆、池頭夫人、月下老人、大樹公、

石頭公。

　　仇德哉（1985（1981）：1-58）所著的《臺灣廟神大全》一書，共分十卷，即十大類：

　　卷一、孔廟聖賢：分聖哲、先賢、先儒、崇聖祠、待復祀等五部分。卷二、關廟忠武：分聖哲、東廡、西廡、宋代增祀、入祀金將、明代增祀、民國增祀等七部分。卷三、宗廟英烈：分上古、神話時代之神及其寺廟、春秋戰國時代、秦漢時代、三國至隋代之神明及其寺廟、唐代、宋代、明代、清代等八部分。卷四、鄭廟臣將。卷五、佛門聖尊。卷六、鄉土神祇。卷七、通俗信仰。卷八、自然崇拜。卷九、孝女烈婦。卷十、無祀鬼屬。

　　莊芳榮（1987：198-203）綜合董芳苑（1975：42）及阮昌銳（1984：81）的分類，在他所著的《臺灣地區寺廟發展之研究》一書中，將臺灣寺廟所奉祀的神祇分為三大類，摘述如下：

　　1、自然崇拜：依其對象又分無機物崇拜、動物崇拜、植物崇拜。

　　（1）無機物崇拜：

天：玉皇大帝	地：福德正神
日：太陽星君	月：太陰娘娘
星：七星娘娘	山：五嶽大帝
水：水德星君	火：火德星君
海：四海龍王	石：石將軍
風：風神爺	雨：雨師
雷：五雷元帥	電：閃那婆
方位：五方大帝	天地水：三官大帝

　　（2）動物崇拜：

獅：金獅公	虎：虎爺
牛：牛神	馬：馬爺
蛇：蛇聖公	貓：大將公
猴：猴將軍	兔：赤兔馬
龜：龜將軍	豬：豬鬼

狗：義犬公

（3）植物崇拜：

榕：榕將軍　　　　　　松：甘露神

桂：桂伯　　　　　　　茄苳：茄苳公

桐：桐公　　　　　　　龍眼：龍眼公

檨仔：檨仔公　　　　　米：米神

蕃薯：蕃薯公　　　　　花：花神

竹：竹林公　　　　　　稻：稻神

2、亡靈崇拜：依其對象又分祖先崇拜、厲鬼崇拜、偉人崇拜、佛道及神話人物崇拜。

（1）祖先崇拜：

民族始祖：黃帝　　　　古代祖先：神農大帝

內地祖先：開漳聖王　　開臺祖先：開臺聖王

氏族祖先：各宗親始祖　近世祖先：公媽或公婆

（2）厲鬼崇拜：

厲神：王爺　孤魂：有應公

（3）偉人崇拜：

先王：三官舜帝　　　　先聖：孔夫子

先賢：老子　　　　　　先師：巧聖先師

先儒：關聖帝君　　　　功臣：開漳聖王

烈士：保儀尊王　　　　名將：護國尊王

高德：朱文王　　　　　義勇：泉州公

孝女：天上聖母　　　　節婦：五妃娘娘

貴族：玉皇太子

（4）佛道及神話人物崇拜：

佛：釋迦牟尼　　　　　菩薩：觀音菩薩

祖師：清水祖師　　　　羅漢：十八羅漢

宇宙大神：盤古大王　　宇宙女神：王母娘娘

神仙：八仙　　　　　　仙祖：孚佑帝君

教主：正一教主　　　小說神：齊天大聖
印度古神：四大天王　地獄神：閻君爺
（5）庶物崇拜：

城：城隍爺　　　　　竈：竈君公
床：床母　　　　　　門：門神
聚落：土地公　　　　磨：磨公
家宅：地基主　　　　倉：倉神
廟境：境主公　　　　獸骨：靈應公
米甕蓋：三侯公　　　豬圈：豬稠公
井：井神　　　　　　牛欄：牛稠公
瓦：瓦神　　　　　　碼頭：沃頭公
船：船神　　　　　　地理辟煞：石敢當
車：車神

　　阮昌銳（1990：96-112）在其《中國民間宗教之研究》一書，分類如下：

　1.自然崇拜：分無機物、動物、植物等三項。

　　（1）無機物：神靈名稱計有玉皇大帝（昊天、上帝、天公與天公祖）、福德正神（土地公、后土）、太陽星君（太陽公、日頭公）、太陰娘娘（月娘娘）、七星娘娘（七娘娘）、玄天上帝（上帝公、上帝爺（北極））、南斗星君、魁斗星君、三山國王（獨山、中山、明山之總稱）、東嶽大帝、山神、水德星君（水仙公）、火德星君、火王爺、四海龍王（東南西北海龍王）、風天王（風神爺）、海龍王、五雷元帥（雷公、雷神爺）、閃電娘娘（閃電婆）、三官大帝（三界公）、五方大帝（五顯大帝，即東西南北中五方）、閻羅王（閻君王，即十殿閻羅）、石將軍（石頭公、石聖公）。

　　（2）動物：金獅公、虎爺、牛神、馬爺、大將公（山貓神）、犬公、猴將軍、兔將軍、龜將軍（龜聖公、龜公）、蛇聖公、豬鬼、畜魂碑。

　　（3）植物：福松公（大樹公、榕樹公）、松樹公（大樹公）、茄苳

公（大樹公）、桂伯、刺桐公、龍眼公、樣仔公、米神、蕃薯公、竹林公（竹金）、花神（花公、花婆、百花娘子）。

　　2、亡靈崇拜：包括偉人、佛道及神話人物、祖先和其他神靈偉人。

　　（1）偉人：堯舜禹、三官大帝（三界公）、黃帝（軒轅氏）、孔夫子（孔子公）、老子（太上老君、李老君）、各業行神（如制字先師、巧聖先師、至聖先師）、關聖帝君（關公、關帝爺）、開漳聖君（聖王公陳元光）、護國尊王（謝安、謝元帥）、朱文王（紫陽夫子）、三忠公（文天祥、張世傑、陸秀夫）、泉州公（祀陣亡於械鬥之泉州人）、巧聖先師（魯班公）、天上聖母（媽祖）、英濟夫人（張氏姑婆媽）。

　　（2）佛道及神話人物崇拜：釋迦佛祖（佛祖）、觀音菩薩（觀音媽）、清水祖師（陳昭應、祀師公）、十八羅漢、孚佑帝君（呂洞賓、仙公）、盤古大王（盤古公）、女媧娘娘（九天玄女）、七仙女（七娘娘）、李天王（托塔李天王、李靖）、齊天大聖（孫悟空）。

　　（3）祖先及其他神靈：黃帝（軒轅氏）、神農大帝（五穀先帝）、開漳聖王（陳聖王）、開臺聖祖（國姓爺）、各氏族始祖、祖先神位（公媽、公婆）、王爺（王爺公）、有應公（大墓公、金斗公、老大公）。

　　3、庶物崇拜：城隍（都府州縣皆有城隍稱城隍爺）、沃頭公、地基主、門神、竈君（竈王公）、船神、床母、車神、桌神、箸神、椅神、倉神、櫃神、磨公、三侯公、井公、牛公、豬公、鹿公、山寮公。

　　臺灣寺廟神祇的種類和名稱繁多，上述專書主要是根據廟神的歷史淵源或信仰由來所作的分類，其中雖有不同分類角度，但有一共同的現象，是他們都沒有進一步分析神祇的性別差異。換句話說，如果我們以性別的角度，重新檢視以往對廟神系統的分類方式，便可進一步闡釋有關男性（或男性人格化）神祇與女性（或女性人格化）神祇，所指涉的不同範疇及象徵意義，藉此突顯神祇的性別差異與宗教文化特徵。本研究工作的第一步，即嘗試在前人的基礎上，以性別（gender）作為廟神分類的依據，期能從神祇的性別及其象徵意義，探討臺灣漢人宗教的性別文化特徵。

（二）神祇名稱與性別差異

　　本節主要是檢視神祇名稱的差異，以及兩性神祇於數量比例上的差異，藉此瞭解臺灣地區的寺廟主神在性別角色上的差異。

　　以下主要是參考劉枝萬（1960：51）及林衡道（1963：53-380）《臺灣寺廟大全》書中所載寺廟的主神名稱，進一步依性別加以區分，大要如下：

【男性稱謂】

1.帝：黃帝、玄天上帝、玉皇上帝、感天上帝、北極大帝、五顯大帝、三官大帝、東嶽大帝、保生大帝、神農大帝、五天聖帝、敵天大帝、蕭何大帝、五福大帝、五谷（穀）先帝。

2.王：岳武穆王、三山國王、延平郡王、開臺聖王、開漳聖王、盤古大王、寧靖王、汾陽王、溪州王、保儀尊王、廣澤尊王、里主尊王、三姓尊王、良岡尊王、護國尊王、廣惠尊王、水仙尊王、靈安尊王、靈佑尊王、文安尊王、武安尊王、閻羅王。

3.王爺：三府王爺、五府王爺、隨駕王爺、萬善王爺、西秦王爺、五年王爺、誠王爺、地王爺、清王爺、白王爺、康王爺、三府王爺、吉王爺、李王爺、林王爺、天神三爺、萬主爺、姚王爺、鄰王爺、雷王爺、國王爺、梁王爺、伍王爺、邱王爺、巫王爺、薛王爺、吳王爺、田王爺、溫王爺、邢王爺、紀王爺、謝王爺、黃王爺、姚王爺、莫王爺、朱王爺、蘇王爺、池王爺、知王爺、豬王爺、康王爺、董王爺、崑王爺、戶王爺、武王爺、茅王爺、范王爺、天王爺、赫王爺、順王爺。

4.爺：城隍爺、元帥爺、義民爺、中軍爺、大士爺、先鋒爺、蕃千爺、金湖四使、紫衣爺、伽藍爺、風神爺、太師爺、國公爺、五帝爺、三老爺、將軍爺、大伯爺、六將爺、山神爺、闊君爺、太子爺。

5.公：光耀大帝李恩主公、五恩主公、伯公、法主公、法師公、舍

人尊公、清主公、石頭公、古公、境主公、安土公、泉州公、四知公、大聖王公、普渡公、恩烈公、清公、劉公、百姓公、舉人公、三信公、尊王公、韓文公、主公、有應公、朱文公、大營公、三忠公、大樹公、三王公、陰陽公、忠義公、羅安公、九龍三公、大使公、水流公、順天大王公、五年千歲公、文十三公、新丁公、祖師公、三寶佛濟公、太上老公。

6.君：孚佑帝君、太陽星君、司命竈君、李老君、文昌帝君、水德星君、先知真君、關聖帝君、文昌帝君、盤古帝君、張姓真君、王天君、南斗星君、北斗星君、柳大天君。

7.侯：武德英侯、內嶽聖侯。

8.大夫：保儀大夫。

9.大使：王孫大使、沈府大使。

10.恩主：五聖恩主、三聖恩主、四聖恩主、張恩主。

11.將軍：石將軍、助順將軍、李將軍、周府將軍、輔順將軍、三將軍、近江將軍、輔信將軍、五營將軍、七將軍、康將軍。

12.元帥：中壇元帥、玄壇元帥、五雷元帥、趙元帥、鴻轟元帥、鵬鳥元帥、徐元帥、田都元帥、楊元帥、莊中軍元帥、張元帥、許元帥、鎮海元帥、順天元帥、騰風元帥、辛元帥、岳飛元帥。

13.千歲：敏子千歲、吳府千歲。

14.大人：黃大人、衡大人、趙大人、倪府大人。

15.先生：王先生。

16.真人：雷公真人、楊真人、救世真人。

17.祖：呂祖、李仙祖、提標祖、洪公祖。

18.祖師：浮池祖師、斷愧祖師、三代祖師、三坪祖師、普庵祖師、陰林山祖師、清水祖師、顯應祖師、達摩祖師、香山祖師。

19.天師：張天師。

20.先師：制字先師、七祖先師、巧聖先師、孔明先師、九府先師。

21.大師：楊府大師、玄奘大師。

22.大聖：齊天大聖。

23.仙：黃公真仙、三保仙。

24.太子：玉皇太子。

25.王府劍童。

26.帝君三民主。

【女性稱謂】

1.聖母：天上聖母。

2.王母：天上王母。

3.母：瑤池金母、地母。

4.娘娘：七星娘娘、金天娘娘、女媧娘娘、註生娘娘、太陰娘娘。

5媽祖：（即天上墅母）

6.媽：有應媽、七夫人媽、大眾媽、仙姑媽、辜夫人媽。

7.婆：土地公婆。

8.姑：三仙姑。

9.嬸：天賜嬸。

10.夫人：英濟夫人、臨水夫人、三奶夫人、李夫人、連奶夫人、
　　　　陳府夫人。

11.妃：五妃。

12.公主：玉皇公主。

13.姑娘：姑娘。

14.姑娘仔。

由上述各種神祇的稱謂之中，發現男神的稱謂多為：帝、君、王、公、侯、大使、大夫、太子、王爺、大人、祖、爺、神、仙、聖、主、真人、祖師、先師、大師、元帥、將軍、千歲、先生等。女神的稱謂多為后、妃、娘娘、公主、夫人、婆、母、娘、媽、嬸、姑、姑娘等。至

於佛教的佛、佛祖及菩薩，傾向無明顯的性別區分，此不贅敘。

　　人們對這些神祇的稱謂，與對凡間生活的男女角色的稱謂，有許多相同之處，民間用以區分男女性別的稱呼法，也反映在神祇的稱呼上。但是，在神祇世界，男性神明的名稱種類遠多於女性神祇，而男女性神祇的數量比例更為懸殊。

（三）男女神祇比例概況

　　在此依據仇德哉（1985：1-58）所著的《臺灣廟神大全》一書，全書十卷之中所列出的臺灣廟神，進一步估計男女神祇的比例，藉此瞭解臺灣廟神的性別差異之大概。

　　卷一，孔廟聖賢：分聖哲、先賢、先儒、崇聖祠、待復祀等五部分共二〇五人，全為男性。其中聖哲部分有十七人；先賢部分有七十九人；先儒部分有七十八人；崇聖祠部分有十五人，待復祀部分有十六人。可知其中全無女性。

　　卷二，關廟忠武：分聖哲、東廡、西廡、宋代增祀、入祀金將、明代增祀、民國增祀等七部分，共一四五人，全為男性。其中聖哲部分有十四人；東廡部分有二十九人；西廡部分有三十五人；宋代增祀有三十四人；入祀金將有六人；明代增祀有二十五人；民國增祀部分有十二人，其中全無女性。

　　卷三，宗廟英烈：分上古、神話時代之神明及其寺廟、春秋戰國時代、秦漢時代、三國至隋代之神明及其寺廟、唐代、宋代、明代、清代等八部分。共二〇九人，女性佔四人，男性二〇五人。其中上古、神話時代之神明及其寺廟有十九人，女性有二人，為女媧娘娘及先蠶（嫘祖）；春秋戰國時代有十七人，全為男性；秦漢時代有十三人，全為男性；三國至隋代之神明及其寺廟有十人，女性佔一人，為針神（薛靈芸）；唐代有二十五人，全為男性；宋代有十七人，女性佔一人，為天上聖母（林默娘）；明代有六人，全為男性；清代有一〇二人，全為男性。可知男女性別比例為二〇五：四。

卷四，鄭廟臣將：共一三九人，女性佔一人，為翁太妃（鄭成功之母），男性一三八人。男女性別比例為一三八：一。

卷五，佛門聖尊：共四十八人，女性佔二人，為池頭夫人及天女，男性四十六人。男女性別比例為四十六：二。

卷六，鄉土神祇：共一〇四人，女性佔二十六人，為臨水夫人（陳靖姑）、李三娘、三奶夫人（三人）、三仙姑（三人）、七夫人（七人）、三位夫人（邊疆女傑，三人）、連奶夫人、李夫人（玉英）、貞節媽（林春娘）、林投姐（李招娘）、天賜嬪、姑娘仔（劉掟頭）、蔡觀音（鴛鴦）、陳蕊娘及路嬌姑娘，男性七十八人。男女性別比例為七十八：二十六。

卷七，通俗信仰：共九十七人，女性佔二十七人，為玉皇公主、王母娘娘、九天玄女、註生娘娘、孟婆聖母、何仙姑、地母、十二延女娘娘（十二人）、冬生娘（東施）、黎山老母、百花公主、車藏腳媽、城隍夫人、西秦王媽、兀王媽及聖王媽，男性七十人。男女性神祇的比例為七〇：二十七。

卷八，自然崇拜：共三十八人，女性佔四人，為太陰娘娘、七星娘娘、石母娘娘及「母」石神，男性三十四人。男女性神祇的比例為三四：四。

卷九，孝女烈婦：共三十一人，全為女性，為五妃、曹娥、阮蔭娘（王尋妻）、黃棄娘（傅璇妻）、鄭月娘（王曾儒妻）、黃器娘（陳越琪未婚妻）、羅蔣氏、辜孝婦（林氏）、許林氏（許裕妻）、紀險娘（吳使妻）、袁順娘（魯定甫妻）、楊余氏（楊武仁妻》、郭益娘（曾國妻）、鄭陳氏（鄭斌昇妻）、王娘（歐預妻）、李趙氏（李宋妻）、洪張氏（洪之廷妻）、邑主小姑娘（劉滿姑）、李黃氏（李時燦妻）、唐碧娘（藍媽帕妻）、張雲娘（蘇玫郎未婚妻）、吳修娘（李考祥妻）、黃寶姑、石錦娘（吳茂水未婚妻）、楊李氏（楊邦重妻）、林邱氏（林錫金妻）、何林氏（何子靜妻）、張月居（何式吉妻）、洪阿嬌（郭榮水未婚妻）、呂阿棗及陳守娘。

卷十，無祀鬼厲：共三十種，女性佔三種，為大眾媽、有應媽及田嬸婆，男性二十七人。男女性別比例為二七：三。

　　若以仇德哉一書所做的分類來看,「孔廟聖賢」和「關廟忠武」中全無女性。「宗廟英烈」中,男性二〇五人,女性僅有四人。「鄭廟臣將」共一三九人。女性僅一人,即翁太妃(鄭成功之母)。「佛門聖尊」共四十八人,女性二人。「鄉土神祇」共一〇四人,女性二十六人,男女性別比例為七十八:二十六。「通俗信仰」共九十七人,女性佔二十七人,男女性神祇的比例為七〇:二十七。「無祀鬼厲」共三十種,女性佔三種。「自然崇拜」共三十八人,女性四人,男女性別比例為三十四:四。至於「孝女烈婦」共三十一人,全為女性。

　　綜觀上述之分類、名稱與性別比例,凡有關「聖賢、忠武、英烈、臣將」之崇祀,皆以男性為主,女性的崇祀則以「孝女烈婦」為主,足以反映歷代所崇祀的對象和標示的價值意義,不僅有兩性的差異,而且對兩性文化的建構具有深遠的影響,因此有關廟神祭祀與性別文化,值得更進一步的探討。下節嘗試從性別象徵的角度,剖析此宗教文化特色。

二、神界的女性與凡間的女性

(一)女神的性別文化特質

　　在臺灣的眾神信仰中,女神佔了相當重要的位置,研究民間信仰的學者眾多,皆各有特色,但較少人直接針對性別文化的角度和意義加以探究。P. Steven Sangren(1983)曾論證女神信仰和女性的社會性別特質,並非必然是相同的,他討論了三位女神在臺灣社會和宗教信仰上的重要性,並嘗試透過分析宗教信仰上的性別特質,說明中國社會中的性別結構。

　　大多的學者咸認為中國的男神信仰即是天上的官僚,且相應於凡間的官僚體系,Arthur P. Wolf(1974:131-182)認為在傳統中國社會,高低不同階序的官治理大小不同的行政區域;同樣的,小神管理小的、地方性的系統,較尊貴的神治理較大的系統。Sangren(1983)指出在臺灣北部的大溪鎮,有三個階序的祭祀組織,分別祭祀不同的神。小地方

和大村莊各有其供奉的神，而整個城鎮的市場社群則有共同信奉的神──關公。在帝國時期，地方祭儀的階級系統和官方的祭儀有關，國家祭祀把天上的神劃分為郡（州）、縣、省等不同階級，最高位階的是皇帝祭祀的神。臺灣仍保存此種天神的階級系統。然而，也有一些寺廟供奉的神，是沒有地域性的，如佛和菩薩，此外，女神由於性別的限制，無法被官方納入封神的系統中。

語言學者曾對印度的男身菩薩 Avalokitesvara 傳到中國後，轉變作女身觀音的原因加以探究，以往的研究大多認為觀音所擁有的同情和慈悲心等特質，與中國婦女的特質相同，但最近的學者認為，觀音的女性性別主要是受到西元 1100 年妙善公主傳說的影響。（Sangren1983：6-8）

至於媽祖和觀音的角色並不相同，媽祖既非天官也非菩薩，但由於她在中國東南沿海廣受歡迎，而被封為天后並納入國家祭祀中。在媽祖傳說中，她拯救溺水的父兄後，年紀輕輕的便死去了，死後仍時常顯靈解救海上船難，因此在中國東南沿海，她被視為是漁民的保護神。後來渡海來臺的移民也倚靠她，在臺灣西岸的港口，如新港、北港和鹿港，隨著移民的登陸而有媽祖廟的興建，而後隨著移民往內陸開墾，媽祖的香火也被帶入內陸並擴散開來，但這些最早登陸的媽祖廟，每年仍會有許多進香團前往朝拜。其中有一特殊的現象，是最早登陸的媽祖廟和分香廟之間的關係，是屬於姻親而非父系的。每年，那些分香的媽祖神像，會回去原來的「老娘家」進香，這種關係就如同中國傳統習俗中女人和娘家的關係。（ibid.：8-9）

王母娘娘（或稱瑤池金母），被其教派視之為至高的神，信徒認為她是超越時間、地位和其他佛道神祇的權威，例如觀音被認為是她的女兒，玉皇大帝則是她的兒子。此教派成員對本身的教派有強烈的歸屬感，信徒們透過特別儀式則可成為王母娘娘的兒子和女兒。（ibid.：9-10）

Sangren 的看法是：在中國宗教信仰中，女神的意義也與男神具有的「天官」身份大相逕庭，但神明的性別差異，並不能單純以男性和女性的社會角色來解釋，他對觀音、媽祖、無生老母三者提出以下的解釋：一般而言，中國人認為女人的經血是不潔的、具危險的力量，Sangren

認為透過此種女性污染（female pollution）的觀念和女性社會角色間的關係，可用以分析那些屬於女神的特質。由於女神代表著「理想化」的女性，因此她需能克服和超越那些關於女性污染──月經、性行為、死亡和分娩的觀念。觀音（在妙善公主傳說中）由於違背父意且拒婚，她才得以保持純潔之身，但卻違背了孝道，因此最後她只有靠死亡解決這兩者（孝道／純潔）間的衝突，這正道出了中國婦女所不能克服的難題：孝道或純潔？妙善公主的傳說，提供了一個拒絕作為人妻的激進模式，也啟發了十九世紀廣東地區的拒婚運動，但 Sangren 指出中國婦女也許會為了拒婚而採取激進的自殺手段，但卻不曾質疑女性污染的觀念。

同樣地，媽祖也因年輕未婚就死了，而不必經過妻子這個污染的角色，王母娘娘則是一位未受分娩污染的處女，她與觀音、媽祖不同的是，她沒有俗世的化身，她是無生聖母，因此她不必逃避妻子這個污染的角色。總言之，女神所表現的「聖潔」，是經由否定女性為妻子的角色，但肯定女性的母親角色而來。（ibid.：11-14）

Sangren 進一步提出女性在家庭中兼具分裂和統合的力量：在中國家庭中，媳婦通常得遵從婆婆的指揮，並且很難得到遵守孝道的丈夫的支持，因此她只有轉而依賴孩子。對孩子而言，母親經常是他們對抗父親權威的最佳盟友，同時母親也是在兄弟彼此競爭中，一股維繫他們的力量，避免兄弟太快分家。但相反的，媳婦們（妻子的角色）卻是希望儘快促成分家，以逃離婆婆的掌控，因此，在家庭中的女性角色（母親和妻子），分別扮演了統合及分裂不同的力量。但是在女神身上，我們只見到女性母親角色代表的統合力量，上述的三位女神都象徵著統合的力量。

Sangren 針對這三位女神與信徒（孩子）間的關係，從三方面加以說明。女神信仰的特色之一，是具有較大的包容性（inclusivity）：女神信徒一般都不分區域、也不分階級，不偏袒有錢勢者而不顧貧窮弱勢者，也不會只重男而輕女。觀音、媽祖和王母娘娘對待眾生強調的是一律平等，無差別待遇，透過此三位女神信徒的分析，可更加瞭解此三位女神的特色。尤其臺灣媽祖進香儀式，總會有全省各地的進香團前來參

與，這是一股很大的統合力量，可使不同地區的信徒聚集一起。因此，相較於男神所具有的階序性（hierarchy）、權威性（authority）和正當性（legitimacy）等相關特徵，媽祖信仰及其進香活動，體現更大的包容性。

此外，佛教的教義和儀式，提供那些被排除於地方祭儀或祖先祭祀的團體及個人一個宗教的歸屬。在臺灣，觀音的信徒主要是中年或老年婦女，因為女人大多把後半輩子寄望在兒子身上，但當她們年老時，發現自己已經沒有能力把握兒子，便失去了依靠，而男人因為本身擁有家產，因此不怕年老無所依靠，所以女人年老無依時，通常會尋求宗教慰藉。此外觀音也被視為是那些死後無子嗣祭祀的孤魂的保護神。

許多大陸來臺的外省族群，把親人的骨灰安置於佛寺，當年，他們認為臺灣只是客居地，仍希望將來能將骨灰拿回大陸安葬，此包容性是一些外省族群接受佛教之因。此外，一些居弱勢地位的族群，如客家人、殘障群體、妓女和流浪漢等，也因觀音的包容性，使他們產生宗教的認同。（ibid：15-20）

Sangren 認為女神信仰的特點之二，是其調解性（mediation）：在中國家庭中，父親代表絕對的權威，孩子較不敢直接反抗父親的權威，因此母親常處於居中協調的角色，所以我們不難理解女神被賦予調停者的角色。觀音解救因罪孽深重而墮入地獄者，媽祖拯救海上遇難者，王母娘娘始終幫助信徒的救贖。在祖先祭祀和地區性神明祭儀中，所得到的只是以家庭或團體為主的依靠，但在這三位女神信仰中，每人都可獲得個人的精神慰藉，讓女神來調解個人的困境。（ibid.：20-21）

女神信仰的第三種特徵是其聯盟性（aliance）：Sangren 認為信奉王母娘娘的教派，除了也擁有包容性外，更有其母性（motherhood）的顛覆面向，這是和其他兩位女神信仰較為不同的特色。Sangren 所謂的顛覆性，是指母子聯合一起對抗父親，即 Margery Wolf 所謂的「子宮家庭」（uterine families），把這種家庭的顛覆性，運用到宗教中，就演變成教派組織透過尊奉王母娘娘（其神性是超越各宗派的），企圖顛覆天上官僚的階級系統。（ibid.：21-22）

　　Sangren 的結論是，雖然從女神身上可看到女性特質，但這並不涵蓋全部的女性社會特質，而只是顯現了其中母子關係之特性，如調解、聯盟等。因此女神的性別特質，僅顯現女性在社會的母親角色，而避開了女性在社會中妻子（分裂性）的角色。Sangren 的分析主旨，在建立女性社會角色的矛盾性和女神性別意義之間的關聯性，他指出女神信仰不同於男神信仰的性質，也是一重要的文化表現，人類學者不應忽視此方面的研究。（ibid.：23-25）

（二）鬼的性別文化現象

　　有關臺灣民間神明信奉的性別研究之外，Harrell（1986：97-115）則是從鬼的性別以及生活中男女兩性遇鬼的不同方式，說明臺灣社會中的性別現象。Harrell 分析鬼魂代表的三種現象的人格化象徵，即社會中反常的事物、隨時可能遭逢的災難以及驚嚇的力量。但 Harrell 指出此三種不同的類型，在不同的環境背景下產生不同的意義：一、想像中的抽象鬼，不同於實際遇到的鬼。二、每一種情況下遇到的鬼，與其他情況下遇鬼的經驗有所不同。三、在同一種情況下，但不同的人遇鬼魂的也是不同的。這三種不同的變因中，鬼的性別以及遇鬼者的性別，即是一個很重要的因素，因此不論是對鬼或那些遇鬼魂者的研究，「性別」都是不可忽視的因素。

　　在中國社會，大部分的社會非常態現象，如乞丐、盜匪等都是男性，而遇鬼的人男女皆有。鬼象徵著隨時可能遭逢的災難，是難以推斷它們的性別，但祭拜它們的人則幾乎為女性。無家人親屬供奉的鬼大多是女性，而安慰祭拜她們的人也多為女性。遇鬼而受驚嚇的人，看到的通常都是另一性別的鬼，又因遇鬼者多為男性，因此他們看見的多為女鬼。

　　在中國民間信仰中，社會上不同的角色對信仰的看法也不同，而這些導致不同看法的因素有性別、年齡、教育、個人的宗教信仰以及個性。由於男性與女性的經驗多不相同，因此兩性對宗教信仰的不同觀點及經驗，對研究性別差異將有重要貢獻。（ibid.：101-104）

Harrell 分析臺灣鬼神信仰的不同情況，提出以下的看法：

> 「中元普度」所祭祀的鬼魂稱為「好兄弟」，這是對那些四處漂
> 流的無主孤魂的禮貌稱呼法。從中元普度的祭儀中，並不能清楚
> 的看出鬼的性別，雖然稱這些鬼為好兄弟（為男性稱呼法），但
> 並不能清楚的確定他們的性別。中元普度的習俗中，鬼的性別並
> 未能扮演重要的角色，其原因可能有兩種解釋：（1）「好兄弟」
> 們皆是無名鬼，他們並未被視為一個個單一的個體；（2）而普度
> 是供奉那些概括性集體的鬼，而祭拜的人們則是男女老少都有。
> 由此可看出在中元普度的習俗中，鬼代表反常事物的神格化，此
> 一人格化是非常的模糊，而代表的也是非常概括的反常事物。
> （ibid.：104-106）

　　普度代表一種「預防」的儀式，另外還有一種「治療」的儀式，此
儀式是人們試圖將發生在身上的鬼魂力量趕走。最普遍的說法就是小孩
被「沖到」，被從某一方向來的鬼魂攻擊，而治療的方式，即是由家人
（通常是母親或祖母）把供品拿到屋外的特別方向走道上，祭拜這個鬼
魂。

　　與普度不同的是，這是私人的祭祀而非公眾的祭祀，且出發點是為
醫治小孩的疾病，而非為了遵從社會習俗。這裡出現的鬼也較為個別
化，但他們仍是無名鬼（附身在乩童身上的神明，從未說明這些鬼的確
切身分，而放供品的婦女，也從未真正見過鬼來食用這些供品），因此
在這類鬼代表了隨時可能發生不幸事件的人格化。與普度情形一樣的，
人們並不需要對鬼有所認識，只需把供品放對方向即可。性別在此情形
中也沒有特別的意義，鬼或人的性別，在此都沒有特別的相關性。但由
於被鬼沖到的通常是小孩，而平常負責照顧小孩的母親和祖母，便是最
常去求神問卜的人。（ibid.：106-108）

　　與這些無名鬼不同而有特定身分的鬼大致有二種，一為家庭中的
鬼，二為實際看見的鬼。在臺灣，甚至在中國，家族中鬼的共同點，是
她們都是因故無法在家庭中得到適當地位（妻子及母親的地位）的女孩
或婦女。在中國傳統習俗中，未婚女兒死後不能供奉在客廳的神主牌位

上，只能供奉在家中的其他房間或佛寺中，但其中有些死後的女兒仍想嫁人，就找一男性娶她的神主牌回家，與丈夫家中的神主牌一起供奉。透過此一方式，可讓未婚死去的女子，仍可被納入女性之為妻子及母親的正常社會結構。

這些女鬼代表的是社會的非常態事物，特別是在親屬和家庭系統中的非正常現象。一個無子嗣的男人，通常仍可設法有其他的後代供奉他，但一未婚女子卻無此種待遇，因為在中國父系社會中，女性唯一的正確地位，就是做母親的地位。如果她們因故無法獲此地位，便很難有其他方法取回地位，因此會變成鬼，並透過製造不幸事件的方式，來取回自己的地位。家庭中的鬼魂與前兩者不同之處，是此種鬼魂有其特定的身分。它們代表的是家中的非常現象，而且多為女性。（ibid.：108-110）

臺灣民間說法，認為「運比較輕」的人較常看見鬼，但 Harrell 認為，事實上有沒有遇見鬼，與性別的關係，比生辰八字的因素來得密切。他的研究指出，臺灣人所懼怕或常遇見的鬼，多為另一性別。唯一的差別是，女性對男性的恐懼是一公開的事實（因為男性對女性的壓迫是社會體系所認可的），但男性對女性的恐懼則為隱密的（因為女性的力量是不為社會所認可的，但確有顛覆此一社會體系的潛藏力量，因此男人所懼怕的女性顛覆力量，便反射在這些女鬼身上）。

由於在中國傳統父系家庭中，女性扮演的是一陌生者的角色，並會導致家庭分裂。而由於中國男性，他們對女性的壓迫存有某種罪惡感，同時也很害怕女性在家庭中的潛藏破壞性力量，因此這些男人最常遇見的女鬼，所代表的是一種令人害怕的力量，另一種較不常遇見的女鬼，則是代表社會反常的事物。（ibid：110—115）

（三）神話傳說與性別角色的辯證關係

近年一篇有關臨水夫人傳說的剖析，強調女神文化特徵的體現與辯證思維，Vivienne Lo（1993）從臨水夫人的官方記載及民間傳說，分析傳說的形成原因，即民間大眾的需求是如何影響傳說的內容。最後，探

討此傳說中，女性所佔重要角色及其被賦予的象徵意義，尤其是臨水夫人被視為是懷孕婦女和嬰兒保護神的意義。

Lo 認為臨水夫人傳說，可視之為反映自然（nature）與教化（culture）之間的對立抗爭。在此一對立關係中，男人代表教化，而女人代表自然，透過此角度，可分析神話故事背後所隱含的意義。十八、十九世紀的中國仍是個父權社會，男人建構了一切社會的教化規定，而女人只是扮演了社會生產者的角色，不能有個人抱負。臨水夫人傳說，在中國社會的角色即是教化人心，以其力量解除男人與自然間的衝突關係，以此神化教化功能的論點為基礎，進一步剖析傳說中自然與教化間的衝突。

傳說中的陳靖姑，是拒絕作為傳統婦女的女人，不願接受女人被定位於「自然」的角色，她逃避婚姻選擇到山中學道，而即使在學道時，她也拒絕學習關於女人分娩與生殖的法術。靖姑更擁有一些男性的特質，譬如她被描述為勇敢無懼，不僅能吹號角，還能揮舞利劍。靖姑的角色是相互矛盾的。一方面她企圖顛覆傳統的婦女角色，這威脅到傳統的社會秩序。但另一方面，她卻也把她的法力用於維護社會秩序上。在故事中，另一具備女性激進特質的角色為蛇精，蛇精蠱惑男性以滿足性慾的行為，代表激進女性欲尋求性解放，此行為挑戰了傳統視女性的「性」目的僅為生殖的價值觀念。蛇精蠱惑男人，企圖破壞社會禮儀教化，而吸其精氣更直接威脅社會的延續。

在傳說中，此二位具有激進女性特質的主角，彼此是互相對立的。破壞社會禮儀教化的蛇精，最後終於不敵陳靖姑的法力（展現她具備的男性特質——勇敢無懼的揮舞利劍斬妖除魔）而被斬成三段。由於靖姑不聽師父的勸告學習助產術，以及離去時不能回頭的約定（代表她不願順從傳統社會教化），因而在她二十四歲被派去祈雨時，遭受妖精襲擊而流產（此時她已失去法力），最後更在殺死蛇精後也筋疲力盡而死。死後靖姑的靈魂很後悔沒聽師父勸告，而失去了胎兒和生命，因此回去找師父教她助產術，後來她便常常出現幫助生產不順的婦女。整個傳說的目的，最後仍是在闡揚傳統的社會秩序，開始時雖然呈現了兩種不同的激進女性，最後故事圓滿結局，一切又恢復平靜和諧，靖姑最後也不

出所料的回歸到父權社會的軌道中。（ibid.：82-88）

三、大甲鎮「二媽一姑」的性別文化建構

上述學者雖然已從性別文化的角色，闡釋女神的信仰狀況或傳說內容，但較少論及政權與地方勢力的關係，筆者的另一篇拙作（1994b），即針對媽祖女神特質的形成與建構，涵蓋多層面的複雜意涵，包含個人信仰與社群的凝聚（solidarity）、地域之間的互動關聯，以及從地方到國族（nation）的象徵建構。在這當中，也不能忽視存在於婦女／男權，以及家庭／社群的複雜關聯。

在此，筆者嘗試以一個臺灣小鎮上的女性神祇的信仰狀況，剖析政權及地方領導人物（主要是男性）對女性神祇意義的建構。在大甲鎮的「二媽一姑」的信奉，指的是媽祖、貞節媽和路嬌姑三者，居民強調大甲媽祖的慈悲和靈驗，林默娘的生前傳說是一個孝女，千年的流傳和演變，已成了一個慈母和救苦救難、萬能的媽祖婆角色，晉升為「天上聖母」的地位。

有關大甲媽的香火儀式與性別意涵，筆者已有一些討論。（黃美英1994a，1994b）。以下則從貞節媽和路嬌姑的由來，論其宗教和性別的意涵。

（一）大甲貞節媽傳說

在大甲鎮上，有俗稱「大甲小公園」之處，即貞節牌坊所在，貞節坊內有一碑文記載：

> 淡轄大甲街，余榮長未□妻林氏，以十二齡守貞，為閨門最難。道光壬辰年，紳士劉憲延等，即呈報請旌，越丙申年蒙准旌表建坊入祠。余家窘，未能卒舉，其猶予智信奉曹憲文赴司親領坊價，十仍闕九，蓋臺屬□□多由內地購採，轉運維艱，工費浩繁。因之，迨二十八年張職吏綱來甲，清口稔悉是由遂揚自堂黃司始捐

廉為之倡，官紳士庶好善同心，聞風踴躍，樂輸記得白金千二百
有奇，隨於是歲鳩工琢□，閱月日而工告成。擇豎於街之南門外。
通衢卒表豎立，盈帖燦然，都人士式歌且舞。日七一歲之完貞，
躬膺盛典，五九齡之苦節。目□恩論並家之光亦閭里之榮也。周
道往來過其下者，聞名生敬，巾幗奉為女宗，且益共敦節行骨，
於是乎在斯役也，張職吏綱力肩顛末籌畫不憚再三響善之誠，固
無待贅工，既藏居予實微所見，並榜好義，勒之石，以垂永久，
以添比鄰，熟聞盛事。爰不辭□鄙，謹為之記。道光二十九（歲
次己酉）十二月□□日歲次進士候選訓導魏紹華拜誌。捐理張
綱、王崑崗、林向榮、盧仁風、黃茂重、劉奕金、黃維紋、余克
□、謝秋、張強經辦承差張耀、蔡亮等。

1.節女的生卒事略

在大甲鎮流傳有關林春娘的傳說，其主題內容並無太大差距，據《大
甲風貌》（林茂雄、蔡錦貞 1981：350-353）一書的整理和記載如下：

> 林春娘大安鄉中庄村人，生於清乾隆戊戌年（四十三，1778）七
> 月十八日卯時，春娘幼即為余姓家童養媳。乾隆五十四年，歲次
> 己酉，其未婚夫余長榮年僅十七，至鹿港經商，不幸溺死。是時
> 舅歿姑存家無他子可繼承余家香火，頗有斷嗣之可能，哭之甚
> 慟。氏年只十二，與余家未成婚，其父林光輝以女幼而余家經濟
> 又貧困，力主接回娘家，另擇夫婿改嫁，然氏發誓終身奉事余家
> 而不他適，父逼母迫愈急，氏意志愈堅決，寧死不屈，曾手執利
> 剪欲斷喉殉節。
> 余家貧無祖產庇蔭，婆媳日夜僅靠織布、養雞維持生計，如遇米
> 飯不繼，春娘僅以稀飯充饑，而以頓頓乾飯奉養其姑。一日，姑
> 無意間撞見，深受感動，致有婆媳相抱大哭之感人場面。值此婆
> 媳感情難處，世風日下之際，實令吾人慚愧！

又據《臺灣府志‧淡水廳》第十卷記載：「姑目疾幾瞽，以舌日舐，
焚香虔禱，未半載而愈。姑復拘攣，日侍床褥沐浴浣濯，甘旨躬親，及
歿，哀毀逾常。」由此可知春娘事親之殷勤與至孝。

氏早起晚睡，發憤忘食，勤於生產紡織，皇天不負苦心人，余家之

經濟終有少許儲蓄，乃撫養族子為嗣，然不久即告夭折，乃又立族子余致祥並娶巫氏（即通霄巫萬義先生之女兒，以後也以節孝表揚）。未幾，大甲瘟疫盛行，致祥不幸感染而病歿，春娘偕媳婦悲痛萬分，繼續撫育幼孫，婆媳卒居燕處，不曾有惡言厲色，此事略鄉里黨人一時傳為美談，讚嘆不已。

同治元年夏天五月六日，戴潮春事件發生，部將王和尚糾眾謀攻大甲城，切斷四周水道，城內無水可解渴，情勢頗急，危機四伏，城中人急欲棄城而逃。忽有人提議，請節女林春娘禱雨，遂請氏於媽祖宮前廣地禱雨，一時甘雨傾盆，眾人大喜，於是繼續固守。二十一日王和尚又率戴如川、江有仁、何守等數萬人，二度圍城，環圍數匝，欲一舉攻下大甲城。水道又被切斷，城內斷水已旬日，地方仕紳復請春娘再度禱雨。當時王和尚壓城而車，居上風，以古炮轟擊城內，城中幾不支，欲樹白旗投降，然春娘虔誠禱雨後，頓時大雨不已，風向也隨之改變，濠邊茅舍又大火不止，匪徒驚異落荒而逃，城內義勇復開城門追擊，大破之，是役斬首不計其數，圍城事始解，大甲城乃得轉危為安。

如以當時兩軍相爭而論，大甲城為握南北首衝要地，兵家必爭之城，淡水北部安危繫於此城，故大甲城屢遭圍困，而當時淡水廳亦愈加注意防禦守城。十一月林日成復率眾攻城，勢高氣燄，甚於前兩次，連戰旬日，水道屢斷，二十六日林春娘三度復出禱雨，如期雨降，士氣激增，城開復解。

清同治二年歲次癸亥（1863）二月十三日申畸，林春娘病疫，享年八十六歲。

2.旌表經過情形

清宣宗道光十三年（1833）十月，經淡水廳同知黃開基報請旌表。時氏年五十六，復獲臺灣府以「周彥」賜一匾表彰。年六十六又獲知府同知淡水廳事曹謹賜守表揚，並撥銀兩建貞節坊在大甲城南門（今順天路與光明路交叉口），與綢緞數疋，以表彰貞節事蹟，並奉御賜「聖旨」。

又據連橫《臺灣通史》一書〈列傳記〉述：「吾讀東瀛記事，載大甲城禱雨之事，甚奇。吾以為藉作士氣爾。繼而思之，至誠之道，可以

格天，桑林之禱，豈虛語哉？是故愚者可以生其智，弱者可以振其勇，納者可以伸其辯，昧者則不可以對鬼神，況可僥倖萬一哉？」同治年間臺灣中部發生旱災，地方禱雨不靈，林春娘如上所述復出祈天求雨，頓時甘雨沛降，地方士民皆以林春娘守節盡孝感動蒼天耳。

日治時期地方人士李闊嘴以林春娘雖死，而其精靈猶能蔭福地方百姓，遂倡導重修貞孝坊，由大甲、大安、外埔三街莊出資，尤以大甲佛教界最為熱心，重新立碑建誌，林春娘卒於八十六壽，地方贈「貞節媽」，塑像供於鎮瀾宮，被尊為大甲三神之一。（三神係指鄭成功、媽祖婆、貞節媽）

民國四十年鎮瀾宮執行委員會議決，為保持地方古蹟，就原址修建四周磚牆，種植花木，並僱有專人管理，據云當時花木青蔥，綠草如茵，環境清雅、美觀，有「大甲小公園」之雅稱。去（六十九）年年初，大甲鎮公所與地方熱心人士重新出資整修坊門與庭園，並加高四周圍牆，古色古香，煥然一新。

「貞節媽」一世名節，流芳迄今，地方人士津津樂道，引以為榮。

（二）「路嬌姑」傳說及建廟由來

位於現今大甲鎮平安里文武路的「路嬌姑宮」，有關其建廟由來的記載如下：

> 路嬌姑在本省寺廟淵源甚難查出來源。據管理員陳再欽稱：路嬌姑乃是為「路邊嬌美姑娘」而建立的廟。本宮在道光年間原是大甲西門城外的荒蕪地，在一次的大水中，不知由何處漂來一具「水流女屍」，年紀輕輕的姑娘，西門城外的居民為她收埋。但過了不久，在她漂來屍體的地方時常出現靈光，居民聞訊也前往膜拜，每次祈求皆有靈驗，前來燒香的人也漸多。後來有一位賭徒，賭輸不少的錢，聽說路嬌姑的靈性，也前來祈求：若能賭贏將為她建一座廟宇。想不到賭徒時來運轉，每賭必贏，於是按照他誓願興建路嬌姑宮，後來賭徒也洗面革心從事正當事業。建廟時間是道光己酉年即西元一八四九年，距今該有一百二十一年了。

在十多年前，本廟曾遺失路嬌姑神像，信徒到各處打聽尋找，發現清水也有一間低矮的小廟也叫路嬌姑，是在清水鎮臨海處的海尾，但香火不如本廟的鼎盛。本廟也有分靈在外，清水鎮石瀨頭的民眾也供奉著路嬌姑，每年八月二日都前來進香，酬神演戲。本廟最近在民國四十九年、六十一年經過兩度重修。廟中有「愛人以德」的區匾額。（陳文德1981：242）。

（三）大甲媽、貞節媽與路嬌姑的地位比較

由於節女林春娘屢次禱雨，拯救地方的劫難，使大甲城轉危為安。而此種傳說的基礎，主要是建立在春娘的節孝行為能感天動地，如上文所述「林春娘復出祈天求雨，頓時甘雨沛降，地方士民皆以林春娘守節盡孝感動蒼天耳。」此舉並非一般世俗女子所能為之。有關春娘一生的說法，不但強調女性對夫家公婆應盡的責任和節行，且由於朝廷的表揚，也貫徹政權治理地方和倫理教化的功能。

若進一步分析，由於在傳統漢人社會，一般女性的活動受限於家庭的範圍，並不能納入正常的教育系統中（如在學堂、書院讀書）傳授其道德教化，因此，有關女性的倫理教化，往往需透過另一種象徵性的人格建構，作為女性理想形象的表彰，「貞節牌坊」即是一個父權封建社會的女性文化的建構方式。

相對的，「路嬌姑」只是不知由何處漂來的一具年輕姑娘的「水流女屍」，居民為她收埋，後來常常出現靈驗事蹟，結果是由於一位賭徒的祈求應驗為她建廟宇。換言之，路嬌姑的身世不詳、來歷不明，不似林默娘生前的「自身潔淨」和拯救父兄的傳說，也沒有林春娘孝敬公婆及一生守節的事蹟，因此她無法得到朝廷的表揚和褒封，也未能得到地方仕紳的重視，至今她的小廟面積僅一百二十一坪，和相隔僅兩條街道的「大甲媽」的聲威，是無法相提並論的。

四、結論

　　綜觀前述之寺廟神之分類、名稱與性別比例,大致可知,凡有關「聖賢、忠武、英烈、臣將」之崇祀,皆以男性為主,女性的崇祀則以「孝女烈婦」為主,足以反映歷代所崇祀的對象和標示的價值意義,不僅有兩性的差異,而且對女性文化的建構具有深遠的影響。

　　Ortner(1993(1978):257)討論世界許多社會普遍存在的一種現象,即女人的貞節代表家族的榮譽和地位。而藉此觀念,女人的社會活動和性行為都受到嚴密的控制,例如古代的雅典和印度的婆羅門婦女的活動被限制在家中,土耳其帝國的一般農家婦女外出時必須圍著面紗。Ortner檢討過去幾種不同的研究角度和觀點,探討「為何對於女性貞節(female sexual purity)之控制是一如此普遍的現象」?大致可歸納以下幾種論述:

　　Kathleen Gough從心理分析的角度,解釋印度社會的一種女性成年儀式(female initiation rites)。此儀式的進行,象徵女孩和血緣的親屬對與她的性關係的正式棄權,在儀式過程中女孩會被實際或象徵性的由她預定丈夫之外的男人奪去貞操。Gough解釋此儀式代表男性害怕處女會在與異性的正常交往中失去童貞。(ibid.:258)

　　Nur Yalman從自然和文化的分析角度,認為控制女性貞節的目的,在於控制種姓制度中家族的血統,因此規定女人只能嫁給比自己家族同等或更高地位的家族。為控制家族血統的純正,就必須控制女性的貞操,以免血統遭受低階層家族的污染。Yalman更提出此一「自然的」論點:生殖器官與小孩間的關係是薄弱的,父親可以隨時拒絕承認他的小孩。

　　Lawrence Watson以政經角度分析社會的各群體皆需維持本身在社會上的地位,而此地位可用聯姻來達到勢力的鞏固和拓展,因此控制女人的貞操是必須的。Jane Schneider以生態和經濟的角度,認為在一社會中,「榮譽」是掌控權力資源的一群人,在其競爭的環境中用以定義、保護或拓展本身勢力的一種概念。但為何是以女人的榮譽來代表一個群

體的榮譽？Schneider 認為是因為女性具有生產能力，代表家族血統的延續。（ibid.：259）

　　Ortner 對以上論述提出三點批評：一、此上皆屬靜態的論述，缺乏時間深度。二、皆是以一個單位（如家庭、世系或種姓）當作一個封閉、排外且孤立於社會之外的空間。三、所有論述，除心理分析外，皆是以男性／男性關係為論點，而不是以男性／女性關係為論點。（ibid：259-260）

　　Ortner 指出許多社會中，女性貞節的觀念與宗教這個大傳統有關，特別是基督教、伊斯蘭教和印度教等宗教的影響，而這些宗教與國家的出現有關，國家的出現，則是依族群原有的傳統形成新的社會文化。Ortner 並指出在前國家（pre-state）社會，的確有要求女性貞節和忠實的觀念，但仍未出現女性的貞節和所屬族群的榮譽有關的觀念，她推測女性貞節與族群榮譽的關係，是出現在國家形成的時期。因此，Ortner 分析從國家形成前後二個時期分析兩性關係。

　　一是在前國家的社會（pre-state societies）：部落社會的兩性關係已有些不平等，認為男人打獵帶回的獵物，比女人在家中生產的食物更為重要；在較複雜的社會，只有男性參加的聚會可決定整族的事，但女性的聚會卻只能決定女性的事務；在最複雜的部族社會，如澳洲，男性權威的建立在於控制婚姻制度，即以女人和食物作為交換，但女人仍有相當的自主權，女性不需保有貞操的觀念，縱使有，那是因為女性（就某種程度而言）常被視為危險與污染的。因此在前國家的社會，女性／男性的關係從互助與平等，到極端的兩性對立狀態，男人自我隔離並表示他們害怕女人的危險和汙染性。（ibid.：260-261）

　　二是國家的出現：此即父權建立之時期，父親和年長男性在家庭享有絕對的權威，女性也首次直接的、有系統的受控於男性。此時男性須為女性行為負責的觀念正發展開來，女性淪為男性的附屬品（his women）。此時期對女人的看法有所改變，過去她們被認為是危險的，如今她們卻被認為是深陷危險之中，必須受男人的保護。過去她們被視為是污染的，如今卻被認為是純潔的，須加以保護，於是一個「理想女

人」的觀念形成，理想女人即是母親和處女。（ibid.：262）

Bynum（1986：1-2）認為：當今比較宗教學界對於單性宗教（homo religion，指男性的宗教經驗）的討論正方興未艾，而女性主義者對男性主導建構的神祇象徵也提出質疑。因此，如今要研究宗教的慣行及符號，必須考慮性別的因素，強調宗教與性別的關聯。

Bynum 並且提出：在論性別與宗教之前，需有二個基本觀念：一、所有人皆有性別之分（男人與女人在文化中有不同的經驗）。二、宗教符號不僅代表男性與女性，意識到自我的性別分類，更不僅反映了文化上對於男／女性內涵的假設，與性別有關的符號，可用來肯定或顛覆、支持或質疑性別的意義，也可依其基本意義，或多或少解釋男性與女性的角色，因此雖然性別符號，有時是代表價值觀而非性別，但由於每個人都是有性別之分的，因此不只性別符號，而是所有符號都是由不同性別經驗的人所創造的。因此在解釋一個符號的意義之前，必須先了解此符號指涉的角色是何種性別和何種人。

在這方面當代已有一些學說潮流：一、透過比較跨文化的女性宗教經驗，進而修正早期學說對女性的疏忽。二、討論男性的支配性。三、性別觀念的文化和社會面向的探討。四、改革主義者與激進派女性主義者對「女神」觀念的辯論，如美國女性主義者認為應重新強調或使用女性神祇及女性符號，但也有學者抨擊此舉根本是誤解符號及傳統的本質。

總之，宗教符號有其多義性，而不同的性別經驗有不同的使用符號方式，以及差異的詮釋角度。未來的研究，當重視宗教與性別（gender）的文化建構，探討宗教符號所表徵的意義，以及加強於文化上的性別概念。除此之外，也需考慮到研究者與儀式參與者本身的性別因素，換言之，不論是「宗教經驗」或「研究經驗」，也都是有性別差異的。因此，有關宗教文化的研究，基本上，也隱含著性別，乃至階級的差異存在。

本文的主要目的，是檢視以往對臺灣民間寺廟主神的分類與研究，鮮少注重有關性別的差異，及其隱含的社會文化意義。並以大甲鎮的女性神祇信奉為例，說明政權與地方領導勢力（男性為主），對信仰象徵

與女性文化的論述與建構。有關臺灣民間神祇的象徵與性別意涵，仍有待未來更進一步的田野調查與理論探討。

（本論文原載於李豐楙、朱榮貴主編《儀式、廟會與社區》論文集，台北：中央研究院中國文哲研究所籌備處，1996。）

參考書目

中文參考書目

仇德哉，1985，《台灣廟神大全》。作者自印。

台灣省政府民政廳，1975，《台灣省各縣市寺廟概況表》。南投：台灣省政府民政廳。

阮昌銳，1990，《中國民間宗教之研究》。台北：台灣省立博物館印行。

林茂雄、蔡錦貞，1981，〈大甲貞節牌坊與鐵砧聖蹟的淺述〉，收錄於《大甲風貌》，頁 350-353。台中：鐵砧青年社。

林衡道，1974，《台灣寺廟大全》。台北：青文出版社。

莊芳榮，1987，《台灣地區寺廟發展之研究》。台北：中國文化大學史學研究所博士論文。

陳文德，1981，〈大甲廟宇調查〉，收錄於《大甲風貌》，頁 232-266。台中：鐵砧青年社。

黃美英，1994a，《台灣媽祖的香火與儀式》。台北：自立文化出版社。

黃美英，1994b，〈香火與女人：媽祖信仰與儀式的性別意涵〉，1994「寺廟與民間信仰研討會」會議論文：行政院文化建設委員會、漢學研究中心。

劉枝萬，1960　〈台灣省寺廟教堂名稱主神地址調查表〉，《台灣文獻》11（2）：37-236。

劉枝萬，1994，〈台灣民間信仰之調查與研究〉，《台灣風物》44（1）：15-29。

鍾華操，1979，《台灣地區神明的由來》。台中：台灣省文獻委員會編印。

英文參考書目

Bynum, Caroline W., 1986. "Introduction: The Complexity of Symbols," In Caroline Walker Bynum, Steven Harrell and Paula Richman eds. *Gender and Religion: On the Complexity of Symbols*, pp.97-115.

Boston: Beacon Press.

Harrell, Steven, 1986. "Men, Women, and Ghosts in Taiwanese Folk Religion," In Caroline Walker Bynum, Steven Harrell and Paula Richman eds. *Gender and Religion: On the Complexity of Symbols*, pp.97-115. Boston: Beacon Press.

Lo, Vivienne, 1993. "The Legend of the Lady of Linshui," In *Journal of Chinese Religions* 21: 69-96.

Ortner, Sherry, 1993. "The Virgin and The State," In Caroline B. Bretell and Carolyn F. Sargent eds. *Gender in Cross-Cultural Perspective*, pp. 257-268.

Sangren, P. Steven, 1993. "Female Gender in Chinese Religious Symbols: Kuan Yin, Ma Tsu, and 'the Eternal Mother,'" In *Signs* (11): 4-25.

Teng, Jinhua Emma, 1990. "Religion as a Source of Oppression and Creativity for Chinese Women," In *Journal of Women and Gender Studies* 1: 165-194. Taipei: Women's Research Program, Population Studies Center, NTU.

媽祖香火文化意義叢的探討

本文從進香及割火儀式活動，探討媽祖香火象徵與儀式意涵，首先從台灣歷史上幾個大媽祖廟的論述，提出「香火」扮演的角色及重要性，其中主要是牽涉各廟建立其香火權威與位階之機制，並進一步分析媽祖香火儀式的運作及意義。

一、歷史意識與香火權威的建構

筆者的看法是：「香火」和「神明」正是一體的兩面，「香火」視為一種象徵的資源與力量（包含了神的靈力與信眾分享的香灰、香煙和靈氣），因此，進一步從進香、割火、割香、過爐等儀式分析，可瞭解「香火」具有「分配」的特性和象徵意含。

「香火」視為一主要象徵，以及有關的各項儀式活動，有其相當複雜的多義性（multi vocality）；各地媽祖廟皆重視其香火來源，以此建立其正當性與合法性，而且各媽祖廟的歷史論述、香火權威、乃至各種儀式的名稱，也牽涉各廟之間的位階關係，並可象徵神靈的顯赫和聲威，因此「香火」成為一種可轉化的「象徵資本」（Bourdieu 1977：171）。

本文一方面強調媽祖「香火」文化在台灣的普遍性及重要性，另一層面，則進一步指出進香和割火儀式，與媽祖的香火、靈力、位階密切關係，探討台灣媽祖廟之間存在著香火權威與位階的競爭態勢，及其運作機制。

（一）地方歷史意識與情感認同

廟方領導者建構該廟香火權威的方式頗為多樣，主要是透過神明香火「淵源」（例如直接來自最老的湄洲祖廟）或「歷史」（例如台灣最早開發的地區）的闡釋、乃至各種靈驗特徵（例如北港朝天宮強調該廟地

理風水的特殊性）。各廟的「歷史建構」，與地方的開發史事及群體的經驗、情感密切結合。鈴木清一郎（高賢治、馮作民編譯，1978：383-384）指出：湄州嶼和泉州同安縣，都是媽祖廟較大者，移民多半從這兩廟「分香」，然後帶到台灣，從湄洲分香的叫「湄洲媽」，從同安分香的叫「銀同媽」，從泉州府分香的叫「溫陵媽」，這些分香而建的廟，都在一定時間回本廟進香，由信徒組成盛大的進香團。

但是，歷經漫長的歷史過程，有一個明顯的現象是，不論是從大陸哪一個祖廟分香來台灣，後來在各地建立的媽祖廟，歷經長期的發展，逐漸出現新的名稱，例如：「開台媽」、「開基媽」、「鹿耳門媽」、「台南媽」、「笨港媽」、「新港媽」、「北港媽」、「鹿港媽」、「梧棲媽」「大甲媽」、「關渡媽」等等，顯示媽祖信仰的「本地化」特徵，並且和地方的歷史事件及社群經驗融合，形成地方性的媽祖文化，反映地方群體意識與情感認同（黃美英　1988：110-124）。

這種現象也可從陳其南（1987：97-126）提出的「土著化」的觀點加以探討。換句話說，媽祖的香火，經由「分香」而傳播各地，歷經長期發展，從其分身神或分香廟的地位，逐漸在移居地建立其權威與自主性的地位，各分香廟的「本地化」現象，也表徵了從一「移民社會」（immigrant society）成為「土著社會」（native society）的過程（同上引：125，參見黃美英　1988：121-125）。

但是，台灣的媽祖信仰同時也演變成為一種「超祖籍群」的神明祭祀，具有結合超地域群體的功能（許嘉明　1973：189，黃美英　1988：126-127）。因此，各地的媽祖廟在發展過程中，也和鄰近地區的媽祖廟產生競爭的態勢，各廟主事者及地方人士便企圖運用各種論述、資源及儀式活動，彰顯該廟的神威及特點，企圖成為超地域的信仰重鎮或「香火中心」。

因此各地的媽祖廟的主事者若要建立它的「神威顯赫」和「香火鼎盛」，所運用的資源和策略各有不同，或各自標榜「開台」、「最老」、「最老」、「正統」等方式，或藉由和湄洲祖廟直接的香火淵源，強調其淵源的權威性，或突顯媽祖和地方開發及歷史事件的關連；此外，經由官方

的認可，也可提升媽祖的地位。因此，儀式活動的組成，也以多種方法密切和地方的歷史結合，各宮廟對「歷史」的再詮釋，不但發揮對當代的影響，或產生宮廟之間對歷史事件的爭議和堅持，當中也隱含了當時的社會價值（Sangren 1988:676）。

但是，仍有待進一步解釋：

為什麼台灣的分香廟要強調和湄洲祖廟的香火淵源？

為什麼「最老」或「較老」的媽祖會較受尊崇？

為什麼「開台」和「正統」的媽祖地位會較高？

筆者認為此種現象，牽涉有關集體經驗情感與歷史意識的建構，以及當中的轉化機制；換言之，此機制主要是將文化資源予以正當化（legitimacy），將「過去」（past）視為一種主體（subject），並重新解釋（re-interpretation），藉此產生「傳統」的權威性和支配地位。進一步分析，「傳統」的權威（traditional authority）之所以能被確立，是透過一種特殊的文化轉換過程，過去的資源所以能重新運用，其基礎是在於重塑該群體共有的經驗和記憶，藉此喚起一種群體情感和意識，或發掘歷史的源頭，使人們在家庭、親屬、世系等「血濃於水」的關係和情感之外，建立一種「共同體」的情感意識，來幫助現在及未來的連結和維繫。因此，「歷史」的書寫和重新闡釋，皆和群體意識的建構關係密切。

但是，這種說法並不表示一文化群體內部的「共識」就能達成一致，因為「過去」的事本來就很難重新界定和釐清，因此不論是「歷史」的再生產，或「過去」的再現（representation）（參見 Turner & Bruner，1986），乃至「傳統」的發明（Hobsbawn & Ranger，1983），對不同利益和立場的群體，皆可以賦予不同的詮釋和意義，在這當中，往往造成「歷史」或「文化」詮釋權的爭奪戰，從這個角度，我們可進一步探索各大媽祖廟對其創建和儀式「歷史」的再詮釋的意義。

在這些眾多紛雜、莫衷一是的爭議中，反映出台灣媽祖文化的特徵，當中有關「權威性傳統」（an authoritative tradition）、香火位階及宮廟資源的建構，並以此來凝聚信徒的歷史意識或集體經驗和情感認同，因此寺廟和儀式的「歷史」或「名稱」，成為台灣媽祖文化意義網絡和

「香火位階」結構中的符號象徵，在全台數百多座媽祖廟中，具有「開台」、「開基」、「正統」的「老媽」或「最靈」的廟，透過此種文化轉換的機制，逐漸建立其香火權威和「歷史地位」，成為進香、割火或觀光中心。

（二）香火權威與位階的調整

廟方領導人物，以及參與進香的團體和個人（散香）而言，不同的群體和香客對儀式意涵的詮釋，其中有許多的差異性，雖然對一般的信徒和隨香客而言，並不注重大甲媽和北港媽之間的地位差距。但近年大甲鎮瀾宮的領導人物，亟思調整兩廟間的地位，有意釐清兩者的香火淵源；對早期沿用下來的「謁祖進香」的名義和「回娘家」的傳說頗感不滿，極力扭轉兩廟在「位階」的不對等關係（郭金潤編 1988:93）。

但是，對創廟僅二百多年的「大甲媽」而言，實無法競爭台灣「最老」或「正統」權威，因此採取另一種方式，便是重新和湄洲祖廟取得直接的香火淵源，因為湄洲「祖廟」被視為媽祖香火的最源頭，具有香火權威傳統的最高的「位階」和「聲望」（媽祖香火綿延已有千年歷史）。因此，在開放返鄉探親後（1987 年），大甲鎮瀾宮在具體的儀式行動上，便率先前往湄洲祖廟「謁祖進香」，並請回一尊新雕的湄洲「分身媽」神像和香爐回廟供奉，以此取得湄洲祖廟直接的香火淵源，方能平衡和北港媽香火權威的差距。

另外，最足以突顯大甲媽祖的特色，便是每年一度徒步進香的盛大儀式活動，該廟從湄洲回來後，便正式更改北港進香的名義（郭金潤編 1988：105）。將「謁祖進香」改為「遶境進香」，「謁祖」是指分香廟對祖廟謁見的儀式活動，「遶境」是意味著該神對其庇佑區域的巡視（正如香條或香燈上所寫的「合境平安」之意），或是和所經各宮廟的參訪交陪，兩者的意義和儀式所象徵的香火位階並不同。由於北港朝天宮對儀式名義的變更有所意見，兩廟委員也未能獲致良好的溝通和協調，鎮瀾宮董監事委員經三度開會，最後決議不再往北港，改往與北港僅一水

之隔、且相互競爭的新港奉天宮「遶境進香」。

　　值得重視的另一現象是，進香的目的地改變後，信徒因此也都跟隨媽祖到新港，因為對信徒而言，「隨香」之意就是「隨媽祖進香或割香」；但是，也有許多香客在抵達新港後，又抽空到鄰近的北港朝天宮燒香拜拜，對眾多的香客而言，重視的是自己「拜媽祖」的誠心和儀式的實踐精神，以及媽祖對他們賜福庇佑的靈力，至於兩廟地位或「頭人」之間的問題，並非信徒最為關切之事。在此，也可看出，廟方雖然有責任籌辦進香事宜、並有權力更變儀式內容，但信徒對媽祖的信奉和參與進香的自主意願，乃是促成進香活動歷久不衰的主因和動力。

　　因此，我們也需從「隨香客」的角度和觀點，來詮釋媽祖香火與儀式的意義。我們若深思其中奧妙所在，會察覺媽祖文化意義和價值的形塑，並不僅是依靠寺廟組織和儀式活動的運作，也不只是透過「歷史」和儀式意義的再詮釋，而是以更隱微、非組織性的各種「潛移默化」的情境，穿透到人們的日常生活理念中，形成一種「根深蒂固」的「常識」，因此從一套意識形態（ideology），擴散成為人們生活中的常識和慣行，正是一種「文化」源遠流長的形塑與建構過程。

　　媽祖香火能持續而不衰，參加媽祖儀式的人會逐年增加，其中牽涉到媽祖信仰的意識形態／日常知識／生活經驗之間的互動與轉換，有待進一步探討有關「儀式化」（ritualization）、「神秘化」（mystification）、乃至「規則化」（regularity）、「例行化」（routinization）等複雜過程和轉換的機制。

二、「香火」儀式象徵與意義

（一）「主觀意義」的研究

　　Clifford Geertz（1973）認為人是具有象徵化、觀念化、以及追尋意義的動物，他強調宗教體系是由一組神聖象徵交織成一個有秩序的整

體，其中則包含民族性（ethos）和世界觀（world view）的相關運作，前者形塑一種生活的基調和特質，具有道德和美學風格，呈現一種特定的生活態度，世界觀（world view）是指由人們的想像而建構出來的實存世界（reality），人們依循著這世界觀，來感覺他們的世界，並使得他們的社會生活具有意義。

Geertz（1973:137-138）特別提出宗教和價值（values）關係的研究，並進一步分析象徵的意義，以及象徵化的情感（emotion）。他雖然提出民族性（ethos）和世界觀（world view）的分析概念，做為象徵和宗教的探討，但這兩個概念都仍然相當籠統而模糊，只是一種理論芻形與開拓方向，有待更妥當的分析架構。

"ethos" 的概念，較早是由 G.Bateson（1958）提出，但他所界定的 "ethos"並非在宗教層面，世界觀（world view）的概念極易和 M.Weber 的「新教倫理」相提並論，但 Weber 處理宗教理念和社經變遷的關係，Geertz 並沒有處理 "world view" 和文化變遷的動態關連。換言之，他的象徵分析是一種靜態的、現時性的（synchronic），欠缺長期的、歷史的觀照和詮釋。

到了 1966 年，Geertz 提出 "Religion as a Culture System" 一文，嘗試對宗教體系和象徵體系做進一步的探討。他對「宗教」提出定義（Geertz 1973:90）如下：

> （1）宗教是一套象徵的系統，其作用（2）是在人間建立有力的、普遍的、持久的心境（mood）和動機（motivation），（3）經由存在現象的一般秩序和觀念的建構，（4）以及加諸這觀念上的事實根據，（5）使這心境和動機看來獨具其真實性。

Geertz 的定義，指涉五個有關的宗教元素（elements），「象徵」即如任何的物體（object）、行動（act）、事件（event），這些特質或關係是為了產生一種觀念，這觀念和象徵的意義密切相關，因此，文化的形式或象徵體系，也可被視同一種觀念模式（conceptual model），在觀念模式中，具有雙元的本質（dual nature），即 an "of" sense 和 a "for" sense。這種二元性的概念模式和象徵體系，對人的 moods 和 motivation 建立產生作用，建構了一群人的"ethos"，成為他們生活的基調、特徵和品質。

　　此外，經由儀式的效用，使得 "ethos"和 "world view" 具有獨特的真實感，神聖的象徵使得世俗存在（profane existence）成為可能（Geertz 1973:112）。Geertz 認為人類努力在為自己創造生存的意義，努力在感覺他們的世界，人類不斷的對生命的無限可能性進行探究，他並且強調對特定的文化中的特定的象徵系統從事深入的民族誌探討，這種理論取向，正與結構主義以及結構功能學派，分庭抗禮、鼎足而三。

（二）漢人的「香火」文化

　　若探究媽祖「香火」與儀式的文化意義時，反而深感這些「耳熟能詳」、「習而不察」的字眼和習俗「慣行」當中，隱含著極多難以釐清的概念和意涵。在此研究取向上，張恭啟曾提出的「文化史」和「儀式象徵」的探討（參見張恭啟 1991：17-27），頗具啟發性，值得借鏡。此外，有關「香火」的討論方面，張珣（1986）認為媽祖進香、分香的觀念，是中國家族祭祀的擴散，「香火」原是指祖先的香火，擴散到神明香火之乞求。呂理政（1990：210）則將「香火」視為維繫社會關係網絡的象徵，分家時有「分香」的儀式，移動香爐稱「出火」，安置祖先神主及香爐稱「安香」，祖先的「香火不絕」是家族中心觀念。失去社會網絡的鬼靈沒有「香火」，所以墳墓依例不置「香爐」，但有濟世之德於鄉民，奉祀日益隆盛的陰神，會逐漸轉化為地方民眾共同祭祀的「香火神」，共同祭祀群體為此「香火」的「眾爐」下，祭祀由「爐主」主司其事，眾爐下則承擔一定的義務並享有權利。在香火觀念下又產生「分香」、「割香」、「進香」等網絡關係。共同祭祀群體是有共有神明香火的團體，形成地域性香火廟（同上引：221）。

　　漢人的家族祭祀重視香火的延續與分支，「分香」建立一種階序的結構，但台灣媽祖進香歷史的演變和爭議，反映的是一個不穩定的秩序

和階序的結構，各分香廟雖然重視和祖廟的香火淵源，但進香活動和割火儀式的舉行，在廟與廟之間同時也有著共生與緊張的雙重關係，香火位階較低的廟或分香子廟，藉由進香割火儀式，組織社團、擴展聲勢，提升該神明的靈力和香火位階，並締造「歷史」，建立其自主性，逐漸由邊緣地位往新的香火中心晉升，例如北港朝天宮不再往台南或台灣其他寺廟進香。換言之，我們同樣可以理解當大甲媽祖的聲望和隊伍的發展壯大之後，便企圖調整兩廟既有的關係，因而引起進香路線或儀式名義的變更，從台灣歷史過程中，明顯可看出媽祖香火系譜和儀式的可變性，應是有別於祖先香火儀式之處。

尤其不同的一點是，神明的「香火」牽涉到「靈力」和「靈氣」的問題，「割火」儀式的主要目的便是增加神明的靈力，正如許多報導人常說的一句最傳神的話：「媽祖去割火就是去『充電』！」，因此對信徒而言，不辭辛苦的跟隨媽祖去進香，並且爭相挨擠在廟中，希望能親身參與割火或過爐儀式，除了表達一份誠心，主要也為了能直接薰得媽祖的「靈氣」，而且在儀式結束，信徒持進香旗在香爐上「過香煙」之後，香旗就必須立即用清潔的袋子包妥，避免回程讓「靈氣」散失。廟方在割火返廟之後，也需行「合火」儀式，將取回的香火添合在廟中各個香爐中。

以下即針對進香與割火儀式的運作理念，提出幾個重點分析：

1、香火儀式運作模式

筆者認為看似繁複多樣的媽祖儀式，基本上是由寺廟、神明、香火、靈力和信徒交互構成儀式的運作網絡，本節嘗試建構媽祖儀式的運作模式（圖1所示）。

「火」、「靈」、「神」三者，都具有「傳遞」和「分散」的性質，經由一套儀式化的過程，經由「割火儀式」可得到「分火」，經由「分身儀式」可有無數的「分身神」，靈力也是藉由儀式的操控（例如用符咒、符令），而得到「分靈」和「靈氣」。「火」是指取自天上的「聖火」（或「靈火」），象徵生命的資源，是萬物賴以生存的基本元素，神明需從大自然（宇宙）獲得聖火，才有「靈力」，信徒則需獲得神明的「靈氣」，

所祈求的事物才會「靈驗」（圖 2 所示）。

圖 1：香火儀式運作模式

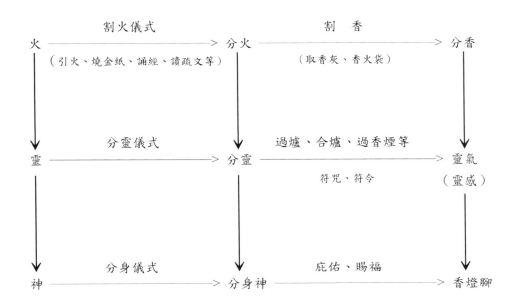

圖 2：儀式運作過程簡示

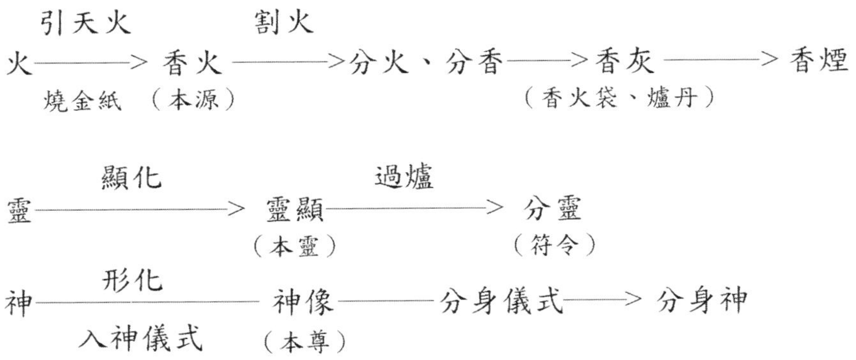

　　由上述分析，可知「進香」的基本形式是指廟方或團體或個人，前往他地的神前燒香禮拜，因此對參拜者俗稱為「香客」或「香燈腳」，「割

火」儀式則牽涉「靈」和「火」的割取，這當中又包含二層意涵，一是甲神對乙神割取「靈火」，二是信徒參與儀式，向神明獲取「香火」和「靈氣」。

2、「香火」分配的差異性

人們若想獲取神明的香火和靈力，可以有很多種方式，參與進香和割火即是最具體的途徑，進香活動雖屬於一種開放性的儀式空間，一般人皆可自由參加，但在整個參與者之中，仍存在著權利與義務的差異性，從「爐主」（或廟方委員）、頭家、各團體、以至到一般信徒，或從「頭香」、「貳香」、「參香」……到「散香」或「隨香客」，皆有等級的區分，因此表現在儀式和「香火」分配上，「爐主」的權利和責任最為重大，「頭香」出資最多，相對的便擁有「插頭香」的重要儀式，而一般的「隨香客」，尾隨著去進香或割火，稱為「散香」，並沒有特定的組織或任務，但也不具特殊的權利。

因此，從「天」、「神」、到「人」各層面，有著不同的儀式和象徵（表 2）。

表 2：香火儀式結構簡示

	天界	人界	主要象徵	儀式
	天		火	引火、誦經
神	祖神 眾神 分身神 （分香神）		萬年香火爐 香爐 新雕神像 割火的「火缸」	燒金及疏文 燒香 分身 割火
人		爐主 眾爐 散香	供奉神像、香爐 分「香火」 薰香煙、靈氣	過爐 分香 過香煙

而且依據儀式參與者的類別、等級的不同，其主要義務和「香火」資源的分配也有其差異性（如表 3 所示），其中特點如下述：

（1）　廟方人士負責完成進香及祭祀事宜，以求得個人及地方上的平

安，享有進香主導權與決策權，割火回來每人可分得香火爐中的「香灰」，統籌運作及掌管進香募得的全部經費。

（2）　出錢助陣的團體：頭香、貳香、參香是出資最多者，也享有「插香」和「陪拜」的權利。

（3）　出力助陣的團體：護駕、陣頭、神偶等團體，雖沒有插香的權利，但主要是可以走在神轎前繞境遊行表演，一般隨香客皆走在神轎後。

（4）　以身體力行、徒步隨香的信徒：虔誠的隨香客徒步八天七夜，忍受疲累和疼痛，用吃苦的方式，獲得神明的保佑。在 1990 年，凡參加進香的香客，可向廟方購買一份「識別條」（五元），通常也會隨意「添油香」，並且繳納進香的「捐金」和祝壽的「豬羊份」（每份三十元）。

表 3：儀式參與者的差異性

參與者類別	主要義務	特殊權利
爐主、頭家 （後改為寺廟董監事）	籌募儀式經費及事宜	1‧供奉進香媽 2‧主持祭典 3‧分取割回的香
搶香者（或團體）： 1.頭香 2.貳香 3.參香 4.（新設）贊香	請陣頭、演戲酬神、備牲禮祝壽等	陪拜代表 插頭香 插貳香 插參香 插贊香
神轎班	抬神轎	無
香擔組	挑香擔	無
護駕團隊 神偶團體	護駕、接駕 繞境、遊街表演等	無 無
散香（隨香客）	隨意「捐金」或「豬羊份」	過香煙

3、願力與靈力的辯證

在進香活動及儀式中，雖然各團體的角色和義務有所不同，不論是主持祭祀者（爐主、頭家），或是出錢演戲酬神的「頭香」、或各種陣頭、

曲藝、神偶團體，以及以個人隨香方式的「散香」，在「理想型態」上，都必須抱持一種「誠敬」的心態，因此凡參與此宗教活動的每個人，行前都必須先行卜杯（擲筊）請示神意，行前須遵守齋戒，沿途需履行任務及「許諾」，正如信徒所說的：「一定要有一份『誠心』，『誠心』是整個信仰理念和宗教態度最基本而核心之處，也是漢人所講求的『做人』、『做事』的道德準則、風格評賞和一種特定有的生活態度。」

當我住在廟裡，從事參與觀查的期間，最常聽到的話便是：「有誠心才有靈驗，神明才會保佑」、「心誠則靈、有靈則驗」。

一位信徒告訴我說：「做人做事和拜神明應該都是要一樣的有誠心，如果這個人拜神能十二萬分的誠心誠意，他的做人一定值得相信，不會唬人的啦！」

寺廟一位委員說：

> 道教談「感應」，佛教重「慈悲」，儒教講「忠孝」，我們拜媽祖婆只要有「誠心」，如果有誠心，你就是沒空來燒香，她也會保佑你的，你不是常聽人們說「頭上三尺有神明」嗎？

「有誠心就有靈驗，神明就會保佑」是句最普遍的話語，因此有許多的隨香客才會不辭辛苦的徒步進香，以身體力行和吃苦的方式來表示「一份誠心」，而這些香客所得到的「香火」和「靈氣」，較具體的，雖然只是小小的「香火袋」、「平安符」之類，甚至爐丹（香灰）和敬茶（供奉媽祖的茶水），都會讓他們感到有份靈氣，可保佑平安。

對無數的信徒而言，參與進香大多是為了「還願」，這是因為曾向媽祖祈求而許下諾言，如果媽祖保佑他們的祈求有靈驗的話，便跟隨進香或出錢出力為媽祖助陣，這當中最基本的邏輯是，媽祖需有「靈力」，信徒需靠「心力」，因此媽祖需每年一度去「割火」，獲得源源不絕的靈火和靈力，信徒也需保持和創造自己和媽祖之間的關係，用各種可能的方式，「盡心盡力」的做好進香和儀式的工作，正如在進香過程最常聽到的話也如同平日：

「有誠心才能得到媽祖的保佑。」

「跟媽祖進香是為了祈求全家大小平安。」

「拜神要心誠，做人要心安。」

由實地訪調可知，媽祖進香反映台灣民眾「做人」的觀念，這種「做人」的觀念，從信徒參與進香活動過程中具體的表現出來，他們必須帶著一顆「誠心」，需盡力的各自分擔進香的任務，在進香過程和儀式情境中，各種儀式和象徵所引發的情感，主要是源於世俗生活經驗的延續和衍生。

參考書目

中文參考書目

何翠萍，1984，〈從象徵出發的人類學研究——論 Victor Turner 教授的過程性象徵分析〉，《人類與文化》19：56-64。

呂理政，1990，《天、人、社會：試論中國傳統的宇宙認知模型》。台北：中央研究院民族學研究所。

張恭啟，1991，〈試析臺灣漢人的文化泉源：以廈門人的儀式象徵及相關見證為例〉，《臺灣史田野研究通訊》21：17-27。

張　珣，1986，〈進香、刈火與朝聖宗教意涵之分析〉，《人類與文化》22：46-54。

許嘉明，1973，〈彰化平原福佬客的地域組織〉，《中央究院民族學研究所集刊》36：165-190。

郭金潤主編，1988，《大甲媽祖進香》。豐原：台中縣立文化中心。

陳其南，1987，《台灣的傳統中國社會》。台北：允晨出版。

黃美英，1988，《千年媽祖》。台北：人間出版社。

黃智慧，1992，〈宗教與儀式〉，收錄於莊英章等編著，《文化人類學》，頁 65-89。台北：國立空中大學。

鈴木清一郎著，高賢治、馮作民編譯，1957，《臺灣舊慣習俗信仰》。台北：眾文出版社。

英文參考書目

Bateson, Gregory, 1958(1936). *Naven: A Survey of the Problems Suggested by a Composite Picture of the Culture of a New Guinea Tribe Drawn from Three Points of View*. Stanford: Stanford University Press.

Bourdieu, Pierre, 1977（1972）. *Outline of a Theory of Practice.* Richard Nice, trans. Cambridge: Cambridge University Press.

Geertz, Clifford, 1973. *The Interpretation of Cultures*. New York: Basic Books.

Hobsbawm, E. andT. Ranger eds., 1983.*The Invention of Tradition*. London: Cambridge University press.

Sangren, P. Steven, 1988. "History and The Rhetoric of Legitimacy: The Ma Tsu Cult of Taiwan," In *Comparative Study of Society and History* 30: 674-697.

Turner V. W. and Edward M. Bruner eds., 1986. *The Anthropology of Experience*.Urbana and Chicago: University of Illinois Press.

Turner, V. W., 1974. *Dramas, Fields, And Metaphors: Symbolic Action in Human Society*. Ithaca: Cornell University.

基督教朝聖與媽祖進香的比較分析

一、「類中介性」或「離迷若得」（liminoid）[1]

在 1940 年代晚期和 1950 年代初期，Victor Turner 身為 Max Gluckman 的學生，做為一個正統英國結構功能論者（an orthodox British structural-functionalist），承繼 Comte、Feuerbach、Durkheim、Radcliffe-Brown、Malinowski 等實證主義（positivism）、理性主義（rationalism）的影響，偏重社會結構和群體組織運作法則，以及維持組織發展的社會過程的探討。

在基本的假設上，上述學者認為儀式的象徵和過程（ritual symbols and processes）是反映（reflect）或表現（express）社會結構。但 Turner 則進一步探討存在於儀式表現中的各種象徵物和象徵行為，並運用 Freudian psychoanalysis 和 cognitive structuralism 的分析觀點，提出「過程性的象徵分析」（Turner & Turner 1978:243-254），也就是運用 "dominant symbol" 的分析觀念，此是出現在儀式脈絡中，而構成文化主題最力的表達之一種「主要象徵」（ibid.1978:245）。

Turner 理論建構大致有兩個關鍵性的層面，即「社會劇場」（social drama）和「儀式過程」（ritual process）的象徵分析，後來他將焦點放在「社會劇場」（social drama）過程中的 "redressive action" 的探討（ibid:290）。此外，並針對 Arnold van Gennep 的「轉換性儀式」（transformative ritual）做進一步檢證（Turner 1969:94-97），探討一種處於邊際或中介階段（a marginal or liminal phase）的過渡儀式或中介儀式（transition rites or liminal rites）的特質。

簡言之，中介的時空是神聖的，儀式通過者（ritual passenger）進入一個「模擬兩可」（betwixt and between）的神聖狀態，世俗生活的分類範疇被象徵性的割裂，原有結構被轉化成「反結構」（anti-structure）

---

[1] 台灣人類學界多將 liminoid 譯為「類中介性」，筆者偏好譯成「離迷若得」，且語音相近。

（Turner 1969:94）。

從儀式過程的「中介性」的探討，Turner 將此觀念推廣，而以為「每一重要的社會形成（social formation）都相對地有一種大眾化的、公開的中介狀態形成相對應。對社會形成那種實徵性或直述性的本質而言，這種公眾化的中介狀態是相對的一個假設的時空」（Turner 1977b:34）。因此「中介狀態」表現出一種「交融」的精神——也就是打破文化限定的角色或社會角色間上下尊卑的交流方式的一種流通無礙的交流關係（Turner 1977a:48, 1969:106-130），於是「社會應該被看作是一種過程而非事件或東西——它是在結構和交融兩種連續的局面間的一種辯證過程」。所以社會中人與人的關連性，對 Turner 而言，是有兩種方式——交融的關係和結構的關係。而人們似乎有這種「需要」去參與在這兩種局面裡。在人們利害相關的日常生活裡，人們渴望著去尋求儀式中介時期的解脫（何翠萍 1984:60-61）。

從 1969 年開始，Turner 轉向有關中介現象的泛文化研究（cross-cultural），並特別將焦點放在當代基督教社會的朝聖過程分析，Turner 認為現代社會的朝聖過程，也具有「通過儀式」的中介性，當中涉及的不只是在時空方面的中介狀態，更重要的是呈現一種「交融」（communitas）性質。

Turner 歸結朝聖具有的一些「通過儀式」的中介性特質：

1、從世俗結構中解放。

2、地位的同質化。

3、衣著和行為的簡單化。

4、交融的狀態。

5、嚴厲的考驗。

6、對基本宗教和文化價值意義的反映。

7、對宗教範式與人類共同經驗之間相通性的儀式化表現。

8、從多重複雜的人的外顯的個性裡出現了完全無缺的個體。

9、從一個世俗社會的中心轉移到一個具有神聖意義的外緣，而這外緣又突然地成為朝聖者個人的中心。

10、相對於制度化環境的個人獨特性。

　　除了以上的特質之外，當朝聖在世俗的環境中，顯示個人或群體從一個情境地位轉移到另一個之時，它是一個自願性的而非必要的義務性的社會結構，因此它是「類中介性的」（liminoid）或「似中介性的」（quasi-liminal），此說法比 Van Gennep 的中介性更為恰當（Turner & Turner1978:34-35，劉肖洵譯 1983:66）。

二、媽祖進香過程與朝聖之別

> 雖然在古式的、中世紀的、和現代的朝聖之間，有其明顯的相似處和歷史的關聯，但我們仍然認為，在工業革命之後所發生的朝聖，和以前所有的類型之間都有明顯的差異。在這科技時代裡，面對著充滿戰爭、革命，以及工業進步造成自然環境破壞的紀元，朝聖已經成為 Geertz（1972:26）所描述的一個「超社會的評論」（metasocial commentary）了。朝聖已成為環繞著它的社會結構生活形態的含蓄批評者。在目地和手段上，它所強調的是先驗超凡的（transcendental），而非世俗的（Turner & Turner 1978:38-39，劉肖洵譯 1983:68）。

　　Victor Turner 指出的現代朝聖的「終極關懷」，並且強調朝聖的交融狀態的產生，是來自對古代根源的追尋、以及做為社會生活支柱卻又幾乎消失的道德的一種追求。甚至在現代多元價值、以及大眾傳播帶來的種種社會弊端叢生之時，朝聖——以一種深刻而非理性地共享於超世俗現象和力量的象徵之前的態度，以及它所提倡的（甚至在最分化的文化群體間的）同質性和普同性，來對抗世俗環境中民族、文化、階級、職業上所存在的異質性和不一致性——已經不再那麼致力於維持社會的現狀，而是在重新塑造、甚至預測另一個社會存在的選擇模式了，在那當中，有的是交融的氣氛，而不是階層性的、官僚性的結構（劉肖洵譯 1983:68）。

　　反觀台灣當代的媽祖進香活動，和世俗社會究竟有何種關聯？是否

存在著一種辯證關係？是否有如 Turner 所言的交融特質和「理想社會」形態的建構？

　　根據筆者的調查研究，歸結台灣媽祖進香和朝聖的差異性如下：

　　（一）從各廟對其歷史與儀式的多重詮釋和爭議，以及儀式的運作與演變、進香團的組成與競爭，皆顯示台灣媽祖進香和割火儀式過程，是世俗社會結構和文化價值的反映和延伸，進香活動不但和社群組織、宮廟香火淵源密切相關，而且許多媽祖廟的割火現象，並不僅限於有直接分火淵源的祖廟；換言之，台灣歷史上幾個大媽祖廟的權威和地位的建立，以及媽祖進香中心的演變，主要是奠基在政治、文教的主導權、以及經濟的發展上。

　　（二）台灣媽祖進香活動不斷的發展出許多不同層級的團體，這些團體和日常的社會結構也有相當的關聯，包括地緣性的團體、親友關係網絡、企業團體、政治團體及「媽祖會」的組成等等，而且各團體之間彼此存在競爭或分裂的情況，並不是一種平等而和諧的狀況。各團體藉由進香儀式逐漸擴大其組織和資源；因此，進香活動及各種儀式，一方面是各種不同群體的內聚（solidarity）和意識的再生產過程，也是社會結構既有的衝突與矛盾的「表演」場域，因此儀式同時加強了各群體的「內聚力」與「排他性」。

　　（三）Turner 指出各文化群、族群、語言群都各有其不同朝聖區和朝聖中心，而聖地中心通常都有一特點，是和聖靈的顯靈事蹟有關，而且朝聖中心通常都是在遠離政治、經濟中心，例如在偏遠的山區，距離城市較遠之處。但是，台灣媽祖的進香中心，大多是在漢移民開發史上具有歷史、政治文化意義或經濟重鎮，和官方的權力具有共生的關係（Chen 1984，Sangren 1987），因此環繞著媽祖進香中心，形成複雜的媽祖儀式網絡（networks），在台灣的歷史過程中，各大媽祖廟互爭權威地位，形成媽祖進香中心與的權力關係的轉變，這些可由各媽祖廟的「歷史」與儀式名稱的爭議，以及進香路線和目的地的變更便可明顯看出。

　　（四）Turner 認為朝聖過程不同於日常結構，是轉換的、同質、平等、神聖的狀態，脫離了世俗的社會階級和角色的劃分。筆者認為 Turner

忽略了儀式本身的結構性，以及儀式存在的權力關係，此外，Turner 忽略社會既有的政治、經濟及宗教領導者或其他強勢力量如何塑模儀式的象徵形式，以及儀式的運作場域所產生的政經效應，但這些現象，在當代台灣的媽祖進香皆明顯可見。總之，Turner 的儀式過程的象徵分析，強調的雖然是儀式的「反結構」的社會性的特徵，卻無法進一步論證象徵形式（symbolic form）和支配結構（structures of domination）之間的關聯性。

（五）Turner 探討朝聖過程的「反結構」狀態，是離開世俗生活領域和時空的一種經驗，也是人們從這過程中得到治療、重生的一種資源，以及個人和社群間的修復和整合的機制。尤其在現代複雜社會，人們藉此從世俗社會角色扮演所導致的罪感和焦慮中，尋求解放（release）或救贖（salvation）的一種方式（Turner 1974:202-203）。筆者認為 Turner 是以西方基督教的朝聖為研究對象，因此他所提出的朝聖儀式過程的特質，其理論建構基本上是以西方文化的個人主義（individualism）為前提，筆者的研究發現台灣媽祖進香過程，不論是儀式結構或信徒的內在情境，都和基督教朝聖有許多不同之處，顯示兩者的信仰內涵和儀式運作法則的差異性，Turner 將西方朝聖的概念視為普同的現象，從比較文化的角度，本研究期能做為提供 Turner 論點的一項參考。

（六）Turner 指出西方朝聖是自願性的、是個人取向的，強調個人性靈的提昇，伊斯蘭教的朝聖則偏重義務性，中國人的朝聖也偏向自願性，主要目的是為了還願和許願（Turner 1974:173-174）。但究竟「許願」是基於怎麼樣的信仰理念？需進一步探討「還願」的儀式行為特徵和內在邏輯，才能區分朝聖和媽祖進香的文化特質。對許多信徒而言，參與進香主要是為了「還願」，這是因為曾向媽祖祈求而許下諾言（稱為「下願」或「發願」），如果媽祖保佑他們的祈求有「靈驗」的話，一定要跟隨進香或出錢或出力為媽祖助陣，這當中的信仰和儀式邏輯是，媽祖需靠「靈力」，信徒需有「願力」，媽祖的「靈力」也靠每年一度去「割火」，從祖廟或較權威、較有靈的廟補充「香火」和「靈力」，使之源源不絕，信徒也需不斷的保持和創造自己和媽祖之間的關係，運用各種可能的方

式，盡力做好進香和儀式的工作，才能獲得媽祖最大的靈驗和庇佑。

參考書目

中文參考書目

Turner, Victor W.，劉肖洵譯，1983，〈朝聖：一個「類中介性」的儀式現象〉，《大陸雜誌》66（2）：51-68。

何翠萍，1984，〈從象徵出發的人類學研究——論 Victor Turner 教授的過程性象徵分析〉，《人類與文化》19：56-64。

黃美英，1988，《千年媽祖》。台北：人間出版社。

英文參考書目

Chen, Min-hwei（陳敏慧）, 1984. *A Study of Legend Changes in the Ma Tsu Cult of Taiwan: Status, Competition, and Popularity.* Master's thesis, Department of Folklore, Indiana University.

Geertz, Clifford, 1972. "Deep Play: Notes on the Balinese Cockfight," in *Daedalus* 101:1-37.

Gennep, Arnold Van., 1960（1908）. *The Rites of Passage.* Monika B. Vizedom and Gabrielle L. Caffee, trans. Chicago: University of Chicago Press.

Sangren, P. Steven, 1987. *History and Magical Power in a Chinese Community.* Stanford: Stanford Univ. Press.

Turner, Victor W., 1969. *The Ritual Process: Structure and Anti-Structure.* Chicago: Aldine.

Turner, Victor W. 1974. *Dramas, Fields, And Metaphors: Symbolic Action in Human Society.* Ithaca: Cornell University.

Turner, Victor W., 1977a. "Variations on a Theme of Liminality," in Sally F. Moore and Barbara G. Myerhoff, eds., *Secular Ritual,* pp.36-52. Amsterdam.

Turner, Victor W., 1977b. "Frame Flow and Reflection: Ritual and Drama as Public Liminality," in Michel Benamou and Charles Caramello eds., *Performance in Postmodern Culture*. pp.33-55. Madison

Turner, Victor W., 1978. *Image and Pilgrimage in Christian Culture: Anthropological Perspectives*. New York: Columbia University Press.

Turner, Victor W. and Edith L. B. Turner, 1978. *Image and Pilgrimage in Christian Culture: Anthropological Perspective*. New York: Columbia University.

神聖與世俗的交融──宗教活動中的戲曲和陣頭遊藝

一、前言

　　宗教可視為一個群體對其社會的共同意識和情感的體現，共同的宗教活動，可以強化一個群體的社會凝聚力。而不論個人或群體，往往藉由各種不同的宗教團體和組織，達成一些實質上的目的或心理上的需求，或透過宗教活動中的種種儀式與行為，表達其信仰理念及內心的各種情感。由於每個社會文化的宗教信仰體系有不同之處，而藉著儀式行為所表現的形式和象徵意義也有不同。本文對宗教活動中的曲藝表演的探討，並不只是將之視為一種純粹的表演藝術，而是從社會文化的脈絡，探索節慶祭儀與曲藝表演的功能，以及當中涵蓋的象徵意義。由於人們藉由宗教活動所要表達的內心深層的情感和意念，以及所欲達成的目標和需求是極為複雜的，因而產生許多繁複的儀式過程和表演活動；在整個宗教活動中，基本上含有神聖性和世俗性兩種象徵範疇的交替運作。本文主要是從信徒的心理動機及表演內容的神聖性和世俗性的程度，剖析民間宗教活動的戲曲和陣頭遊藝的類型和特質；最後，針對台灣社會文化變遷中的曲藝活動現況，提出一些原則性的思考和淺見。

二、節慶祭儀和曲藝活動的意義

　　傳統民間節慶和宗教祭儀的舉行，在時間的推演上，是以民間行事曆法和生活週期為基準。鄉民順應四時之運轉及農事之推展，在一年之循環過程中，逢節氣之交或春播秋收，以及農暇之時，而有各種祭儀節慶活動之舉行，例如從正月新春開始，接著有元宵、清明、端午、七夕、中秋、重陽、冬至、除夕等節日。在先民源遠流長的生活文化脈絡中，賦予這些節令豐富的內涵和意義，使終歲辛勞的身心，有適切的發洩和

調劑，使一年的生活有均衡分配的韻律和節奏，透過這些節慶的種種活動，使個人、家族和社群之間，皆能有所調整，並強化個人與群體的情感及認同，藉此達到和諧的處境。

　　各地的廟會活動和神誕祭儀，亦是源自該社群對超自然的認知體系，而透過一連串的儀式行為及各種象徵實體表達其信仰理念及情感需求。例如農曆正月初九，是玉皇大帝神誕，各地主祀玉皇大帝的廟宇，皆舉行隆重的祭典活動，例如宜蘭的玉尊宮、頭城的慶雲宮，此日便湧來上萬朝拜的信徒。這是新春後的一個盛大的神誕祭儀，家家製紅龜、發粿「拜天公」，求平安、祝人壽。民眾源於對宇宙自然的一份體認，對主宰天地萬物的神祇，認為是「天有好生之德」，在一年復始、春回大地、滋育萬物之時節，舉行「天公」神誕祭典，象徵了人們對天地萬物成長及生命的循環、復始與更新，寄寓了一份隆重的祝禱與祈求。

　　隨著季節時序遞移，清明掃墓後，春耕已畢，各地的民眾開始忙著到各處的廟宇進香，寄春郊旅遊於宗教活動中，也使得一年中的行事有階段性的啟承。「三月瘋媽祖」的俗諺，即顯示了人們藉著媽祖神誕，熱烈地展開宗教活動，例如北港朝天宮的盛大祭典和大甲鎮瀾宮浩壯長途的進香活動。一年當中不乏盛大的宗教祭典，例如五月中有城隍爺的出巡繞境，七月中元普渡等等，各地又有其祖籍神之祭儀，如清水祖師神誕、義民廟祭典賽豬公等活動，以及王爺祭典的「燒王船」儀式，乃至於地方消災祈福的平安醮或寺廟落成醮的盛大活動，無不是芸芸眾生的一番祈願與寄託，反映了民眾對信仰的需求及社群活動的熱心參與。

　　民間戲曲技藝表演往往伴隨著歲時節令、宗教祭儀或婚喪喜慶而來，但較為盛大的戲曲遊藝表演，最常見的仍是在宗教祭儀活動中，逢有寺廟神誕慶典、神明出巡繞境或進香刈火，以及地方建醮等盛大祭儀活動，往往可見到一連串的陣頭遊藝表演，以及地方戲曲及絃管樂團的演出。環繞在周圍的是手工藝品、食藝的競相展示兜售，以及流動攤販的麕集。整個宗教活動的內涵，基本上是以信仰及儀式為核心，而逐漸向外緣形成一環環、一波波的世俗性活動之熱潮，藉此滿足民眾的各種需求動機，交融成一個綜合性、開放性、自由參與的社群活動。

　　民間戲曲及陣頭遊藝團體，依其組織型態，主要可分為兩類：一是業餘性質，自行組織，義務性演出的「子弟團」；二是職業性的團體。早期參與宗教活動的曲藝團體，以「子弟團」的型態為主。從戲曲技藝的發展來看，上古時代戲曲技藝活動的目的原是在娛樂鬼神，或做為宗教之儀式，藉以驅逐邪祟；而後隨著社會文明的發展，及各種百戲技藝的高度發展，娛樂成分加強。在其發展上，大致是在宮廷和民間呈雙線發展，並相互交流。尤其到了南宋時代，民間將節令或寺廟神誕的祭祀活動，與戲曲技藝表演融為一爐，並組織各種宗教娛樂性的「社」，在春秋祀社之日或神誕節日，表演各種戲劇及雜技，稱為「社火」。雖然在元代之後，職業演員的表演超過「社火」的業餘表演水準，但這種把戲曲技藝與宗教祭祀及民間生活密切配合的活動，已成為近代中國民間最主要的文化型式，而「社火」至今似是民間迎神賽會中最常見，也是維持民間表演活動的重要基幹（邱坤良，1983：22）。其組成方式，通常是由一村或數村聯合，聚集一些年輕子弟，組成數個不同性質的「社」。往昔台灣各庄里、氏族或行業，往往成立非職業性的「子弟團」，開館學藝，有的以習武為主，有的以戲曲為主，即今所謂的「武館」及「曲館」。這些子弟多利用閒暇聚集一堂，由老一輩教導年輕弟子學習各項曲藝或武術，藉此娛樂消遣，或練武強身，並可免年輕人游手好閒惹事生非。逢有地方上的節慶廟會活動，則向鄰里募款或自行鳩資，備置行頭，參與地方活動，為鄉親帶來許多戲曲技藝的表演。這些「子弟團」的產生，主要是基於社群認同和宗教信仰，並且透過活動的參與和表現技藝的機會，達到社群間的競技及個人的成就動機，藉此也強化了個人在社群的角色和地位，並消弭了社群與社群間長期接觸可能造成的緊張關係。

三、戲曲和陣頭遊藝的類型及特質

　　不論是個人或群體，往往藉由各種不同的宗教團體或組織，達成一些實質上的目的或心理上的需求，或透過宗教活動中的種種儀式性行

為，表達其信仰理念及內心各種情感；由於人們藉由宗教活動的情感和意念，以及所欲達成的目標和需求是極為複雜的，因而產生許多繁複的儀式過程和表演活動，在整個宗教活動中，基本上含有神聖性和世俗性兩種象徵範疇的交替運作。本節主要是剖析台灣民間宗教活動中的戲曲和陣頭遊藝表演的類型和本質，筆者所依據的分類範疇，主要是從信徒的心理動機，以及表演內容的神聖性和世俗性的程度來加以界分。

（一）扮仙戲與一般劇目表演：神聖性與世俗性的劃分

　　一般地方性宗教活動的戲曲表演，其劇團來源主要有兩種：一是聚落中幾個村里的「子弟團」，依年輪流義務演出，另一種是由信徒（個人或集體）出錢請職業戲班演出。前者例如大甲鎮瀾宮媽祖進香的戲曲活動，主要是由大甲鎮五個曲館輪流組團參與。曲館是由庄里人士負責，往昔常有庄里的子弟，聚集於館中向長輩學藝，遇有節慶廟會，這些子弟團便酬神演戲。每年大甲媽祖進香期間，負責演戲酬神的曲館子弟團，需在進香啟程之前演出「起馬戲」，並一路跟隨進香團在途中幾個廟宇「隨駕演戲」，回程抵達鎮瀾宮，則演出「落馬戲」。除鎮瀾宮補助曲館演戲的一部分開支之外，曲館劇團在演出時，通常可得到觀眾的賞金，以及信徒為了向媽祖答謝及拜壽而請劇團演出「扮仙戲」和「加官」所付給的戲金。由此可看出民間戲曲表演與地緣組織及宗教活動的密切關係。若是由地方上的信徒出錢請職業劇團表演，不論是個人出資，或是社群鳩資合請的方式，主要的動機有兩種：一是基於一種回報的心理，為了向神明還願、叩謝神恩，並藉此祈求能獲得更多的庇佑。二是在神誕祭儀時，信徒藉著「扮仙戲」的儀式性表演，表達向神明祝壽慶賀的誠意。因此，職業戲班在演戲時，皆有責任為雇主和信眾演出「扮仙戲」。

　　台灣現存的五大劇種：北管、歌仔、布袋、傀儡及皮影，皆有扮仙戲的演出，後四者亦多受北管的影響，北管扮仙戲的劇目繁多，計有小八仙、醉仙、壽仙、蟠桃仙、蟠桃大會、三仙會、天官賜福、五福天官、

南祠仙會、五文昌、長春等等（陳玲玲，1978：43）。扮仙戲劇目的擇定，主要是依據主神神格的高低、雇主所付給戲金的多寡、劇團本身的條件及演出時間的長短限制等。在扮仙戲結束後，才開始搬演戲文，即一般傳統劇目的演出，主要是供人觀賞。

　　由上述可知，在一個宗教活動過程中，有關戲曲的演出，基本上可劃分為神聖性與世俗性兩個不同的時空範疇和象徵意涵。扮仙戲充分表現出酬神與祈福的儀式行為的功能和象徵意義。在扮仙戲之前，劇團也需備妥牲禮，朝向廟的方向上香，以示對神明的祝禱。在此神聖性的時空範疇內，戲劇表演者本身即扮演神界各類的仙人，從上妝到出場，及手持具有象徵意義的吉祥物的呈現，表演者本身已超越了世俗性的範疇，而具備了神祇的靈力與意涵。最常見的是扮八仙、扮三仙，後者即代表福、祿、壽三種理念的體現。八仙各有其傳說淵源，在中國民間廣為流傳，影響深遠。八仙即八位具有不同象徵意涵的吉神，在其傳說衍變過程中，此八仙的聚合及其角色間的互動所呈現的情節和內涵，反映民間的價值理念以及對人生的期冀與追求。此外，並藉著神仙人物來超越俗世的種種限制，例如台灣民間最受歡迎的醉八仙，搬演的情節大要如下：

　　為祝賀長庚星千秋華誕，金母邀約八仙到華堂賀壽。賀壽畢，金母賜宴蟠桃瓊漿，八仙酩酊大醉。金母離去後，八仙起而嬉戲。醉仙因與「瓊漿」（美酒）搭上關係，在情節方面最為散誕。酒中人個個還其本來天真，包括摒棄社會規範，而表露男女間的調情（陳玲玲，1978：50-51）。

　　由於扮仙戲的角色，多是擬人化的神祇，藉由對這些神祇行為的刻劃，信徒可滿足在現實人生中難以達成的願望，並可透過這些神祇表達信徒對主神的酬謝祝壽與祈福求願的動機，這當中即顯示了工具式（instrumental）和表達式（expressive）的功能。若從象徵的角度來看，扮仙戲的本質是神聖性、宗教性的，表演者所扮的仙人，本質上是「神」，但這些神祇的個性和行為卻相當具有「人性」，戲中的情節內容和角色關係的象徵意涵，無非不是信徒心理的投射和價值理念的體現，信眾只

有透過一種「中介儀式」（liminal ritual），以便能和神格較高的主神交往溝通。扮仙戲即是將俗世的各種需求和動機藉由一些「中介」的神祇來向主神表達。在扮仙戲的過程中，祭祀的主神、戲中的仙人、台下的信眾三者之間透過一連串象徵性的儀式行為和一些象徵實體，達到交融的狀態。換言之，扮仙戲從開始時的上香儀式即意涵著一種與世俗的隔離（seperation），至此便進入一個與神界聯繫的範疇；而真人扮演仙人的「模稜兩可的儀式（ritual of betwixt-and-between），可視之為轉換或過渡（transition）的階段，通過這個階段之後，人神就達到整合（integration）的目的，整個扮仙戲神聖性的儀式到此告一段落。扮仙戲之後，便進入世俗的範疇，而開始演出世俗性的戲曲。

（二）陣頭、遊藝表演及神明出巡團隊的類型和特質

　　神聖性和世俗性兩個理念範疇的運作也呈現在陣頭和曲藝表演的過程中。考察台灣常見的迎神賽會，宮廟的神明出巡繞境或進香的隊伍，通常都是以繡有宮廟及主神名的頭旗為前導，而由舞獅隊打頭陣居多，依次是龍陣、鑼鼓陣隊、曲藝表演隊，接著是神格較低的神祇、主神的部將、主神的護衛，然後才是主神，跟隨在主神之後則是一般信眾。在這支隊伍中，大致上可劃分為幾個不同類型的團體，今簡扼說明如下：

　　（1）頭旗隊、獅陣、龍陣、宋江陣：

　　頭旗雖非民間所謂的「陣頭」，但在神明出巡的隊伍中，是整支隊伍的代表，具有相當神聖性的象徵，負責向行經的寺廟致敬，或向出迎的寺廟陣頭答禮，有一定的揮旗致禮的步法，持頭旗者，必是訓練有素，德性良好者。獅陣、龍陣、宋江陣等「陣頭」，都是以武術為基礎的子弟團，皆有固定的組織，各有其崇拜的守護神，或以某一廟宇為中心；有些龍隊則附屬在宋江陣隊中，凡加入陣隊者，必經過入館之儀式，拜師學藝，且需遵守一些戒律，平日在館中練武強身，一旦鄉里有事，並負有保衛鄉里的任務，兼具社群認同的意義。逢有地方上的節慶廟會活動，則組隊「出陣」。由於獅與龍在中國文化體系中，不論是大傳統或

小傳統的層次上，皆有其豐富的象徵意涵。民間信仰中，獅與龍皆屬象徵祥瑞降福的吉獸，被視為具有驅邪逐祟的靈力。早期的宋江陣，則以一〇八人為最完整的陣容，即象徵三十六天罡與七十二地煞之天將神軍所具有的法力，以收制邪壓魔之效，而在其各種陣法中，又以「八卦陣」被視為最具法力的陣形。這些陣頭的遊街繞境，皆有鑼鼓陣隊的伴奏，在一陣陣緊鑼密鼓的催促下，獅陣、龍陣或宋江陣的表演者，踩著分明的節拍，揮舞出強而有力的步法和陣勢，傳遞了一種憾人的神秘力量，往往所到之處，家家戶戶或燃放鞭炮、或賞之以紅包，皆認為這些陣頭能驅邪招福，具有保境安民的功能。因此，在本質上，這類陣頭的宗教性和神聖性遠超過世俗性的娛樂表演意義。

（2）曲管團體、遊藝表演團隊

不論是何種曲管演奏的音樂團體，或各類的遊藝表演團體，基本上，都是屬於世俗性、娛樂性之本質，而這些團體也多是基於共同的興趣，由村人自行組成的業餘表演的子弟團之類型。這些源自傳統農業社會的子弟團之組織型態，其表演內容，多取材自農村生活之寫照，例如：牛犁陣、車鼓陣、布馬陣、鬥牛陣、高蹺陣、七響陣，以及藝閣之化妝遊街等等表演，皆屬於民間歌舞小戲及雜技之表演形式，不需太繁複的技巧，舞蹈動作亦較為簡單，角色扮演也有限；其表現的主題，與民間生活密切相關，例如牛犁陣的表演，由幾個人妝扮成農夫、農婦，以及牛、驢之類的家畜，同時又有幾人負責音樂伴奏；表演者邊走邊唱，帶些簡單的舞步和動作，彼此相互唱和表演，其音樂和歌詞，多是通俗歌謠或情歌。又如車鼓陣，是以小旦、小丑為主的滑稽小戲之表演，小丑通常是在鼻端塗白粉、鼻孔插兩絡鬚、臉上點痣、身穿黑衫、頭戴圓帽；小旦則手持扇子或手絹、身著彩衣、頭戴綵冠，忸怩作態；車鼓弄的表演，以俚俗逗趣為主要目的，且歌且舞，相互答唱，多為民間小調，即興的成分很多，其內容亦多描寫男女私情。其情景正如《彰化縣志藝文志》（1830）陳學聖之車鼓詩所云：「歲稔時平樂事多，迎神賽社且高歌；嘵嘵鑼鼓無音節，舉國如狂看火婆。」

（3）各種神偶遊行團體、家將團、莊儀團

　　神偶遊行團體，常見的有神童團、彌勒團、福德團等，這些大型神偶，是以竹材為骨架，再以紙、布糊製而成，其神格都低於主神，由表演者在裡面撐持著，隨著鑼鼓節奏前行，表演者皆需經過一段時日的訓練，才能熟悉各種步法。這些團的團長皆需經由擲筶、經由神明的應允才能擇定；撐持大型神偶遊行，除了壯大隊伍聲勢之外，最主要的仍是在於神明出巡意義上的神聖性本質。

　　由人扮成神兵神將的儀式性遊行隊伍，最明顯的便是家將團的表演，演出時，多為八人陣，稱為八家將，但也有四將、六將、十將、十二將的家將團；家將團為一神界的巡捕組織，成員各有所司，各懷絕技，家將團的主要功能，是在協助主神驅鬼平妖，是主神的隨從、部將，故只要主神的性質，是審理世事、壓制妖魔鬼怪者，皆有家將團。因此，家將團最常見於地方上的王爺廟，一方面保護主神，一方面助其行使職守、保護地方安寧。家將團具有相當濃厚的宗教儀式的色彩，各地的家將團，在武器、面譜和陣式上雖有不同，但皆有一套繁複的出巡儀式和禁忌；出巡三天前，所有扮演者，一律需齋戒沐浴、禁絕酒色，昔日多須住進廟中。出巡當日，由面譜師為各將畫面譜時，先行祭拜、寫符、燒符，在各將面前揮舞，以示避邪；「開面」之後，直到「上馬」、「開步」、「出軍」、「領令」、「出巡」，皆有一連串象徵的儀式及唸咒，在出巡遊街時，進退規則亦十分繁複，其陣法、拳步皆有淵源及意涵，各家將口中亦唸咒語，令妖魔鬼怪避之。有時，也會進入恍惚狀態（trance），信眾多認為是神明附身，顯示其神力。家將團的表演，在本質上，富有濃厚的宗教意味，幾乎不帶絲毫娛樂氣息。

　　在神明出巡隊伍中，走在主神之前的必是護駕將軍，例如媽祖的護駕——千里眼和順風耳，城隍爺的護駕——七爺、八爺。通常是以製作成大型神偶，由莊儀團的成員撐持著遊行，其遊行表演，主要仍是源於宗教信仰上的需要，並非以世俗性的娛樂為目的。

四、台灣民間宗教活動中的曲藝表演現況

　　在社會文化變遷中，民間的信仰體系、價值觀念及生活方式也有所改變。隨著現代工商業的興起及都市化的影響，民眾的生活已逐漸脫離傳統農業社會的生活方式，而根植於農業社會的民間宗教祭儀和曲藝表演，也呈現了本質上的改變與新形式的產生。

　　綜觀台灣民間宗教活動的曲藝表演現況，大致有以下的現象：

　　（一）表演團體和傳承問題：在社會結構的改變下，早期以聚落社群或氏族及同業關係而組成的業餘表演團體──子弟團，不論是學習戲曲或練武術的團體，多因現代年輕人已不再參與而逐漸解組。例如，近年大甲鎮各曲館已家落無人，難以自組子弟戲班，而每年大甲鎮瀾宮的媽祖往北港進香，是當地盛大的宗教活動，大甲鎮五個曲館需依年輪流籌備演戲酬神之事宜，但由於館內人手欠缺、陣容不足，只好請其他職業劇團代為演出或四處邀集藝人助陣。在技藝的傳承方面，不論是子弟團或職業團體，都面臨了極大的困境，職業劇團因為受到現代社會的娛樂表演型態的影響，例如電影、電視的興起，使其生存倍受打擊，終於步上式微之路，在演出型態上趨向簡陋粗糙，且因藝人缺乏，有的只好改用錄音帶代替唱曲。許多陣頭遊藝表演，例如舞龍舞獅的操演技藝，亦難達精湛熟練的境界。

　　（二）表演型態和內容的改變：傳統民間曲藝表演的型態和內容，已逐漸無法適合現代人的思維及情感的需求，難以和現代生活步調配合，致使許多表演團體在變遷過程中，也產生了各種不同的調適方式；最普遍的現象，便是將現代社會的娛樂表演型態加入傳統曲藝的演出中，因此，在節慶廟會時，戲台上便出現了各形各色的表演，除了一些地方戲曲（如歌仔、亂彈）的搬演，仍保有原來的特色之外，有許多劇團，往往在傳統地方戲的搬演過程中，穿插時裝歌舞表演，甚至有熱情豔舞、脫衣舞之類，以此吸引觀眾。此外，有些劇團則改演時裝劇，以現代社會生活為題材，不再搬演傳統地方戲。

　　（三）新形式曲藝活動的出現：由於現代科技的進步，現代社會新興的娛樂型態與傳統農業社會大異其趣，在內容和題材方面也有不同，例如：電影、電視綜藝歌舞、歌廳表演秀、卡拉 OK 伴唱機等等，而這

些娛樂表演往往也融入現代的節慶祭儀活動中。例如元宵節、端午節、中元節的活動，多因電視綜藝節目的介入，在猜燈謎、賽龍舟或普渡儀式活動中，大量穿插歌星的表演。各地的神誕祭儀，往往以放映電影代替演戲，做為酬神或還願的一種新形式，影片也分兩部分，前段仍攝製了「扮仙戲」，接著才是一般劇情片的放映。至於迎神賽會的遊行隊伍中，常可看到電動的模型偶人取代了由人妝扮的藝閣遊行，而目前最為盛行的是電子琴花車，花車上站著幾個既歌且舞的女郎，妝扮豔麗，衣著暴露，甚至表演脫衣舞。

（四）宗教性的表演活動沒落：「扮仙戲」原是祭儀活動中極為重要的一環，信徒請戲班演戲酬神，最主要的目的，便是搬演「扮仙戲」。早期，流傳於台灣地區的劇種，以北管（亂彈）的扮仙戲之劇目最多，且講究規矩及儀式。扮仙戲的各種劇目中，也有搬演上的難易之別，例如「天官賜福」，動輒數十人，便不輕易演出，故其地位也較高。而「三仙會」的搬演、唱腔、做工都極簡易，其價值便不甚高。往昔最普遍受歡迎的是扮八仙，目前野台戲扮仙戲的趨勢是：源於北管、傀儡戲中最受歡迎的八仙戲，已逐漸被「三仙會」取代，職業劇團平時多扮「三仙」，僅應雇主要求或信徒額外出資酬謝，才排出「八仙」。唯子弟團是基於興趣和信仰的心理而組團演戲，因此，在演扮仙戲酬神時，多仍能秉持誠敬的態度和闊神的原則，而演出「八仙戲」的情況仍多見。「扮仙戲」雖然仍是寺廟祭儀活動中不可或缺的一環，但其搬演的齣目多已趨向於簡約，職業劇團在演出時，也只視為「例行公事」，視雇主的要求和信徒給付的酬金而定，在敬神的態度上也逐漸趨向世俗化。此外，由於技藝傳承上的困境，目前的戲班，由於藝人的有限，在樂器伴奏和唱做搬演方面，都無法再應付一些規模完整而隆重的扮仙戲劇目。

關於宗教性表演活動的式微，最明顯的例子，可從傀儡戲的搬演上看出端倪。戲曲學者咸認為傀儡戲是源自喪家樂，東漢以後，各種歡宴場合才普遍可見，唐宋之時，成為宮廷中的重要戲劇演出。台灣的傀儡戲承自大陸，多由福建漳浦、汀州及泉州傳來，台灣的傀儡戲也有南北之別，也曾盛行一時。傀儡戲因屬我國早期戲劇，與宗教密切相關，至

今民間信仰仍認為傀儡戲具有祭煞驅邪的功能，往昔，除了神誕廟會演出之外，尤其是地方上逢有天災人禍，便專請傀儡戲和道士，提著鍾馗的戲偶，表演「跳鍾馗」和作法儀式，以壓勝鬼靈災禍，除此之外，在起造大厝與新廟或入新廟、開庄時，也都請傀儡戲演出，用以祭祀鬼靈，謝神祈福。

傀儡戲的搬演，通常在繁複的祭煞儀式之後，也需以「扮仙戲」開場，早期亦以扮八仙為主，現已十分罕見，劇團多因人手不足，而扮三仙。傀儡戲表演本身即具有相當濃厚的宗教色彩，有些劇團的藝師本人即兼道士之身分。隨著社會文化變遷，傀儡戲的宗教功能已不似往昔那般備受民間的重視，加土傀儡戲搬演的禁忌多，這項民間戲曲的沒落也是必然的趨勢。

（五）陣頭及家將團的改變：早期，一些以強身練武、捍衛村里為目的的「子弟團」，往往在迎神賽會時，才組團出陣，而有龍陣、獅陣、宋江陣、家將團等儀式性的表演活動，這些陣頭表演的本質即有宗教性或巫術性的意涵和功能。而這些子弟在入館習藝後，需遵守許多戒律及禁忌，平日不得輕舉妄動，只有透過廟會活動，各團隊才大顯身手，所謂「輸人不輸陣」，即是將個人或社群間的摩擦或競爭，化為公開場合中團體性的技藝競賽，在這當中並有公眾認可的規範和秩序，對其行為予以約束，才不致造成混亂。民間常見的「拚館」、「拚陣頭」，乃至於賽龍舟的「競渡」，皆反映出集體意識、成就動機及競爭的心理。

晚近，台灣傳統鄉民社會透過集體宗教活動而形成的規範力量，已趨向薄弱，致使一些陣頭團體的問題層出不窮，例如若有弟兄與人衝突，大夥便糾集打群架。尤其是一些演練「八家將」的青少年，平日不再遵守傳統的戒律，動輒恃著習得的武技，為自己的弟兄尋仇，甚至持演練家將用的武器集體出動，圍殺對方。迎神賽會時，一些家將在畫上臉譜「開面」之後，也不再受傳統禁忌的約束，依舊抽煙、喝酒、玩樂。這些現象皆反映出在社會文化變遷下，傳統民間信仰對現代年輕人的影響已十分薄弱，以致於台灣社會青少年的問題同時也在宗教活動中顯現出來。「家將團」的流弊影響所及，也導致一些學童模仿廟會活動

時的家將表演，例如，八家將遊街是高雄縣茄萣鄉寺廟神誕祭典活動中的一大盛事，不僅大人熱衷參與，孩童也是陣頭的主力，茄萣鄉的許多學童便也競相模仿八家將走路和陣法招式，且將之融入平日的遊戲中，民國七十一年五月中旬，在當地十年一次的建醮活動的熱潮之後，終於傳出學童集體「起乩」事件，又哭又鬧、喃喃自語，陷入精神恍惚狀態，做出八家將作法的姿態等等，影響了學業和身心健康。

五、結語和建議

民間戲曲和陣頭遊藝表演，是從古代祭儀的初期型態發展而來，主要目的是在祀鬼祭神，是一種屬於宗教性、巫術性本質的儀式表演活動；這些祭儀活動，與民族的信仰理念、農業行事、倫理秩序、生活習俗密切相關。民間曲藝表演從古時巫祝的初期型態，在長期發展過程中，逐漸步上技藝化、專業化的趨勢，娛樂性的表演成分也逐漸增多，因此，在民間宗教活動中的曲藝表演，基本上便含有神聖性和世俗性兩種象徵範疇的交替運作，人們往往透過繁複的儀式和表演活動，表達其信仰理念及內心各種情感，並藉此滿足一些實質的目的與心理需求。

宗教信仰和儀式行為，不但是一個社群的集體意識的表徵具有整合社會的功能，而且也是個人對社群的一種溝通與聯繫；透過宗教活動的參與，往往使一個人從孩童時期開始，便在神聖性和世俗性兩種象徵意涵的行為和模式中獲得對信仰和社會的認知；並藉由此方面的種種認知概念，而與其所處的社群達成溝通與整合。換言之，普遍存在於民間的宗教活動，不論是偏重於神聖性本質的儀式行為與陣頭表演，或是偏重世俗性的遊藝活動，都足以影響下一代兒童成長過程中的理念形成。宗教活動中的種種行為與表演，由於是屬於社群性、公開性的，即表示這些活動和表演是社會大眾所認可的，孩童置身於其中，耳濡目染的結果，必然也接受了這套行為模式與思考邏輯。

在傳統鄉民社會中，民間信仰雖沒有嚴謹的教義和經典，但其信仰理念卻擴散在民間生活各層面，因此，在民間的節慶和祭儀活動中，縱

使是一些娛樂性、世俗性的表演，當中仍具有信仰的規範和約束力量，而不致流於毫無節度的現象產生。近三十年來，在社會文化變遷下，民間信仰及活動亦逐漸趨向世俗化，傳統鄉民社會藉由集體宗教活動而形成的規範力量也漸趨薄弱；今日，在各地的廟會節慶活動中，不論是戲曲、陣頭及遊藝表演，已呈現許多困境與問題，除了「子弟團」的蕭條、職業劇團的渙散、傳統技藝的失傳、新舊表演型態的雜陳……等現象之外，有關新形式的娛樂表演的介入，例如電視綜藝節目、電子琴花車的歌舞女郎表演，往往為各地廟會祭典帶來另一番無比熱鬧而「別開生面」的娛樂高潮，致使宗教活動的神聖本質亦面臨了極大的考驗。換言之，目前民間宗教活動中，除了在本質上屬於民間信仰核心部分，如拜拜儀式和扮仙戲、跳加官演出，仍能維持其神聖性的意涵和面貌，而不致有太大的改變之外，至於一些傾向於娛樂性、世俗性的表演活動，多已變本加厲，且配合現代聲色娛樂和觀眾需求，表演得淋漓盡致。

　　台灣民間宗教活動步向世俗化的表演型態和內容，已是不可避免的趨勢，但若太過於世俗化，而流於聲色娛樂，則使宗教活動中神聖性的意義蕩然無存，且有損宗教信仰和儀式活動的社會功能，尤其是對下一代兒童的「社會化」過程，更足以造成一種誤導和認知上的偏差，其影響是極為深遠而嚴重的。

　　至於一些參與宗教活動的陣頭表演團體，在現代社會也呈現許多問題。傳統民間信仰，強調儀式行為的規範和約束，以及義務和禁忌的履行，藉以維繫社會秩序。晚近，台灣傳統鄉民社會藉由集體宗教活動而形成的規範力量，已趨向薄弱而幾近瓦解，一些陣頭表演團體，不但失去原有的練武強身和保衛鄉里的社會功能，在宗教活動表演時，大多不再遵守信仰的規範與禁忌，導致這些陣頭團體的年輕子弟，往往仗恃習得的武術，動輒群毆，反而帶來負面的影響。此外，一些兒童及青少年因學習或模仿八家將的演練，有時甚至進入精神恍惚狀態，影響了身心健康。

　　對於一些源自農業社會的遊藝表演：例如車鼓弄、牛犁陣、布馬陣、鬥牛陣等，皆屬民間小戲及雜技的表演形式，不需太複雜的技巧，舞蹈

動作也較簡單，且多以俚俗逗趣為主要目的。這些遊藝表演是往昔農村生活中的消遣娛樂活動，平日農閒，大夥便聚集哼哼唱唱，且歌且舞。逢有廟會慶典，則組團參加迎神遊街的隊伍。隨著現代生活的進步及消遣娛樂和表演技藝的發展，這些以農村生活為題材的民俗遊藝，雖有其樸拙可愛之處，但因其表演內容簡單、技巧變化少，多已不再受廣大民眾的普遍歡迎，致使一些嶄新型態的綜藝歌舞節目和電子琴花車，在遊藝隊伍中異軍突起，備受注目。因此，如何提昇民俗遊藝的表演技藝，以符合現代人的審美觀及娛樂需求，也成了現代民間宗教活動中有待改善的一環。

最後，筆者想針對台灣目前宗教活動及曲藝表演的現況，提出三方面省思：

（一）重視宗教信仰的意義與神聖性本質：民間宗教活動，基本上是以信仰和儀式為核心，而不論是陣頭或曲藝表演，原本皆是一種酬神祈福的儀式性表演活動，藉此達到娛神娛人的目的。因此，在整個活動過程中，是神聖與世俗的交融，是人與神的溝通交流，若淪為純粹的世俗性的聲色娛樂，則失去了神聖性的本質；宗教信仰的功能是調節人類的身心，但不在提供本能和慾望的發洩。

（二）建立在健康的原則上：一些源自巫術性功能的陣頭表演，例如「家將團」的演出，在出巡遊街時，不但口中唸咒語，有時，這些扮演家將的年輕人，也會進入精神恍惚（trance）狀態，以示神明附身，顯示其神力。這些團體的表演，不但對許多年輕人的健康有所影響，經由公開的表演，也引起其他年輕人的競相模仿，造成負面的效果。

（三）建立在時代的審美觀點上：隨著社會的進步，鄉民的生活習俗、價值觀念及審美標準皆有所改變，一些源自農村生活型態的民俗遊藝表演，不論在內容和技藝方面，皆需隨之有所進展與提昇，若毫無選擇的將傳統原貌保留，實難以適應社會文化的發展。

基於以上原則的考慮，筆者認為應該讓宗教活動歸於宗教，讓電視台的綜藝歌舞歸於電視，讓脫衣舞表演歸於餐廳，讓八家將的學童回到健康的身心發展上，讓現代宗教活動重建在信仰理念、社會範疇和倫理

秩序上。

　　（本文原刊於李亦園、莊英章主編《民間宗教儀式之探討研討會論文集》，頁 80-102。台北：中國民族學會，1985。）

參考書目

李亦園，1978，《信仰與文化》。台北：巨流圖書公司。

邱坤良，1983，《現代社會的民俗曲藝》。台北：遠流出版社。

何翠萍，1982，〈野台戲在民間節慶演出的意義〉，收錄於《民間信仰與社會研討會論文集》，頁 53-67。南投：台灣省政府民政廳。

陳玲玲，1978，《八仙在元明雜劇和台灣扮仙戲中的狀況》。台北：中國文化大學藝研所碩士論文。

黃華節，1967，《中國古今民間百戲》，台北：台灣商務印書館。

「炸寒單」的儀式劇場與性別／位階

一、前言

自 1980 年代，筆者從事民間信仰與祭儀活動之調查，並曾討論廟會活動的陣頭隊伍和遊藝表演，兼具尊天敬神與娛人育樂的功能，不僅具有神明信仰的神聖性意義，並富有遊藝表演的世俗性，相互交融成地區性迎神賽會的盛大活動。[1]

當年並應邀台灣省政府民政廳主辦「民間宗教儀式之檢討」研討會，我們針對一次官辦的迎神賽會，進行實地參與調查和記錄，從人類學對宗教儀式行為和民俗節慶活動的理論觀點，以及提倡觀光與民俗宗教活動的結合，分析此類活動在台灣社會文化變遷過程中的意義，並進一步提出相關的討論和建議。[2]

1990 年代，筆者進行台灣中部地區大甲媽祖進香活動的調查研究，解析其信仰內涵、歷史變遷、神明信仰的性別角色意涵[3]，以及各種陣頭、神偶團體的組織特色、戲曲遊藝表演發展[4]，乃至迎神繞境對區域文化與經濟發展的影響。

台灣的媽祖信仰及進香活動的興盛，反映清代閩粵移民渡海來台拓墾的歷史與生活背景，晚近二十年，由於社會經濟與觀光產業的發展，以及廟方與政府單位的積極規劃，促使參與媽祖進香的各種團隊和表演型態更加多元化、組織化及商業化、觀光化，成為地方重要的民俗信仰與文化資產。

---

[1] 黃美英（1985）〈神聖與世俗的交融：宗教活動中的戲曲和陣頭遊藝〉，刊於李亦園、莊英章主編「民間宗教儀式之檢討」研討會論文集，頁 80~102。台北：中國民族學會編印。

[2] 莊英章、黃美英（1985）〈觀光與民俗宗教的結合：一次官辦迎神賽會之檢討〉，刊於李亦園、莊英章主編「民間宗教儀式之檢討」研討會論文集，頁 56~79。台北：中國民族學會編印。

[3] 黃美英（1995）〈香火與女人：媽祖信仰與儀式的性別意涵〉，刊於「寺廟與民間文化」研討會論文集，頁 532~551。行政院文化建設委員會主辦、漢學研究中心承辦。

[4] 黃美英（1994）《台灣媽祖的香火與儀式》，台北：自立文化出版社。

　　近年，台東地區的「炸寒單」及陣頭遊藝，在地方人士與相關單位的推動下，已成為促進地方觀光的一大民俗節慶活動。台東的「炸寒單」儀式活動，不僅在神明的性別角色深具獨特性，且由真人扮演的「肉身寒單」接受「炮轟」的儀式型態，其儀式的主事者與參與者，乃至陣頭團體，都有別於台灣其他地區的迎神賽會，值得更多的重視和討論。

二、迎神賽會和節慶活動的意義

　　民間的迎神賽會、陣頭遊藝表演，是從古代祭儀的初期型態發展而來，主要目的是在祀鬼祭神，是一種屬於宗教性、巫術性本質的儀式表演活動；這些祭儀活動，與社群的信仰理念、農業行事、倫理秩序、生活習俗密切相關，各種祭儀及陣頭遊藝從古時巫祝的初期型態，在漫長歷史發展過程，也逐漸步上技藝化、專業化的趨勢，娛樂性的表演成分也逐漸增多，因此迎神賽會與陣頭遊藝，基本上便含有神聖性與世俗性兩種象徵範疇的交替運作，人們往往透過複雜的儀式和表演活動，表達其信仰理念及內心各種情感，並藉此滿足一些實質的目的與心理需求。

　　源自傳統農業社會的迎神賽會，是以民間行事曆法和生活週期為基準。在時間的推演上，鄉民順應四時之運轉及農事之推展，在一年之循環過程中，逢節氣之交或春播秋收，以及農暇之時，而有各種祭儀節慶活動之舉行，例如從正月新春開始，接著有元宵、清明、端午、七夕、中秋、重陽、冬至、除夕等節日，在先民源遠流長的生活文化脈絡中，賦予這些節令豐富的內涵和意義，使終歲辛勞的身心，有適切的發洩和調劑，使一年的生活有均衡分配的韻律和節奏，透過這些節慶的種種活動，使個人、家族和社群之間，皆能有所調整，並強化個人與群體的情感及認同，藉此達到和諧的處境[5]。

　　各地的宗教祭儀和廟會活動，亦是源自該社群對超自然的認知體

5　詳見黃美英（1985）〈神聖與世俗的交融：宗教活動中的戲曲和陣頭遊藝〉，刊於李亦園、莊英章主編「民間宗教儀式之檢討」研討會論文集，頁80~102。台北：中國民族學會編印。另刊於《民俗曲藝》38：27，1985 年 11 月，施合鄭文教基金會出版。

系，而透過一連串的儀式行為及各種象徵實體表達其信仰理念和情感需求。例如農曆正月初九，是玉皇大帝神誕，各地主祀玉皇大帝的寺廟，皆舉行隆重的祭典活動，例如宜蘭的玉尊宮、頭城的慶雲宮，此日便湧來上萬祈拜的信徒。這是新春後的一個盛大的神誕祭儀，家家製紅龜、發粿「拜天公」，求平安、祝人壽。民眾源於對宇宙自然的一份體認，對主宰天地萬物的神祈，認為是「天有好生之德」，在一年復始、春回大地、滋育萬物之時節，舉行「天公」神誕祭典，象徵了人們對天地萬物成長及生命的循環、復始與更新，寄寓了一份隆重的祝禱與祈求。

隨著季節時序遞移，清明掃墓後，春耕已畢，各地的民眾開始忙著到各處的廟宇進香，寄春郊旅遊於宗教活動中，也使得一年中的行事有階段性的啟承。「三月瘋媽祖」的俗諺，即顯示了人們藉著媽祖神誕，熱烈展開宗教活動，例如北港朝天宮的盛大祭典和大甲鎮瀾宮浩壯長途的進香活動。一年當中不乏盛大的宗教祭典，例如五月中有城隍爺的出巡遶境，七月中元普渡等等，各地又有其祖籍神之祭儀，如清水祖師神誕、義民廟祭典賽豬公等活動，以及王爺祭典的「燒王船」儀式，乃至於地方消災祈福的平安醮或寺廟落成醮的盛大活動，無不是芸芸眾生的一番祈願與寄託，反映了民眾對信仰的需求及社群活動的熱心參與。

從戲曲技藝的發展來看，上古時代戲曲技藝活動的目的原是娛樂鬼神，或做為宗教之儀式，藉以驅逐邪祟；而後隨著社會文明的發展，及各種百戲技藝的高度發展，娛樂成分加強。在其發展上，大致是在宮廷和民間呈雙線發展，並相互交流。尤其到了南宋時代，民間將節令或寺廟神誕的祭祀活動，與戲曲技藝表演融為一爐，並組織各種宗教娛樂性的「社」，在春秋祀社之日或神誕節日，表演各種戲劇及雜耍，稱為「社火」。雖然在元代之後，職業演員的表演超過「社火」的業餘表演水準，但這種把戲曲技藝與宗教祭祀及民間生活密切配合的活動，已成為近代中國民間（包括台灣）最主要的文化型式，而「社火」至今似是民間迎神賽會中最常見，也是維持民間表演活動的重要基幹[6]（邱坤良 1983：

---

[6]　邱坤良（1983）《現代社會的民俗曲藝》，台北：遠流出版社。

22）。

　　民間戲曲及陣頭遊藝團體，依其組織型態，主要可分為兩類：一是業餘性質，自行組織，義務性演出的「子弟團」；一是職業性的團體。早期參與宗教活動的曲藝團體，以「子弟團」的型態為主。其組成方式，通常是由一村或數村聯合，聚集一些年輕子弟，組成數個不同性質的「社」。往昔台灣各庄里、氏族或行業，往往成立非職業性的「子弟團」，開館學藝，有的以習武為主，有的以戲曲為主，即今所謂的「武館」及「曲館」。

　　這些子弟多利用閒暇聚集一堂，由老一輩教導年輕弟子學習各項曲藝或武術，藉此娛樂消遣，或練武強身，並可避免年輕人遊手好閒惹事生非。逢有地方上節慶廟會活動，則向鄰里募款或自行鳩資，備置行頭，參與地方活動，為鄉親帶來許多戲曲技藝的表演。這些「子弟團」的產生，主要是基於社群認同和宗教信仰，並透過活動的參與和表現技藝的機會，達到社群間的競技及個人的成就動機，藉此強化了個人在社群的角色和地位，並消弭了社群和社群間長期接觸可能造成的緊張關係。

三、神明信仰的性別與稱謂

　　台灣地區各種廟宇奉祀的神祇的種類和名稱繁多，歷來相關的著作主要是根據神明的歷史淵源或信仰型態作為分類，其中雖有不同的角度，但有一共同的現象，是並未進一步分析神祇的性別差異。換言之，我們若以性別角度重新檢視以往廟神系統的分類方式，便可進一步闡釋有關男神與女神所指涉的不同範疇及象徵意義，藉此突顯神祇的性別差異與宗教文化特徵。[7]

　　筆者綜合劉枝萬[8]的調查與林衡道[9]書中所載的主神名稱，進一步依

---

[7]　黃美英（1996）〈宗教與性別文化：台灣女神信奉初探〉，刊於「儀式、廟會與社區－道教、民間信仰與民間文化」研討會論文集，頁 297~325。中央研究院中國文哲研究所籌備處。

[8]　劉枝萬（1960）〈台灣省寺廟教堂名稱主神地址調查表〉，《台灣文獻》11（2）：37~236。

[9]　林衡道（1974）《台灣省寺廟大全》，台北：青文出版社。

性別加以區分，歸納民間信奉的各種神祇的稱謂，男神的稱謂有：帝、君、王、王爺、爺、公、君、侯、大夫、大使、恩主、將軍、元帥、千歲、大人、先生、真人、祖、祖師、天師、大師、大聖、仙、太子、王府劍童、帝君三民主等。女神的稱謂有：聖母、后、妃、娘娘、公主、夫人、婆、母、娘、媽、嬤、姑、姑娘等。

　　人們對這些神祇的稱謂，與對凡間生活的男女角色的稱謂，有許多相同之處，民間用以區分男女性別的稱呼法，也反映在神祇的稱呼上。但是，在神祇世界，男性神明的名稱種類遠多於女性神祇，而男女神祇的數量比例更為懸殊。

　　若以仇德哉[10]一書的分類來看，凡有關「聖賢、忠武、英烈、臣將」之崇祀，皆以男性為主，女性的崇祀則以「孝女烈婦」為主，足以反映歷代所崇祀的對象和標示的價值意義，不僅有兩性的差異，而且對兩性文化的建構具有深遠的影響，因此有關廟神祭祀與性別角色，亦是值得探討的課題。

　　大多的學者咸認為中國的男神信仰即是天上的官僚，相應於凡間的官僚體系，有人間的「朝廷」與神界的「天庭」，美國人類學者 Arthur P. Wolf 認為在傳統中國社會，高低不同階序的官，治理大小不同的行政區域；同樣的，天庭的神祇也都各有職責，較尊貴的神治理較大的區域範疇，小神則管小的、地方性的領域，分層負責。美國人類學者，P. Steven Sangren[11]的研究指出，在台灣北部的大溪鎮，有三個階序的祭祀組織範疇，分別祭祀不同的神。小地方和大村莊各有其主要供奉的神祇，而整個城鎮的市場社區則有共同信奉的神－關公（關聖帝君）。在帝國時期，地方祭儀的階級系統和官方的祭典有關，國家祭祀把天上的眾神劃分為郡（州）縣、省等不同階層，最高位階的是皇帝祭祀的神。台灣亦可見此種天庭眾神的階級系統，女性神祇由於性別的限制，並沒有被官方納入封神系統中。

---

[10]　仇德哉（1985）《台灣廟神大全》，自印。

[11]　Sangren, P. Steven(1993)"*Female Gender in Chinese Religious Symbols: Kuan Yin, Ma Tsu, and the'Eternal Mother'.* " *in Sign* 9(11):4~25。

四、「寒單爺」的多元傳說與性別／位階

　　源自中國歷史上的「朝廷」觀念影響，民俗信仰的「天庭」眾神亦具有階序性（hierarchy）、權威性（authority）和合法性（legitimacy）等相關特徵。例如玉皇大帝、三官大帝、關聖帝君、城隍爺、土地公、灶君等眾神各有其淵源由來、神格位階與職權。相較於「城隍爺」、「關聖帝君」或其他被稱為「王爺」的神祇，台東早期供奉的寒單爺，其身分和神格位階並非崇高，且尚未受到各界人士和政府單位的重視。

　　根據吳騰達的研究[12]，台東玄武堂奉祀的「寒單爺」，大約在民國三十八年左右，陳培昌等人從南部請來寒單爺、天王君及太子爺等三尊神像，當時供奉在陳家（現今台東市廣東路 78 號）。二年後，換由林國德負責，當年（民國四十年）開始有「炮轟肉身寒單爺」的活動。之後，歷經民國六十二年十月間的大水災，呂銘宗祈求寒單爺顯靈自保及保護倉庫元宵要用的物品，並答應如果沒有被大水沖走，明年元宵還要出來熱鬧。結果當時水流竟然轉向，沒有衝擊到供奉寒單爺的庫房，隔年元宵節便請出寒單爺出來接受炮轟。

　　台東寒單爺的身分來源，吳騰達紀錄了當地人士多種不同的傳說：

　　（一）呂銘宗的說法：他請來寒單爺時，出巡用的旗幟僅有一「范」字，稱呼方才叫「寒單爺」。廖村田也說，他接來供奉時旗也是寫著「范丹爺」。另外，劉長青曾請張俸僡另雕一尊寒單爺，特別請乩童降乩，據張俸僡說，當時乩童講的是福州話，言及「吾乃明朝人，生日是五月十二日（農曆），生為孤兒，四處流浪，成為地方的惡霸，後來經仙人指示要修善果。後來生了病，原先被欺負者紛紛拿石頭丟他，去福州水簾洞修行，常砍材下來賣，去救助窮人，最後修成正果，遂勸人要浪子回頭，不要作惡要作善；鬍鬚非紅色，腳踩木柴。寒是窮，不是怕冷，因為自己孤單一人，所以叫寒單」。所以劉長青供奉的寒單爺是雙眼、黑面、右手持鐵鞭、左手捧寒單爺印，腳踩柴枝，名字不詳，但不叫趙

---

[12]　吳騰達（1996）《寒單爺研究》，（2008）《寒單爺與民俗藝陣》，台東縣立文化中心。

公明。

　　（二）陳辰男（降乩時也在現場）的說法：寒單爺降乩指示，自己並非流氓，因身材高大，聲音宏亮，常替人排解糾紛，平常沒做事，都是別人給錢生活，故被誤認為流氓，流浪至峨嵋洞，方得天師印。由於一輩子穿條短褲，未穿上衣，故怕冷，又因衣服穿不住，故也怕熱。單是因只穿一條短褲，所以叫寒單。

　　（三）吳順良（32年次）的說法：十九歲坐過轎，他據老輩所言，武財神其實是流氓，因逃亡皆走海埔路，餓了就挖甘藷充飢，後來因不忍損他人農物，又埋了回去，乃被餓死。平日因受風吹雨打日曬，故臉被曬成花臉。

　　（四）廖塗（13年次）：曾聽知本一耆老言及，寒單爺名叫「寒羽」，是台灣人，因作惡多端，殺人不眨眼，在將死那天，立誓死後要做神讓人報復到高興。

　　（五）韓黃菊（12年次）：民國四十三曾寄放寒單爺於自宅，當時椅轎上方綁著一尊五吋大小的小神像，出陣時也沒有儀仗隊伍，第二年時才有人用長白布條寫上「韓天爺」的招牌，所以當時的稱呼是韓天爺，後來請去供奉的人把祂改為「韓單爺」。

　　吳騰達認為原先寒單爺來台東時，並沒有名字，也不知何許人也，直到李建智[13]供奉時，為查明寒單爺身世，不惜各地查訪，尋找文獻資料，並參閱各地玄壇元帥廟的簡介，也派陳金芳赴大陸福建省平和縣的敦和宮查訪，經多方比對後，方將寒單爺命名為趙公明。是故現今台東地區文化界或新聞界皆認為寒單爺即趙公明，而趙公明乃民間供奉的「玄壇爺」。

　　現今台東供奉寒單爺的玄武堂負責人皆認為是被奉為武財神的趙公明，現流行於台東的寒單爺傳說即有以下數種：（一）武財神玄壇元帥趙公明。（二）寒單爺為日之精，為張天師護法守玄壇，故稱玄壇元帥。（三）趙公明為周代人，由於勇敢被諡贈為元帥。（四）因趙公明自

13　李建智是台東縣議員。回顧台東炮炸寒單爺的歷史，早在民國77年曾被禁止，兩年後才由李建智縣議員多方奔走後，受到各界重現，成為台東縣每年元宵節神明繞境的重頭戲。

秦代隱居終南山，精修道術，得道後，接替張天師永鎮龍虎山。（五）寒單爺是一位地方惡霸，欺壓百姓，某年元宵節，有人獻計把他灌醉，用鞭炮丟於身上燃放，把寒單活活炸死，再於寒單上加上爺字，稱寒單爺。

　　綜觀上述有關台東寒單爺的身分傳說的演變，早期從南部奉請來台東的神像，原屬神格較低，且缺乏明確的名字。後來由於逐漸受到地方人士的重視，並視為武財神玄壇元帥趙公明，提昇其神格階序地位和角色意涵。縣議員多方奔走後，受到各界重現，成為台東縣每年元宵節神明繞境的重頭戲。

　　從神明供奉的主事者和組織型態的影響而言，四十年前台東供奉寒單爺的人士，仍屬爐主頭家型態，多供奉於主事者自宅。當中歷經多次的輾轉輪替，至民國七十九年才由爐主李建智請至自宅供奉，命名為「玄武堂」，更進一步的是成立「管理委員會」，形成一具體的祭祀組織團體，負責每年元宵節炮轟寒單爺活動，此一轉變，奠定日後台東寒單爺信仰與儀式活動的發展。

五、「肉身寒單」的儀式劇場與角色轉換

　　近年常見有關「炸寒單」報導，吳騰達也詳細介紹「元宵炮轟寒單爺」的習俗由來，相傳元宵節炸武財神會愈炸愈發，早期台灣「炸寒單」的儀式活動並不僅見於台東，包括台北地區有「角頭」互相挑戰，有用鐵絲串成鞭炮套人頭頸者，因曾發生命案而停止。北投有「拱寒單爺」，因為北投皆溫泉飯店，城開不夜，但有些商號還會關閉鐵門，免生麻煩。但目前僅剩台東元宵的迎神廟會仍有「炸寒單」活動，成為全省獨具特色的民俗活動。

　　早期寒單爺的供奉者（爐主）、扮演肉身寒單者，多以道上兄弟居多，炮轟寒單爺的場所也都選擇酒家、茶室等。最令人注目的是，「炸寒單」是由真人扮演的「肉身寒單」，藉由赤裸的身軀直接承受炮火的轟炸，此並非一般人所能為之，扮演「肉身寒單」及抬轎者（有原住民）

皆為較為年輕的男性，近年才出現女性寒單。

　　「肉身寒單」有別於一般的迎神賽會常見的「神像」或「神偶」出巡，而且相較於神格官階較高的「城隍爺」、「關帝聖君」、乃至被封為「天上聖母」的媽祖儀式活動，也未曾出現真人扮演的肉身神明。相對於「天上聖母」神像安置於大轎中的尊貴，以及護駕隊伍如頭旗隊、三十六執士、繡旗隊所強調的穩重性，「肉身寒單」的角色表現象徵無比「神勇」和「氣魄」，整個儀式過程，更充滿戲劇性的張力與激盪。

　　賀照緹導演的「炸神明」[14]，進入寒單爺核心人物的世界，紀錄他們戲劇化的人生。本片深入台東的地方黑道，拍攝過程歷經一年十個月，追蹤到四個兄弟，分別是儀式的組織者，以及三個不同世代的兄弟。這三個兄弟各是民國五十、六十、七十年出生的年紀，都想在第二年的元宵節當寒單爺。他們的生活起伏不定，有人在拍攝過程中入獄，有人要進入精神病房，他們可以順利的站上轎子當寒單爺嗎？

　　這三個道上兄弟，扮演肉身寒單爺，為的是服侍真正的天上神明。他們有的想脫離道上生活，有的正在學習如何進入道上。有的曾經當過殺手，有的現在還在做討債的行當。他們都有入獄的紀錄，也曾經為非作歹，透過這個儀式，可以看到一個道上小社會裡的法理人情，也能看到不同世代對於民間信仰的價值觀。本片企圖處理的問題是，通過這個儀式，參與者可以得到什麼？這個民間信仰和台東道上兄弟的社會組織，有什麼關聯？他們站在神轎上當肉身神明的時候，代表的是神聖，還是邪惡？是英雄，還是混混？

　　導演賀照緹表示，她多年前曾經去台東看過炸寒單爺的活動，發現肉身寒單爺們自成一個小社會，當時就對這個特殊的團體產生濃厚的興趣。在記錄的過程中，她發現被稱為流氓的他們，平常或許不見容於主流社會，一旦站上寒單爺的神轎，卻成為眾人矚目的焦點。賀照緹說，「炸寒單爺的儀式，是他們社會化的必經之路，站得越挺，耐得越久，表示這個人越有擔當。上轎幾十分鐘的時間，透過身體的殘虐和疼痛，

---

[14]　採自網站 http://www.youcute.com.tw/hellogod/index.aspx?act=article&aid=124745702

將他們從被人看不起的小人物，轉換成贖罪的英雄，這是非常戲劇化的反差。」

　　賀導演的詮釋，正如象徵人類學大師 Victor Turner[15]視「儀式」是一種不同於日常生活（everyday life）的特殊情境，認為儀式的象徵和過程（ritual symbols and processes）是反映（reflect）或表現（express）社會結構與社群文化，提出有關社會劇場（social drama）與「儀式過程」（ritual process）的象徵分析。Turner 闡釋儀式是離開世俗生活領域和時空的一種經驗，使參與者從此過程中得到治療、重生，以及個人和社群間的修復和整合的機制，尤其在現代複雜社會，參與者藉此從世俗社會角色扮演所導致的罪感和焦慮中，尋求解放（release）或救贖（salvation）的一種方式。更深刻而言，儀式活動是連結角色認同、生命經驗與情感的劇場表演。

六、結語

　　人類學者視宗教儀式活動為社會文化的一環，在既定的社會中，存在著不同年齡、性別、階級、乃至專業／非專業等所形成的各種差異性。台灣各地的迎神賽會與陣頭遊藝表演，在歷史演變與社會脈動下，呈現各種不同的差異型態，各地人群藉由儀式行為所表現的形式和象徵意義也愈見多元化。

　　在傳統鄉民社會中，民間信仰雖沒有嚴謹的教義和經典，但其信仰理念卻擴散在民間生活各層面，因此，在民間節慶和宗教祭儀活動中，縱使是一些娛樂性、世俗性的表演，當中仍具有信仰的規範和約束力量，而不致於流於毫無節度的現象產生。

　　民間的迎神賽會，基本上是以信仰和儀式為核心，各類的陣頭及戲曲遊藝，原本皆是一種酬神祈福的儀式性表演，藉此達到娛神娛人的目的。因此，在整個活動過程中，是神聖與世俗的交融，是人與神的溝通

15　Turner, Victor（1985）"The Anthropology of Performance". in Edith L.B. Turner, ed., *On the Edge of the Bush:Anthropology as Experience*.pp.119~150. Arizona: University of Arizons Press.

交流，若淪為純粹的世俗性的聲色娛樂，則失去了神明信仰改善人心的本意，今日各界提倡民俗節慶與藝陣表演，亦秉持如是觀點。

「炸寒單」提供參與者有別於日常社會地位的一種角色轉換，在儀式劇場的互動與激盪情境過程，參與者脫離原有的日常生活，藉此儀式場域歷練身心、甚至挑戰自我極限或顛覆既定的社會制約，從社會邊緣者，轉換成為承受炮火而為人添財降福的「肉身神明」，展現耐力與氣魄，成為眾所矚目的重要角色。

近年，由於政府的提倡和推動，結合民俗節慶、神明出巡及藝陣表演等，為地方帶來的各種表演盛況和觀光人潮。其中「炸寒單」已成為台東地區最為獨特的迎神盛事，近年更愈演愈烈，鞭炮的數量有增無減，由於鞭炮的火力和濃煙，直接影響人身的健康安全，引發各界不同的觀感，也受到現代環保教育人士的質疑，如何提倡和規劃更具安全和環保教育的迎神賽會活動，值得未來更多的討論。

參考書目

中文參考書目

劉枝萬，1960，〈台灣省寺廟教堂名稱主神地址調查表〉，《台灣文獻》
　　11（2）：37-236。

林衡道，1974，《台灣省寺廟大全》，台北：青文出版社。

仇德哉，1985，《台灣廟神大全》。作者自印。

邱坤良，1983，《現代社會的民俗曲藝》，台北：遠流出版社。

莊英章、黃美英，1985，〈觀光與民俗宗教的結合：一次官辦迎神賽會
　　之檢討〉，收錄於李亦園、莊英章主編，《民間宗教儀式之檢討
　　研討會論文集》，頁 56-79。台北：中國民族學會編印。

黃美英，1985，〈神聖與世俗的交融：宗教活動中的戲曲和陣頭遊藝〉，
　　收錄於李亦園、莊英章主編，《民間宗教儀式之檢討研討會論
　　文集》：80-102。台北：中國民族學會編印。

黃美英，1994，《台灣媽祖的香火與儀式》。台北：自立文化出版社。

黃美英，1995，〈香火與女人：媽祖信仰與儀式的性別意涵〉，收錄於《寺
　　廟與民間文化研討會論文集》，頁 532-551。行政院文化建設委
　　員會主辦、漢學研究中心承辦。

黃美英，1996，〈宗教與性別文化：台灣女神信奉初探〉，收錄於《儀式、
　　廟會與社區：道教、民間信仰與民間文化研討會論文集》，頁
　　297-325。台北：中央研究院中國文哲研究所籌備處。

吳騰達，1996，《寒單爺研究》，台東：台東縣立文化中心。

吳騰達，2008，《寒單爺與民俗藝陣》，台東：台東縣立文化中心。

英文參考書目

Sangren, P. Steven, 1993. "Female Gender in Chinese Religious Symbols:
　　Kuan Yin, Ma Tsu, and 'the Eternal Mother,'" in *Signs* (11): 4-25.

Turner, Victor, 1985. "The Anthropology of Performance," in Edith L.B.
　　Turner, ed., *On the Edge of the Bush: Anthropology as
　　Experience*, pp.119-150. Arizona: University of Arizona Press.

聖母難為：媽祖信仰的政治與性別意涵

摘要

　　傳統漢人民間信奉的神祇當中，媽祖信仰流傳廣大，有關媽祖（姓林名默）的生前事蹟與靈驗傳說，其女性神祇的形塑，主要是從一個克盡孝道、救世濟人，未滿三十歲即羽化升天的貞節處女，歷經千年信仰的增衍，逐漸升格為救苦救難慈悲為懷的「媽祖婆」。本文主旨是探討媽祖生前的女性特質，以及成神之後的母性神格特徵，以此詮釋媽祖信仰與儀式蘊含的性別意義。

　　「慈悲救苦」是媽祖的重要特質，傳統漢文化特別強調母性慈祥和藹的一面，另一方面則以「柔順忍辱」成了年輕女性的品德形象，因此值得探究的是，這是否代表由男性主導的社會，所塑造出的女神傳說及形象，且推崇如此女神做為苦難婦女的祈禱對象，因此媽祖信仰雖然紓解了千年來眾多婦女的苦難憂患，然而女性信徒是否能從中獲得生命再生的力量，足以挑戰俗世的困境與勢力？

　　論文內容分三個層面：漢人民間信仰的性別文化、民間與官方的媽祖形象，以及大甲鎮瀾宮組織與進香團隊的性別差異。從傳統到現代，解析「媽祖」這位女性神祇在漢人父系社會具有的特殊意義，以及臺灣媽祖廟以男性主導的組織和進香團隊，並對照於婦女「隨香客」的特徵。

　　尤其在晚近二十年，從媽祖廟的組織與進香主導權的演變，更明顯可見地方派系的介入與政治人物的掌握，此皆反映解嚴後的臺灣漢人社會，男性在公共領域及宗教團體的積極參與與權力運作。但是，相對而言，在媽祖廟組織與進香儀式中，婦女仍缺乏主導的地位和權力，雖然有眾多虔誠的婦女「隨香客」參與徒步進香，從中獲得內在的信仰力量、舒解累積的家庭壓力，但卻難以轉化自我的生命情境，也無法超越現世社會結構的侷限。

關鍵字：宗教與性別文化、媽祖信仰、進香儀式、婦女隨香客

一、漢人民間信仰與性別文化

（一）神祇名稱與性別差異

　　本節旨在檢視神祇名稱的差異，以及兩性神祇於數量比例上的差異，藉此瞭解臺灣地區的寺廟主神在性別角色上的差異。主要是參考劉枝萬[1]〈臺灣省寺廟教堂名稱主神地址調查表〉及林衡道《臺灣寺廟大全》[2]書中所載寺廟的主神名稱，進一步依性別加以區分。由書中所列各種神祇的稱謂之中，發現男神的稱謂多為「帝、君、王、公、侯、大使、大夫、太子、王爺、大人、祖、爺、神、仙、聖、主、真人、祖師、先師、大師、元帥、將軍、千歲、先生」等。女神的稱謂多為「后、妃、娘娘、公主、夫人、婆、母、娘、媽、嬸、姑、姑娘」等。至於佛教的佛祖及菩薩，傾向無明顯的性別區分，此不贅敘。

　　民眾對這些神祇的稱謂，與對凡間男女角色的稱謂，有許多相同之處，民眾用以區分男女性別的稱呼法，也反映在神祇的稱呼上。但是，在神祇世界，男性神祇的名稱與種類遠多於女性神祇，而男性與女性神祇的數量比例也甚為懸殊。此外，依據仇德哉所著的《臺灣廟神大全》[3]一書，全書十卷之中所列出的臺灣廟神，進一步估計男女神祇的比例，藉此瞭解臺灣廟神的性別差異之大概。若以仇德哉一書所做的分類來看，「孔廟聖賢」和「關廟忠武」中全無女性。

　　「宗廟英烈」中，男性 205 人，女性僅有 4 人。「鄭廟臣將」共 139人，女性僅一人，即翁太妃（鄭成功之母）。「佛門聖尊」共 48 人，女性 2 人。「鄉土神祇」共 104 人，女性 26 人。「通俗信仰」共 97 人，女性佔 27 人。「無祀鬼厲」共三十種，女性佔三種。「自然崇拜」共 38 人，女性 4 人。至於「孝女烈婦」共 31 人，全為女性。

　　綜觀上述之分類、名稱與性別比例，凡有關「聖賢、忠、武、英烈、

---

[1]　劉枝萬，〈臺灣省寺廟教堂名稱主神地址調查表〉，《臺灣文獻》11（2）：51，1960 年，頁 51。

[2]　林衡道，《臺灣寺廟大全》，臺北：青文出版社，1974 年，頁 53～380。

[3]　仇德哉，《臺灣廟神大全》，自印，1985 年，頁 1～58。

臣將」之崇祀，皆以男性為主，女性的崇祀則以「孝女烈婦」為主，足以反映歷代所崇祀的對象和標示的價值意義，不僅有兩性的差異，而且對兩性文化的建構具有深遠的影響，因此有關廟神祭祀與性別文化，值得更進一步的探討。[4]

（二）男性官僚 vs.女神特質

美國人類學者 Arthur P. Wolf[5]認為在傳統中國社會，高低不同階序的官治理大小不同的行政區域；反映在民間信仰體系，小神管理小的、地方性的系統，較尊貴的神治理較大的系統；此說即認為中國的男神信仰即是天上的官僚，且相應於凡間的官僚體系。

Sangren（桑高仁）則認為，人類學界雖普遍認為中國宗教是世俗的科層官僚體系的反映，但是媽祖信仰顯然無法放入這個純男性的架構中；因此媽祖及其他女神崇拜可以挑戰原有的理論架構，而且女人在家中社區中的宗教活動與組織內，經常扮演重要角色。桑高仁便是出於這個關懷而著手媽祖及女性（女信徒）的研究。[6]

Sangren[7]認為在中國的帝國時期，地方祭儀的階級系統和官方的祭儀有關，朝廷祭祀把天上的神劃分為郡（州）、縣、省等不同階級，最高位階的是皇帝祭祀的神。臺灣仍保存此種天庭神祇的階級系統。但他也曾論證女神信仰和女性的社會性別特質，兩者並非必然是相同的，並嘗試透過分析宗教信仰上的性別特質，說明中國社會中的性別結構。他的分析主要如下：

> 媽祖由於在中國東南沿海廣受歡迎，而被朝廷封為天后，並納入
> 國家祭祀中。在媽祖傳說中，她拯救溺水的父兄後，年紀輕輕的

[4] 黃美英，〈宗教與性別文化：臺灣女神信奉初探〉，刊於《儀式、廟會與社區：道教、民間信仰與民間文化研討會論文集》，1995 年，頁 306～308。

[5] Wolf , Arthur P.,"Gods, Ghosts, and Ancestors", in *Religion and Ritualin Chinese Society*, 1974 ,pp.131～182。

[6] 桑高仁〈美國人類學與媽祖信仰研究〉，2003 年，頁 22。

[7] Sangren, P. Steven, "Female Gender in Chinese Religious Symbols: Kuan Yin, Ma Tsu, and the 'Eternal Mother'. ", in *Sign* 9, 1983, p. 4。

便死去了，死後仍時常顯靈解救海上船難，因此在中國東南沿海，她被視為是漁民的保護神。後來渡海來臺的移民也倚靠她，在臺灣西岸的港口，如新港、北港和鹿港，隨著移民的登陸而有媽祖廟的興建，而後隨著移民往內陸開墾，媽祖的香火也被帶入內陸並擴散開來，但這些最早登陸的媽祖廟，每年仍會有許多進香團前往朝拜。其中有一特殊的現象，是最早登陸的媽祖廟和分香廟之間的關係是屬於姻親而非父系的。每年，那些分香的媽祖神像，會回去原來的「老娘家」進香，這種關係就如同中國傳統習俗中女人和娘家的關係。[8]

Sangren 認為女神信仰的特點之二，是其調解性（mediation）在中國家庭中，父親代表絕對的權威，孩子較不敢直接反抗父親的權威，因此母親常處於居中協調的角色，所以我們不難理解女神被賦予調停者的角色。觀音解救因罪孽深重而墮入地獄者，媽祖拯救海上遇難者，王母娘娘始終幫助信徒的救贖。在祖先祭祀和地區性前神明祭儀中，所得到的只是以家庭或團體為主的依靠，但在這三位女神信仰中，每人都可獲得個人的精神慰籍，讓女神來調解個人的困境。[9]

女神信仰的第三種特徵是其聯盟性（alliance），Sangren 認為信奉王母娘娘的教派，除了也擁有包容性外，更有其母性（motherhood）的顛覆面向，這是和其他兩位女神信仰較為不同的特色。Sangren 所謂的「顛覆性」，是指母子聯合一起對抗父親，即 Margery Wolf 所謂的「子宮家庭」（uterine families），把這種家庭的顛覆性，運用到宗教中，就演變成教派組織透過尊奉王母娘娘（其神性是超越各宗派的），企圖顛覆天上官僚的階級系統。[10]

Sangren 的結論是，雖然從女神身上可看到女性特質，但這並不涵蓋全部的女性社會特質，而只是顯現了其中母子關係之特性，如調解、聯盟等。因此女神的性別特質，僅顯現女性在社會的母親角色，而避開

---

[8]　ibid：pp.8-9.

[9]　ibid：pp.20-21.

[10]　ibid：pp.21-22.

了女性在社會中妻子（分裂性）的角色。Sangren 的分析主旨，在建立女性社會角色的矛盾性和女神性別意義之間的關聯性，他指出女神信仰不同於男神信仰的性質，也是一重要的文化表現，人類學者不應忽視此方面的研究。[11]

二、民間與官方的媽祖形象

本節則進一步從民間和官方的媽祖形象特徵和倫理道德教化，解析媽祖信仰的意涵，及其與女性信眾的關係，乃至近年廟方主事者運用媽祖形象所推動的重大措施。

（一）母性長者與婦幼信眾

媽祖信仰起源于宋代。記載媽祖的文獻最早當推宋紹興年間進士、莆田人黃公度的《題順濟廟》：「枯木肇靈滄海東，參差宮殿萃晴空；平生不厭混巫媼，已死猶能效國功；萬戶牲醪無水旱，四時歌舞走兒童；傳聞利澤至今在，千里桅檣一信風。」此詩敘及媽祖生前、死後事蹟及當時百姓熱烈崇祀的情形，也反映昔時媽祖靈驗傳說和水旱或祈雨有關。另有一種說法，是認為「天妃之名即水神」（趙翼《陔餘叢考》卷三十五），此說也證明媽祖的水神淵源。媽祖傳說源自閩南沿海，和生態及生計方式緊密結合，媽祖的神力與海上救父有關，從早期被視為「海上守護神」，乃至庇佑大陸沿海移民渡過黑水溝，來臺灣拓墾的過程，媽祖不但成為地方上地位極高的主神，也是家庭供奉的重要神祇。流傳至臺灣之後，逐漸擴展在臺灣島內的農村地區，因為有關媽祖降雨的傳說也十分普遍，《小龍村》[12]一書中即有描述。又如大甲媽祖被稱為「雨媽」，相傳進香期間繞境所經的農村，總會帶來春播稻禾所需的雨水。

媽祖不僅被視為「水神」和「海上守護神」，在閩南沿海流傳有關

---

[11]　ibid：pp. 23-25.

[12]　Bernard, Gallin 著，蘇兆堂譯，《小龍村：蛻變中的臺灣農村》，1979 年。

媽祖顯靈照顧幼兒的故事，漁村婦女在岸邊工作忙碌，任由一些兒童在海邊玩耍，傳說出現一婦女幫忙照顧這些孩童，這位婦女就是媽祖。媽祖和婦女、兒童關係密切，充份展現女／母性神的特質，被視為婦幼的保護神。

　　首先，我們從民間的稱呼和儀式意涵來看媽祖的「母性」特質，臺灣民間稱她為「媽祖婆」，福建莆田稱為「娘媽」[13]、「姑婆」，可知媽祖在民眾心中是一母性長者的地位。然而，傳說中的媽祖，生前未滿三十即「昇天成神」，後世人卻尊稱為「媽祖婆」、「娘媽」，此形象已大不同於俗世的凡間女子了。

　　相對於一般漢人傳統社會及家庭，一個平凡的女性，在世俗社會並無一席之地，童年是依附在父親撫養下，為人女兒，長大嫁為人妻，則成為男方家族中的一個「媳婦」，仰賴男人的家庭和經濟，為男方家庭作家事，侍奉公婆，唯有在生了兒子之後，為男方歷代祖先傳繼「香火」，她的地位才提昇為「母」，而且需熬到兒子娶妻生子後，才能有「婆」的地位，死後則被列在丈夫牌位中。漢人女性在成年結婚後，成了「無名」氏，她的身分是依附在親屬和婚姻關係中。換言之，一個女子不論在生家或夫家，都沒有自主的地位，她一生的身分雖有變換，但仍是附屬地位。

　　傳說林默娘生於宋建隆元年（960年），歿于宋雍熙四年（987年），生前是一具有孝心美德的潔淨女子，但默娘生前並沒有結婚生子，因此不同於凡間女子在嫁為人妻的父系家族中，淪為一個附屬地位的社會角色。反觀神界的媽祖形象，在未滿三十歲死後受地方供奉，但到了後世，已被形塑成一個慈祥的母性長者、以及法力無邊、救苦救難的角色，此亦反映漢人男性社會對此一女神所建構的理想形像。

　　歷經千年的信仰流傳，媽祖已具有其母性長者之特質，因此媽祖信徒也以婦女居多，筆者住在大甲鎮瀾宮的觀察，從清早天未亮，一些婦女信徒便主動來廟裡清理神案供桌。平日來媽祖廟燒香燒金的以婦女居

---

[13]　陳元煦，〈莆田人普遍信仰媽祖的原因：兼談「娘媽」名稱的由來及其演變〉，刊於《媽祖信仰的發展與變遷》，2003，頁260～283。

多，在儀式行為主面，卜杯和求籤詩的信徒中，也以婦女居多，婦女多是跪在正殿神龕前（表示希望能愈接近神像），手持線香喃喃不斷的向媽祖傾訴和請示問題原由，這種儀式行為可視為一種自我對話與探問的過程，這當中也反映大多數婦女信徒平日對媽祖婆的依賴，媽祖廟提供婦女日常生活中一個屬於自己的空間，許多鄰近的婦女，習慣在早上或晚間到媽祖廟，但逗留的時間很少超過半小時，因為需回家料理家務。而一些五、六十歲的男人，常聚在廟埕大樹下閒聊，但很少去燒香，一坐就是一個上午或整個午後的時間，到了吃飯時間才回家去，這些男性的慣行，較傾向於社交和休閒性質。

另一方面，根據筆者的訪調，在臺灣的大甲地區，給媽祖做義子（誼子、契子）的風氣十分普遍，祈求媽祖保佑孩子平安順利長大成人；此儀式大多由母親到媽祖廟裡為其子女辦理登記，書寫小孩名字及出生年月日在一張「結契誼字」。小孩平安成長至十六歲時，需答謝媽祖神恩，有一些母親也會帶著兒女跟隨媽祖進香、甚至以徒步隨香的方式來「還願」。現因許多青年在十六歲時，仍在求學上課，因此大多的男子多改在退伍返鄉後，參加媽祖進香。

媽祖的母性慈悲德行與救苦救難形像，近年也成為媽祖廟主事者的決策與行事方向，例如大甲鎮瀾宮以其雄厚的財力，2003 年成立「財團法人大甲媽社會福利基金會」[14]，耗資二億元興建一所專門收容失依兒童的育幼院[15]。鎮瀾宮副董事長鄭銘坤說明：鎮瀾宮在大甲鎮橫圳街 163 號購得一筆 1600 坪的土地，若干信眾和董監事均建議興建醫院或老人養護院，但經廟方擲筊請示大甲媽，大甲媽指示「要興建育幼院」，此即今日的「大甲鎮瀾宮兒童家園」[16]。

另一方面，在兩岸複雜的政治關係中，高舉媽祖聯誼及宗教交流活動，反而更能穿越臺海的政治圍限。大甲鎮瀾宮於民國九十年，以具體

---

[14]　財團法人大甲媽社會福利基金會 http://www.dajiama.org.tw/index.htm。

[15]　兒童家園 http://www.dajiama.org.tw/activity/activity_main.asp?photo_id=P0005。

[16]　〈大甲媽祖的慈悲濟世「鎮瀾宮兒童家園」〉，《科技人文雜誌》網址：http://taichung-life.com.tw/index.php?CID=1777&REQUEST_ID=cGFnZT1jb2x1bW5fY29sdHVyZQ==&sub_class=%A4%E5%A4%C6%B2%A3%B7~。

的行動，邀請全臺主要媽祖宮廟，籌組「臺灣媽祖聯誼會」，並由大甲鎮瀾宮副董事長鄭銘坤榮任創會會長，新港奉天宮董事長何達煌、南方澳南天宮主委陳正男任副會長。[17]以鎮瀾宮為首的「臺灣媽祖聯誼會」，積極於「兩岸交流」的各項大型活動。

2001 年 6 月至 2002 年 10 月間修復莆田賢良港「媽祖故居」，並舉辦竣工典禮及「聖父母安座」典禮。

2008 年 5 月 12 日發生四川大地震之後，6 月 1 日「臺灣媽祖聯誼會」召開臨時大會，決議在四川理縣捐建「媽祖小學」[18]。6 月 20 日援建四川地震災區彭州濛陽鎮「媽祖幼兒園」，於福建莆田舉行捐款儀式。由鄭銘坤會長暨何達煌副會長率松山慈祐宮顏家旺董事長、鹿港天后宮張偉東主任委員等代表，將二十四家會員宮廟籌集的善款共五百六十萬元，為濛陽鎮捐建一所媽祖幼兒園。「臺灣媽祖幼兒園」位於濛陽鎮鳳凰大道中心小學內，占地三千餘平方米。幼兒園將建有八個班，可容納幼兒兩百餘人。目前，媽祖幼兒園建設用地已落實，2009 年九月上旬開建，於 2010 年全面完工[19]。

根據「中國新聞網」的報導：四川大地震發生後，「中華媽祖文化交流協會」迅速行動起來，向海內外媽祖信眾發出捐款倡議書，很快就得到了各界人士的積極響應，也得到了臺灣同胞的積極響應。據不完全統計，臺灣媽祖信眾已向四川災區捐款一千四百多萬元人民幣。其中臺灣雲林縣北港朝天宮捐款二千多萬新臺幣。5 月 27 日，中華媽祖交流協會還聯合臺灣媽祖聯誼會、莆田湄洲媽祖祖廟董事會、臺灣臺中縣大甲瀾宮三家單位，向東南香米業購買價值近五十萬元人民幣、帶辣味調料的九萬盒速食米粉，運往災區。每盒米粉中還存放著一張媽祖平安卡片。為使四川理縣小學生有好的校舍讀書，中華媽祖文化交流協會、臺灣媽祖聯誼會、湄洲媽祖祖廟董事會、莆田市紅十字會決定再籌資金六

17 臺灣媽祖聯誼會網站：「宗旨理念」http://www.taiwanmazu.org/html/intro.asp。
18 臺灣媽祖聯誼會網站：「公益事蹟」http://www.taiwanmazu.org/html/charity.asp。
19 臺灣媽祖聯誼會網站：「公益事蹟」http://www.taiwanmazu.org/html/charity.asp。

十萬元共建「媽祖博愛小學」。[20]

（二）倫理孝道教化

媽祖被賦予的倫理孝道的教化意涵，及其對女性／家庭／家族的影響。尤其是官建媽祖廟特別強調儒家倫理，臺南大天后宮聲稱其正統權威地位與忠孝節義的教化功能。臺灣許多主祀男神的廟宇，並沒有特別建「聖父母殿」，但臺灣的媽祖香火重鎮北港朝天宮建有「聖父母殿」，供奉媽祖的父母親，因此也有「謁拜媽祖父母」的儀式和說法，強調的是倫理孝道的實踐。

另外，在媽祖的儀式活動中，「回娘家」的說詞也深具漢人女性文化特色，張珣[21]認為「媽祖回娘家」具有「擬親屬」的特徵，表示神與神之間就像人間親屬的聯繫。林美容[22]也指出媽祖的女神屬性，媽祖儀式活動常有「作客」或「回娘家」、「轉外家」的說詞，表示出嫁女子與娘家的關係，反映作為女神與漢人社會之女子相似的社會屬性，是漢人親屬結構中婚姻的情境與作用，女人的移動與聯盟關係的建立擴張。

我們可更進一步探討「回娘家」的意義，也是為了孝道的實踐，強調對己身父母家庭的感恩和維繫，北港朝天宮建有「聖父母殿」，所以早期民間流傳大甲媽祖「回娘家」的說法，也有說是「去謁見聖父母」。由於媽祖生前是一個未出嫁的女兒身分，而且是個孝順的女兒，有救父傳說。媽祖成神後，朝廷不僅對她褒封，也對媽祖父母親加封侯位，較大的民間廟宇則塑像供奉。1990 年大甲鎮瀾宮也從湄洲祖祠，請回媽祖父母的塑像回該宮供奉，這些都顯示官方與民間重視媽祖與父母親的關係，以及孝道的教化意涵。

另一方面，若是從漢人家庭廳堂普遍供奉的「神明彩」來看媽祖的特質和地位，一般的「神明彩」最上層是觀音，再者是媽祖、關公，最

---

[20] 中國新聞網 2008.6.4http://big5.chinataiwan.org/wh/lasy/200806/t20080604_654870.htm。

[21] 張珣，《文化媽祖》，中央研究院民族學研究所，2003 年，頁 90。

[22] 林美容〈臺灣區域性宗教組織的社會文化基礎〉，刊於《東方宗教討論會論文集》，1991，頁 358～360。

低一層才是灶君和土地公。從倫理規範的意涵來看官方或士紳所強調的是慈悲為懷與忠孝節義的美德，在廳堂的「神明彩」中，觀音的形象特質偏重慈悲，關公形象偏重忠義，媽祖形象則偏重節孝，土地公是「里長伯」強調保護鄰里平安，灶君上達天庭，是針對家戶的神，但也是控制婦女的神明，避免婦女在灶腳（廚房）議論是分，因為「灶腳」是婦女日常生活中主要活動的空間。由上述現象可知不論在公／私領域，媽祖崇奉所著重的教化意義。

（三）朝廷冊封「天上聖母」

從臺灣一些鄉鎮的調查研究指出，媽祖是一地區的最高神祇，例如小龍村[23]、關渡[24]、林圯埔[25]、岩村[26]等報告，皆指出媽祖廟是該地區最大的廟宇，但有一點仍未被進一步探討的是，媽祖為什麼會成為一地區的最高神祇？平日媽祖廟的信徒為什麼是以女性居多？而且在這些宮廟和儀式活動中則是由男性主導，並藉重女神的號召力，逐漸擴展其組織力量和儀式活動。

這位女神不只是一地區的重要神祇，也受到朝廷或政權的重視。首先可從歷代的封號來看，媽祖從一個「湄洲林氏女」，歿稱「通賢神女」或「龍女」（宋人丁伯桂的順濟聖妃廟記），朝延的賜封從宋代開始為「崇福夫人」、「靈惠夫人」、逐漸升格為「靈惠妃」，乃至「天妃」、「天上聖母」、「天后」（清朝封號）[27]。李豐楙[28]指出媽祖在官僚體制下，經由官方認可的「正祀化」過程，從一「巫媼」、「里中巫」的巫覡的宗教性質，屢受朝廷褒封，逐漸轉化、提昇成為一個重要的女神，而且這位女神具有一種母性的慈悲。

---

[23]　Bernard, Gallin 著，蘇兆堂譯，《小龍村：蛻變中的臺灣農村》，1979 年。

[24]　文崇一等著，《西河的變邊》，1975 年。

[25]　莊英章《林圯埔：一個臺灣市鎮的社會經濟發展史》，1977 年。

[26]　許木柱《岩村的宗教活動：一個農村的工業化與社區活動之三》，1978 年。

[27]　參見李獻璋《媽祖信仰の研究》，1979 年。

[28]　李豐楙〈媽祖與儒釋道三教〉，《歷史月刊》第 63 期，1993 年 4 月，頁 34～42。

James Watson[29]認為人類學者受 E. Durkheim 的影響，較忽略權力關係的存在，以及詮釋意義的差異與矛盾。Watson 分析官方有意的介入和提升媽祖地方神明的地位，使其成為具有象徵沿海綏靖的「天后」，他的研究指出一個神明如何對不同的人（根據他們在權力階層中的位置）代表不同的意義和功能。Watson 探討媽祖如何從一個原本僅是貧窮漁民所祭拜的神祇，對一般民眾而言，媽祖保佑航海安全、女性的生育力、以及處理調停個人與家庭的問題。在中國沿海、臺灣以及東南亞，民眾興建之眾多媽祖廟中，但是也有由朝廷建造的官方天后宮，因為媽祖信仰卻也被帝國政府當作一個教化力量，以及平定沿海海盜、走私者和造反者的象徵，朝廷因而對媽祖信仰加以提倡運用，給予規格化、冊封重要名號，提升為「天后」，使其躍升為中國的重要女神。

我們可進一步了解，雖然在歷代朝廷的封號上，媽祖雖已達最高地位，但從另一角度而言，媽祖在天庭的神格和權位上，仍處於從屬地位，其中「妃」、「后」、「母」三者的地位仍然有別，「妃」扶正後才是「后」，「母」的尊高地位是來自其子嗣，因為需成為母親，盡到延續香火的母職後，才受到肯定。媽祖生前雖無子嗣，但她成為地方守護神，如母親般照顧地方子民，受民間崇奉，香火延續不斷，因此由皇帝冊封為「天上聖母」。

張珣的論文[30]也指出：媽祖與許多女神一樣，其未嫁、未生產的聖潔乃為女「神」特質之一，但矛盾的是中國文化期待女性能扮演結婚生子的角色，二者間亦存有緊張關係。因此，張珣認為媽祖取得崇高的神格和媽祖廟遍及中國南北各地（夏琦 1962a）與歷代封號中虛擬的為人妻為人母的理想角色有關。媽祖原為福建省莆田縣一帶奉祀的地方神祇，能升格為全國性神祇，其傳說事蹟得與大傳統要求的價值觀結合才有助益於教化。早期的事蹟著重媽祖的孝行，後期則著重對朝廷的貢獻盡忠（李獻璋 1979；夏琦 1962b）。早期僅稱「靈女」，封號為「夫人」，

---

[29]　Watson, James L., "Standardizing the Gods:The Promotion of Tien Hou(Empress of Heaven) Along the South China Coast, 960-1960,"1985, pp. 25.

[30]　張珣〈女神信仰與媽祖崇拜的比較研究〉，中央研究院民族學研究所集刊 79，頁 99，1996。

晚期則封號為天后、聖母。到了聖母方始完成一個中國女人理想的角色。官方稱聖母，民間則喜稱「媽祖婆」，「娘媽」，「姑婆」這種帶母性長者色彩的名稱，反映民間對一個婦女的期待。

筆者認為值得思考的是，冊封的名號是「天上聖母」，而非「天上聖王」或「天上帝王」，因此在天庭並沒有正式的「女皇帝」權位。相對而言，天上的男神卻各有其官階名稱和職位，從「玉皇大帝」、三宮大帝（天官、水官、地官）、關帝聖君、城隍爺，乃至灶君、土地公（俗稱里長伯），都有個「一官半職」。換言之，民間雖然認為媽祖的法力無邊、神威顯赫，但她在天庭並沒有掌握實質的帝號與權位；但是在傳統漢人父系社會，「男尊女卑」的男權文化價值觀行之久遠，民眾和婦女皆樂於接受歷代朝廷皇帝對媽祖的封號。

1987 年 7 月，臺灣的國民政府解除長達三十八年的戒嚴令，並開放返鄉（中國大陸）探親之後，中國湄洲嶼的天后宮（後改稱湄洲祖廟）的董事會即封媽祖為「海峽和平女神」，號召臺灣各大媽祖廟及信眾前往「謁祖進香」，此亦明顯可知當代政治運用媽祖信仰的最新名號。

三、宮廟組織與進香團隊的性別差異

（一）鎮瀾宮組織與主導權

晚近二十年來，大甲媽祖進香可說是臺灣一項盛大民間宗教活動，此盛大活動的興盛必與宮廟組織運作及地方政經勢力密切相關。筆者過去曾從事大甲鎮瀾宮及媽祖進香儀式的研究，論及鎮瀾宮的組織沿革與領導權力的演變[31]，以下根據《大甲鎮瀾宮志》[32]的記載，簡述該廟組織沿革如下：

1、禪師住持時代（？年～1924 年）清代的鎮瀾宮由私廟變成公廟之後，由佛門的出家僧負責祭祀與綜理廟務，並以祖、師、生傳承制度，

---

[31] 黃美英《臺灣媽祖的香火與儀式》，1994 年，頁 152～153。
[32] 大甲鎮瀾宮管理委員會編印《大甲鎮瀾宮志》，1974 年。

從第一代傳到大正十三年（1924），共歷八代十九人。

2、街庄民有權制（1924～1946）改為街庄民有權制後，由大甲街、大安庄、外埔庄、內埔庄四個街庄的協議會會員、保正為信徒代表，再由信徒代表推選「管理人」，大正十三年到昭和十一年（1924~1936）由大甲士紳杜清為管理人。1936 年杜清去世，由其子杜香國繼任。

3、執行委員會制（1946～1968）臺灣光復後，民國三十五年（1946），杜香國過世。經地方紳商倡議改革，組織信徒代表大會，四鄉鎮村里長及鄉鎮民代表為信徒代表。訂立「鎮瀾宮管理章程」及「辦事細則」，推選管理員共計二十人，成立「執行委員會制」，圈選當時的鎮長任管理人，大甲、大安、外埔、后里等鄉長為副管理人。

4、管理委員會制（1968～1978）民國五十七年（1968）改組為管理委員會，以大甲、大安、外埔、后里四鄉鎮的鄉鎮長、鄉鎮民代表及村里長為信徒代表。信徒代表大會為最高議事機構，由信徒代表大會推選委員、監察委員及主任委員。

5、財團法人制（1978～迄今）民國六十七年（1978）改組為財團法人，並訂立「財團法人鎮瀾宮捐助章程」及「辦事細則」，成立董監事會，依法選出第一屆董事長曾福輝及董監事處理廟務。[33]

民國六十七年（1978）改組為財團法人，成立董監事會，權力更形集中，平日的廟務及人事管理也逐漸步向制度化。從近年洪瑩發碩士論文相當詳盡的調查資料[34]，可知宮廟的組織運作，乃至組織核心之性別差異。根據近年洪瑩發整理自《大甲鎮瀾宮志》[35]的「歷任執行委員名冊一覽表」，歷年名冊當中，幾乎都是男性，甚至地方派系在鎮瀾宮董監事會的運作影響。

洪瑩發訪問曾任執行委員、年逾八十歲的葉金麟，他的回憶是：「當時參與的人大部份都是士紳，多是地方望族與『貸地業』，或是有擔任公職的人」。另外，葉金麟也指出在民國四十五年之後，鎮瀾宮的委員

---

[33] 有關該宮的捐助章程，參見郭金潤編，1998 年，頁 20～24。
[34] 另請參閱洪瑩發，《戰後大甲媽祖信仰的發展與轉變》，2005 年。
[35] 大甲鎮瀾宮管理委員會編印《大甲鎮瀾宮志》，1974 年。

們受到臺中縣地方政治派系形成的影響，開始分成紅、黑兩派。鎮瀾宮管理制度改成委員會制度後，其成員選擇都透過地方的政治人物所選，隨著臺中縣紅黑兩派勢力的成熟，派系運作也介入鎮瀾宮管理委員的選舉，成為紅、黑兩派政治角力場之一。[36]

有關宮廟的男性主導權及地方政治意涵方面，何鴻明、王業立也以鎮瀾宮的人事選舉作為個案分析，經由研究結果得知，第一，臺中縣的紅、黑兩派可以同時介入大甲鎮瀾宮的人事選舉，與鎮瀾宮董監事會的選舉制度有密切關係；第二，顏清標擔任大甲鎮瀾宮董事長所代表的政教關係，除了讓派系人物打破傳統祭祀圈的概念外，也調解了大甲五十三庄不同派系勢力的衝突，所謂一刀兩刃、各有利弊。[37]

關於鎮瀾宮的政教關係，最引人側目的還是在於 1998 年、1999年，當時的董事長王金爐（擔任屆期為第三、四、五屆）欲尋求四連霸，在當地大甲鄭家勢力的聯合抗衡下，無法如願。最後，在雙方的好友，時任臺中縣議長顏清標（議員選區為大肚、烏日、龍井）出面協調下，將戶籍從龍井鄉遷入大甲鎮的方式，出任第六屆大甲鎮瀾宮董事長，以解決這一場風雨欲來的寺廟董座衝突。以顏清標的政治角色來看，從政歷經沙鹿鎮埔子里長、大烏龍選區的縣議員及縣議長、第五、六屆臺中縣（複數選區）立法委員、第七屆臺中縣第二選區（大里、沙鹿、烏日、大肚、龍井、霧峰）立法委員；宗教經歷最主要就是擔任第六、七、八屆，至目前第九屆大甲鎮瀾宮董事長。從歷史相關事件來看，地方派系介入寺廟人事選舉的痕跡頗深，甚至就是以派系領袖主導整個過程。[38]

自第七屆董監事改選後，加上四十席選任信徒代表，強化了選舉結果的可預期性，當屆董事會擁有認可（或提名）次屆董監事的主導權，形成一種「自我繁殖」的組織型態。但是，實際選定聘任的過程，不是由下而上的信徒自選產生，而是由上而下的指派產生，四十席選任信徒

---

[36]　詳見洪瑩發，《戰後大甲媽祖信仰的發展與轉變》，2005 年，頁 29～32。

[37]　何鴻明、王業立〈地方派系如何操控寺廟的管理權？——以大甲鎮瀾宮的人事選舉為例〉，《臺灣民主季刊》第七卷，第三期，2010 年 9 月，頁 123～186。

[38]　何鴻明、王業立〈地方派系如何操控寺廟的管理權？——以大甲鎮瀾宮的人事選舉為例〉，《臺灣民主季刊》第七卷，第三期，2010 年 9 月，頁 125。

代表的「代表信徒性」，始終備受質疑。不過，新式選舉制度稀釋了大甲五十三庄全體當然信徒代表以及四鄉鎮全體公民的「代表信徒性」，卻是不爭的事實；地方上雖偶有異議之聲，但也難挽狂瀾。在「選任信徒代表與董事循環產生制」的政治影響下，最後權力集中於董事會高層，特別是以董事長、黑派精神領袖顏清標與副董事長鄭銘坤為首的聯合領導中心。何鴻明、王業立（2010）的研究認為，大甲鎮瀾宮人事組織的政治體制，如同一種金字塔結構，由四鄉鎮公民選出信徒代表，再由信徒代表選出董監事，最後由董監事互選正、副董事長、常務監事，由下而上的選舉流程，人數也由多至少，顯示最後權力集中於少數人的特性。

就縣議員的角色來看（包含連任失敗，現在還活躍政壇，但早期已故者不論），黑派的領導人就是顏榮燦（曾任鎮瀾宮總幹事，大甲籍）、林素貞（不曾擔任廟職，大甲籍／大安籍）、姚應龍（現任大甲鎮瀾宮常務董事，外埔籍）、紀昭印（大甲紀家勢力／偏黑派，任鎮瀾宮文化大樓主任，大甲籍），除了統籌三鄉鎮黑派勢力外，在鎮瀾宮的要職上，也各占有一席之地。目前來說，三鄉鎮黑派可再區分為兩個系統，一個就是以鎮瀾宮為領導中心的黑派，重要人物有大甲鄭家（非政治人物）與顏清標結盟的勢力、縣議員姚應龍；另外，就是非鎮瀾宮的政治勢力，而走的也是傳統黑派路線，繼承了前黑派領袖、已故縣議員顏萬金（曾任大甲鎮瀾宮管理委員會主任委員）、已故縣議員陳世邦（曾任大甲鎮瀾宮常務董事）的系統，代表性人物就是顏萬金之子、現任縣議員顏榮燦，還有現任縣議員林素貞。綜上所述，大甲五十三庄黑派勢力與三鄉鎮縣議員（同一選區）作為緊密的政治勢力連結，而這些政治領導人在不同時期，均曾有入主鎮瀾宮擔任廟職的紀錄。[39]

值得一提的是，根據何鴻明、王業立的訪問調查，受訪者的性別，大甲五十三庄從政人士多以男性為主（大甲鎮瀾宮歷屆管理、監察委

---

[39] 何鴻明、王業立〈地方派系如何操控寺廟的管理權？—以大甲鎮瀾宮的人事選舉為例〉，2010 年 9 月，頁 132。

員、董監事從無女性擔任），女性相對偏低。[40]以此對照鎮瀾宮第一屆至
第七屆董監事會的名冊[41]，皆為男性，且與地方派系及政治關係密切。

　　黃敦厚[42]的博士論文也討論商人與媽祖廟的關係：自日治時代迄
今，由於士紳人物走向經商之路，政治人物本身多經商或家族即屬商人
集團，臺灣政治界與商人關係更加深厚，也因此無論媽祖廟管理制度如
何的變遷，商人介入媽祖廟已是避免不了的事實，即使是神選爐主頭家
制度下，參與角逐之人亦屬商人居多，畢竟慶典活動的規劃運作，其參
與的人除了普羅大眾之外，在商人大筆款項與人脈的支援下，更容易竟
其功。在臺灣人喜歡到外地靈廟進香的習慣下，商人將經營商業的心態
帶入到媽祖廟的管理運作中，媽祖廟之間的管理階層交相往來，加上便
利的運輸交通工具，媽祖廟香火鼎盛，而有組織的媽祖聯誼會，更藉此
游走於臺海兩岸。

　　鎮瀾宮董監事除了掌握廟務之外，並擴大組織相關社團，分別於
2001 年、2006 年，發起籌組「臺灣媽祖聯誼會」與「臺灣媽祖文化學
會」[43]。2001 年，鎮瀾宮以具體的行動，邀請全臺主要媽祖宮廟，籌組
「臺灣媽祖聯誼會」，並由大甲鎮瀾宮副董事長鄭銘坤榮任創會會長；
新港奉天宮董事長何達煌、南方澳南天宮主委陳正男任副會長。[44]

　　2008 年 1 月 27 日舉辦「2008 臺灣道教馬蕭後援總會」成立大會；
其宗旨為認同總統候選人馬英九、蕭萬長所提出「珍惜臺灣核心價值」
的理念，發揚慈仁愛物、濟貧幫困的道教傳統精神，臺灣媽祖聯誼會會
長鄭銘坤特敦請全省道教耆宿、各宮廟壇之負責人及社會賢達等道教團
體，並串聯全臺千餘座道廟宮壇，發起籌組「2008 年臺灣道教馬蕭後
援總會」。[45]

---

[40]　何鴻明、王業立〈地方派系如何操控寺廟的管理權？—以大甲鎮瀾宮的人事選舉為例〉，
　　　《臺灣民主季刊》第七卷，第三期，2010 年 9 月，頁 130。

[41]　參見洪瑩發，《戰後大甲媽祖信仰的發展與轉變》，2005 年，頁 234～240。

[42]　黃敦厚，《臺灣媽祖信仰與商人精神——以大甲、北港媽祖為研究中心》，中興大學中國
　　　文學系研究所博士論文，2012 年 6 月。

[43]　財團法人鎮瀾宮全球資訊網董事長序言 http://www.dajiamazu.org.tw/html/page01-1-1.html

[44]　臺灣媽祖聯誼會 http://www.taiwanmazu.org/

[45]　參見臺灣媽祖聯誼會 http://www.taiwanmazu.org/html/intro.asp

綜觀二百多年歷史的鎮瀾宮，在晚近二十年的理監事與理事長選舉的地方派系政治人物的掌控與爭奪戰之中，宮廟的權力核心也從未曾輪到女性參與。媽祖這位流傳千年的女性神祇，在當代臺灣男性的政治主導之下，突顯出大甲地區的婦女在鎮瀾宮組織仍無一席權力地位，更可進一步探討大甲媽祖進香儀式活動是否亦操控於男性為主的組織？

（二）大甲媽祖進香團隊

有關大甲媽祖進香的歷史淵源及演變過程，清代文獻缺少相關的記載，現存較早的記載見於日治時期所編的《大甲鄉土の概觀》（1934 年），其中僅記載往北港進香，至於清代是否往湄洲祖廟進香？則是從近代編寫的廟志，以及當地父老的追憶和口述得知。

筆者在 1991 年間的實地訪調，綜合整理各方資料及訪調所得，試將大甲媽祖進香的歷史演變歸結為四個時期，但對於各時期的進香狀況，也有著各種差異的說法和詮釋：[46]

第一期：往湄洲祖廟謁祖進香（中日甲午戰爭之前）。

第二期：往北港進香（日治初期至 1987 年）。

轉變期：往湄洲祖廟天后宮、港里祖祠天后祠（1987 至 1990）。

第四期：改往新港「遶境進香」（1988 年迄今）。

進香主導權的轉移早期大甲媽祖進香活動，是由正爐主、副爐主及頭家負責，而且有兩尊「進香媽祖」，平日分別供奉在值年的正、副爐主家中，因此也稱「正爐媽」、「副爐媽」，只有在進香前請到鎮瀾宮，兩尊神像的尺寸大小不同。筆者曾訪問歷任幾位爐主及鎮上一些耆老，皆不清楚這兩尊進香媽的由來？也不知究竟是何時雕塑的？是否從他處分香請來的？這些問題皆欠缺文獻可考？鎮瀾宮也欠缺這兩尊進香媽祖的資料，宮志只記載其「開基媽祖」是林姓夫婦從湄洲朝天閣請來臺灣的。有關這兩尊進香媽的各種說法不一，此非本文主要內容，可參

46　黃美英，《臺灣媽祖的香火與儀式》，1994 年，頁 84～98。

見筆者的論著[47]，1988 年該廟董事對外發表文章，欲「更正」北港進香
的各種說法，在 1987、1990 年間也編寫新的廟志，至此鎮瀾宮董事會
確立了大甲媽祖進香的歷史詮釋。

　　至於往後二十年的研究者也多不再追溯和探討這兩尊進香媽的來
龍去脈了。往昔，農曆元月十五日卜杯擇定該年進香時辰之後，正、副
爐主兩人便開始負責在大甲街內籌募進香費用，頭家們則到大安、內
埔、外埔募款，稱為「題緣金」，所有關於進香的經費和儀式活動皆由
值年的爐主及頭家負責。往昔鎮瀾宮存在兩種運作系統，爐主頭家只負
責主辦進香，平日並不過問鎮瀾宮內任何事務，兩尊進香媽祖平日分別
供奉在正、副爐主家中，只有在準備進香時請到鎮瀾宮。至於鎮瀾宮的
住持和尚（1946 年以前）及後來的管理委員會（1946～1974），並無權
主導進香事宜。

　　依筆者過去的實地訪問，由於進香人數逐年增加之後，一些地方人
士認為需善加管理。在 1970 年間，這兩種系統出現緊張關係，一些地
方人士開始質疑爐主對進香經費的運用，倡議將籌辦進香的權力交由管
理委員會。但是，影響最大的，仍是來自政治力和政策的介入[48]，尤其
是當時的管理人顏萬金擔任縣議員，結合當時的臺中縣政府的力量，對
當時鎮瀾宮的其他委員及信徒施壓，主張取消爐主負責進香的制度，以
取得進香主導權。[49]

　　1974 年起廢除進香爐主制，改由管理委員會主持進香事務，達到
全面掌控進香的權力與資源。更值得注意的是，往昔這兩尊進香媽祖神
像，依照傳統習俗，平日是供奉在值年的爐主家中，只有在準備進香才
請到鎮瀾宮。1974 年廢爐主進香制，該年從大甲往北港進香返回鎮瀾
宮之後，委員便將這兩尊進香媽祖留在正殿神龕中，從此改變進香媽祖
的供奉的地點，甚至日後的董監事會的成立，更重新解釋「進香媽」的

[47]　黃美英，《臺灣媽祖的香火與儀式》，1994 年，頁 89～90。
[48]　詳情可參見《臺灣媽祖的香火與儀式》，1994 年，頁 158～159。
[49]　洪瑩發，《戰後大甲媽祖信仰的發展與轉變》，2005 年，頁 30～32。

歷史淵源[50]，此中的問題暫不在本文討論。

　　以往的進香爐主制，「割火」回來後，爐主頭家們可分得香火爐中的「香灰」，並統籌運作及掌管進香募得的全部經費。早期卜杯而來的爐主和頭家，雖然不限制性別和年齡，但擔負大眾事務所需運用的經濟資源和社會關係的運用，並非一般婦女能勝任，有一些男子為了爭取較多卜杯機會，會以妻子或女兒的名義參加卜杯，但實際的權利義務仍由男性負責。鎮瀾宮的組織從「爐主頭家制」演變到管理委員，乃至現今的「財團法人董監事委員會」的組織成員，皆以男性為主導，並且和地方政經勢力密切結合，此如前一節所述。

　　2、進香團隊以男性居多

　　早期清代往湄洲進香或日治時代往北港進香，參與的人數和組織分工的情形究竟如何，因欠缺切確的文獻資料可考，也無從得知當時女性扮演的角色，但從耆老的口述，不論是頭家爐主，或扛香擔和神轎者，皆以男性為主。早期在北港朝天宮舉行「割火」儀式女人不能靠近，有一次筆者跟隨進香，參加「割火」儀式，但朝天宮主持割火儀式的和尚不准我靠近拍照，但卻沒有阻止男攝影者，鎮瀾宮的董事向他說明我已經進香多次了，而且是用走路的，是非常有「誠心」的女子，而且經過卜杯，和尚才讓我拍攝儀式過程。

　　早期的進香型態和割火儀式相當簡樸，進香團的型態也僅是建立在核心儀式的需求上。當時，進香媽組是由值年的爐主負責，爐主須親自恭請神像前往目的地，另外需有人負責割火儀式盛載香火的「香爐」。後來演變由轎夫扛抬進香媽祖的神轎另由挑夫負責香火爐，形成日後的「大轎班」和「香擔組」。[51]

　　大甲進香團從早期數十人，歷經近百年的發展，近年已達十萬人之多，發展出各種不同層級的團體，這些團體雖然具有共同性（以媽祖香火為目地），但各團體在參與儀式活動的過程，也呈現相當的自主性與變異性，由於各團體和組織的不斷擴展，一方面壯大了「大甲媽」的聲

50　黃美英，《臺灣媽祖的香火與儀式》，1994年，頁 151～152。

51　黃美英，《臺灣媽祖的香火與儀式》，〈進香團的演變〉，1994年，頁 161～167。

威，同時也藉著各種儀式活動來創造和形塑該群體的自我意象與生存空間。進香活動屬於一種流動性、開放性、包容性較大的宗教儀式，提供一個相當程度的自由和富於彈性的空間，個人、家庭和團體皆可參與，不屬於廟方的編制，沒有嚴格權利義務的界定，參與進香時，不論是護駕、服務隨香的性質，所有的信眾和團隊主要是向媽祖負責。

1950 年代大甲進香團隊只有「轎前吹」和兩支「哨角」（皆為男性），發展至 1990 年代的進香團隊的類型與性別組成[52]，如下列：

（1）陣頭前導：

包括頭旗隊（持頭旗、頭燈、三仙旗）、開路鼓（與「轎前吹」同屬「錦樂團」）、哨角隊（由 2 支哨角逐漸發展，1961 年正式組團，約 40 餘人，成員較固定，並於 67 年正式設媽祖金身，組「媽祖會」）。此皆為男性。

（2）鑼鼓陣頭：

包括地緣性之鑼鼓陣頭十多個團體，以及該年的搶香者（或團體）出資聘請的陣頭，陣頭團體的成員主要是男性。

（3）曲藝團體：

屬地緣性之子弟班性質，昔時地方廟會接自行演戲酬神，大甲地區有五個主要曲館，但非鎮瀾宮附屬團體。曲藝團體的成員以女性較多。

（4）護駕團體：

報馬仔：或稱探馬仔，即「駕前老報兵」，承自清代習俗。以個人還願為主，需「卜杯」獲媽祖應允方可，皆為男性。

三十六執士：限男性，持神兵神將兵器，共十六種，各有一對，由廟方委請一位長者當任「班長」，已擴大至上百人。

繡旗隊：個人還願性質，「卜杯」後向廟方登記，持一年或連續三年，也有十數年，外地人可卜杯參加，最早六位是男性，後來以女性為主，並非正式團隊及組織，進香期間，廟方並委由「三十六執士」協助照料管理。

52　黃美英，《臺灣媽祖的香火與儀式》，〈進香團隊的類型〉，1994 年，頁 167～177。

（5）神偶團體：

早期的團隊主要有：大甲莊儀團（媽祖兩大護衛千里眼、順風耳）。神童團、彌勒福德團、彌勒團。此類神偶團體扮演進香主神護衛性質，神格低於主神，神偶團體需設此神偶之金身供奉，廟會活動請神偶出巡，需先行「入神儀式」，神偶亦有神靈、供人祭拜、不得玷污，神偶身載或手持之物亦有靈氣，眾人喜得之。表演團員及鼓班、旗手等皆需訓練。各團皆有神明會組織，卜爐主、頭家負責。這些神偶團體皆以男性成員為主。

（6）服務團體：

誦經團：多為女性，是一常設組織。1970 年是男性團長，後由女性擔任團長。

受付組：男女性皆有，沿途收「油香錢」寫收據。

交通整隊組：以男性為主。隨駕特組自行車隊，男性多、女性少。

符仔組：男性多。

爆竹團：男性多。

點心組：女性多。

電池組：男性多。

上述各類型的團隊逐年增加，有許多新興團隊之展演，亦有水電、機車產業組成的神明會參與。[53]整體而言，這些團隊是以男性居多，這三十多個大小團體在行進排序方面，從陣頭、曲藝團體，陣頭前導和護駕團隊，都在媽祖神轎之前，尾隨在神轎之後的，是沒有形成組織或不具團隊型態的信徒，一般稱為「隨香客」或「散香」，下節將說明徒步進香的婦女「隨香客」的特徵。

（三）女性隨香客的特徵

上節所述是已具備組織的團體，可知主要多由男性成員組成，這些團體的發起人和負責人也都是男性。在進香活動中，另有仍有眾多被稱

53　參見洪瑩發，《戰後大甲媽祖信仰的發展與轉變》，2005 年，頁 119。

為「散香」或「隨香客」的信眾，這些信眾沒有特定的組織或任務，也不具特殊的權利。他們跟隨媽祖進香大致可分為幾種形式：（1）個人式：步行、腳踏車、機車；（2）家庭式：農用鐵牛車、小貨車、轎車等；（3）遊覽車：招募乘客。

「隨香客」特徵大致是，持「媽祖令旗」走在神轎後、尤其是以身體力行、徒步隨香的信徒、徒步數天數夜，忍受疲累和疼痛，用吃苦的方式，獲得神明的保佑。一般香客多會向廟方購買一份「識別條」，通常也會隨意「添油香」，繳進香的「捐金」和祝壽的「豬羊份」。

從實地的參與觀察，我們不難發現，「隨香客」中有許多是中老年婦女，她們並沒有形成固定的團體或「媽祖會」，她們多是以個人方式，或鄰里厝邊親友相伴來跟隨媽祖進香。換言之，在整個進香隊伍中，男性扮演著籌劃、組織、公關等的重要角色，他們擁有較多的資源和財力，運用其社會關係，這些團體也隨著年年的進香活動，逐年擴展各自的組織、募集財源，同時也壯大了媽祖進香的場面和聲勢。不論是寺廟的組織或參與進香的團體，男女兩性所顯示的差異性，皆是明顯可見的。

尤其是晚近二十年，從董監事的全面主導和策劃，以及搶香團體和陣頭、神偶等團隊、神明會的擴展，皆不惜耗費巨資、愈演愈盛、形同競賽般的排場，仍然是以男性為主導，而女人則無法獲得如此的社經地位和組織能力。眾多的婦女，她們們然只是背著簡單的行囊，以一個「散香」的身份，亦步亦趨的緊隨著媽祖神轎，走在八天七夜、塵沙漫漫的路途上。

筆者訪問過一些日以繼夜走完八天七夜路程的婦女信徒，平均年齡在四十到五十歲，共同特徵是：教育、經濟地位較低，大多是來自大甲鎮外務農的家庭，從結婚、生子、育子成人、操持家務，從為人媳婦到熬成婆，過了大半生操勞的歲月。她們都有一個共同點，有一個素樸的心願：「只要一家大小能平安就好！」，「只要能平安的過完這一生」，但是「這一生要能平平順順，並不是那麼容易的啊！」，孩子生病了、書讀不好、變壞了、找不到頭路、丈夫的健康、工作問題，婆媳的相處、田裡的收成……等等，這些婦女平日便常到媽祖廟燒香、抽籤，請示媽

祖內心的一些問題，有一位婦女甚至常在清晨五點前，就從大安鄉走路到鎮上的媽祖廟，她說是因為早上廟裡人少，她有好多話向媽祖請示，才比較能說清楚，她們大多認為「大甲媽」的籤詩「很靈」，當事情有轉機或解決了，她們沒有太多的經濟能力來答謝媽祖，而此時也正是準備徒步隨香，表達對媽祖的「一份誠心」，只祈望媽祖能年年庇佑平安度日。

　　在漫長的進香路途中，信徒跟隨著媽祖神轎，在每個停駕的寺廟燒香祈拜、燒金紙、取符紙，並將手持的進香令旗在香爐上薰染「靈氣」（稱為「過香煙」），信徒藉由不斷重複的儀式行為，以及不斷出現在眼前的宗教景物，逐漸增強信仰的理念和力量，透過這漫長的進香歷程，信徒投身在宗教領域的時空，沈浸在對神明的祈訴與感情經驗中，直到抵達進香的目的地，進行盛大隆重的祭儀時，信徒和信仰象徵的互動與「交融」，便達到了最高漲的階段，每個信徒都手持進香令旗和線香，信徒不斷訴說生活的煩憂，祈禱著媽祖的庇佑與賜福，他們相信不辭辛苦的跟著媽祖長途進香，必然會得到庇佑的。

　　這些婦女隨香客的動機較為單純，主要是基於對媽祖的「祈願」，她們心存一份信仰，因為對媽祖有祈求而來「許願」和「還願」。這當中也含有對媽祖的「承諾」，而這個承諾也等於是對自我的承諾。隨著時代環境的改變，婦女祈願的內容也隨之有所改變，例如在二十多年前婦女的「祈願」主要有：保佑兒子去金門當兵能平安歸來，或是祈求生意可以更好，或是說農業收成更好，如果願望實現了，信徒就要還願。「還願」，在人心的道德倫理方面，不僅是對媽祖的承諾，也是對自我的承諾，很多信徒就是以跟隨媽祖進香或擔任媽祖護駕來作為「還願」。

　　筆者認為這一份「承諾」，在我們現在社會非常珍貴的，這份信念與承諾是傳統信仰文化的一種美德，是對神、對自己的一個許諾與責任。我相信，在參與進香過程中，我們除了觀看熱鬧的表演活動以外，我們可以更深刻的體會到那種內在的價值。所以我們今天談到媽祖進香的「文化財」，我想不只是儀式的形式或表演活動方面，而希望能回歸到信仰的內在，以及人類心中的內在價值。

四、結論

　　「媽祖」這位流傳千年、「香火」不衰的女神，從一個小鄉里地方性的「通賢靈女」，歷經各時代的衍變和地域化的過程，以及朝廷的提倡褒封，她的形象、地位及儀式，已富有相當多樣的象徵意義。關於媽祖女神的形塑，在漢人父系社會具有特殊的性別意涵，媽祖「救苦救難」的形象特徵和傳統漢人女性的「命苦」的生活經驗連結，提供婦女一個尋求庇佑祈福的神祇對象，女性為己身的命運遭遇、兒女成長及「闔家平安」的重擔，寄託在一個救苦救難的女神身上，而媽祖女神被賦予的貞節德行和孝道實踐，正是漢人父系文化的核心價值所在，也是政權和男性強調的的倫理教化。

　　換言之，在漢人父系社會，以男性香火傳承的家族文化權威象徵中，不論是凡間的女性以「三從四德」為美德，至於成為女神的角色形象，一向被要求是溫柔貞節、捨己為人的，隨著婦女年齡與人生歷練，則推崇至足以照顧全家族及鄰里的年長之「婆」。然而在傳統父系社會，縱使在天庭眾神的位階中，媽祖最高被封為「天后」、「天上聖母」，但仍不似「玉皇大帝」擁有天庭的最高權力地位。根據筆者的實地訪調：在日常生活中，到媽祖廟燒香拜拜的信徒是以女性居多，在進香活動中，「苦行」的「散香」也以婦女居多。相對的，媽祖廟的核心組織、以及策劃進香活動、改變進香路線及祭典儀式，乃至各種相關資源的運用，都是由男性主導，並掌握神祇形象、宮廟歷史與儀式意義等方面的詮釋權。清華大學人類學研究所魏捷茲（James Wilkerson）教授亦指出[54]：往昔，進香者（指大甲媽祖的隨香客）大多數是女性，在八天七夜伴隨媽祖進香的過程裡，她們尋求如何處理環繞於家庭生活焦慮的靈感和對策。整個進香儀式的策劃，是掌握在有階層劃分的執事者（指管理委員會及日後的董監事），而他們主要都是男性，這些男性不僅是為取得主事者的地位而競爭。甚至在臺灣地方及中央的政壇都相當有份量的

---

[54]　魏捷茲〈人類學朝聖的新禾〉，收入黃美英，《臺灣媽祖的香火與儀式》，1994 年，頁 5～6。

人物，也參與在為人母者、為人妻者和為人女兒者向媽祖祈求平安與發達圓滿的媽祖信仰情感世界裡。也就是說，從這角度看來，男性在公共領域中的權力，事實上也建立在女性家庭生活困擾與辛勞上。

　　著名的象徵人類學者 Victor Turner 的研究朝聖過程的象徵與情感的關連，指出墨西哥盛行的天主教的「棕色聖母」（Brown Virgin）的崇拜和許多朝聖中心的形成，是一種「弱勢者的力量」的儀式象徵（例如被殖民），但同時也是在男性中心社會（androcentric society），透過「女神」象徵，提供世俗的弱勢者的力量，能有機會轉換成強者的力量（the power of the strong）。[55]以此觀點比較臺灣媽祖進香活動許多徒步的「散香」（多屬個人方式參與進香），也正是一種屬於社會結構性強勢文化籠照下的「邊緣者」或「弱勢者的力量」（the power of the weak）。

　　解嚴後，臺灣的媽祖廟與湄洲媽祖產生更為複雜的關係，旅美的人類學者楊美惠注意到中國政府因為瞭解湄洲媽祖與海峽對岸的臺灣媽祖信仰有深厚的聯結，臺灣的媽祖廟和信眾捐獻了大筆的金錢，幫助福建的媽祖而且崇拜，而且自 1990 年代開始，有相當頻繁的進香之旅。[56]

　　楊美惠的研究也認為女神媽祖猶如父系親屬關係中之中國女人，是一個移動性的人物，而有別於男性的地方系譜和地方信仰社區之停滯狀態。儘管在此母系和姻親的語言中提高了女性的主體性，而且在臺灣和中國兩地的媽祖信仰選民之中大多數也是婦女，但是寺廟的管理、領導人則一面倒的是為男性。而為人所知悉的例外是曾蔡美佐，她是臺灣北港朝天宮的董事長。[57]楊美惠更進一步關注近年媽祖女神論述與民族國家政治的關連，她的論文提到媽祖廟和神明關係的女性中心語言，也對另外一種男性社會，即民族國家引發不同的意義。媽祖的女性親屬關係，也被用來對比於海峽兩岸的現代民族主義論述，在這些論述中，毛

---

[55]　Turner, Victor, *Dramas, Fields, and Metaphors : Symbolic Action in Human Society*,1974, pp.152～153.

[56]　楊美惠著，陳美華譯，〈橫跨臺灣海峽的女神媽祖：國界、進香和衛星電視〉，2003 年，頁 210。

[57]　楊美惠著，陳美華譯，〈橫跨臺灣海峽的女神媽祖：國界、進香和衛星電視〉，2003 年，頁 214。

澤東被視為是中國的革命之父或救星，臺灣國民黨則稱孫逸仙是國父。在臺灣到福建的進香團開始了新的以及擴大的進香之旅後，婚姻和母系關係中的媽祖女性聖像性（iconicity），使其隱含了新的意義，即成為介於兩個自男性界定的「政治實體」（political entities）之間的中介者和跨越疆界者。

媽祖信仰和其他宗教信仰延伸到臺灣海峽的對岸，也許會更加利用媒體去創造出他們自己的媒體化宗教想像，而有別於民族國家地域性的界線。在這個過程中，衛星電視的「現場直播」，在海峽兩岸政府的助長下，可以在世俗國家的資產上，提昇跨國儀式的資產。

至於兩岸人士對於「媽祖進香」的目地和想法是否各有不同？楊美惠認為：雖然大陸官方表面上歡迎這些進香活動，因為他們想要鼓勵所有「回到祖國的懷抱」運動，目的是在推動兩岸統一，但是官方的論述卻忘了進香客真正要回去的地方，不是中國，而是湄洲，媽祖的神聖起源地。因此，橫跨海峽的媽祖而且進香活動之儀式地域性，也是與大陸所製造出來的國家地域性互不相容。[58]

反觀臺灣島內，尤其在晚近二十年，從媽祖廟的組織與進香主導權的演變，更明顯可見地方派系[59]的介入與政治人物的掌握[60]，此皆反映解嚴後的臺灣漢人社會，男性在公共領域及宗教團體的積極參與與權力運作。但是，相對而言，在媽祖廟組織與進香儀式中，婦女仍缺乏主導的地位和權力，雖然有眾多虔誠的婦女「隨香客」參與徒步進香，從中獲得內在的信仰力量、舒解累積的家庭壓力，但卻難以轉化自我的生命情境，也無法超越現世社會結構的侷限。

---

[58] 楊美惠著，陳美華譯，〈橫跨臺灣海峽的女神媽祖:國界、進香和衛星電視〉，2003 年，頁 216。

[59] 參見張家麟，《臺灣宗教儀式與社會變遷》，2008 年，頁 181。

[60] 參見洪瑩發，《戰後大甲媽祖信仰的發展與轉變》，2005 年。

參考書目

中文參考書目

大甲鎮瀾宮管理委員會編印，1974，《大甲鎮瀾宮志》。大甲：大甲鎮瀾宮管理委員會。

仇德哉，1985，《台灣廟神大全》。作者自印。

文崇一等著，1975，《西河的變遷》，中央研究院民族所專刊乙種第六號。台北：中央研究院民族學研究所。

台中縣立文化中心，1992（1988），《大甲媽祖進香》。台中：台中縣立文化中心。

何鴻明，2008，《媽祖信仰與地方政治生態互動模式之研究——以大甲鎮瀾宮人事組織與選舉方式為中心考察》。台中：東海大學政治學系研究所碩士論文。

何鴻明、王業立，2010，〈地方派系如何操控寺廟的管理權？——以大甲鎮瀾宮的人事選舉為例〉，《台灣民主季刊》第 7 卷，第 3 期，頁 123-186。

李豐楙，1993，〈媽祖與儒釋道三教〉，《歷史月刊》第 63 期，頁 34-42。

李獻璋，1979，《媽祖信仰の研究》。東京：泰山文物出版社。

阮昌銳，1990，《中國民間宗教之研究》，台北：台灣省立博物館。

林美容、張珣、蔡相煇主編，2003，《媽祖信仰的發展與變遷》。雲林：台灣宗教協會。

林衡道，1974，《台灣寺廟大全》。台北：青文出版社。

柯明章，2005，《媽祖信仰與政治——以大甲媽祖為例（1949-2000）》。台北：國立台北大學社會學系碩士論文。

洪瑩發，2005，《戰後大甲媽祖信仰的發展與轉變》。台南：國立台南大學台灣文化研究所碩士論文。

桑高仁，2003，〈美國人類學與媽祖信仰研究〉，收錄於林美容、張珣、蔡相煇主編《媽祖信仰的發展與變遷》，頁 22-23，雲林：台灣

　　　宗教協會。

張家麟，2008，《台灣宗教儀式與社會變遷》。台北：蘭臺出版。

張　珣，1995，〈女神信仰與媽祖崇拜的比較研究〉，《中央研究院民族
　　　學研究所集刊》第 79 期，頁 185-203。台北：中央研究院民族
　　　學研究所。

張　珣，2003，《文化媽祖》。台北：中央研究院民族學研究所。

張慶宗，1981，〈大甲鎮瀾宮的肇建與北港進香〉，《大甲風貌》，頁
　　　255-342。

莊英章，1977，《林圯埔：一個台灣市鎮的社會經濟發展史》，中央研究
　　　院民族所專刊乙種第八號。台北：中央研究院民族學研究所。

許木柱，1978，〈岩村的宗教活動：一個農村的工業化與社區活動之三〉，
　　　《民族學研究所集刊》第 36 期，頁 73-95。台北：中央研究院
　　　民族學研究所。

陳元煦，2003，〈莆田人普遍信仰媽祖的原因：兼談「娘媽」名稱的由
　　　來及其演變〉，收錄林美容、張珣、蔡相輝主編《媽祖信仰的
　　　發展與變遷》，頁 260-283。台北：台灣宗教學會出版；北港：
　　　北港朝天宮發行。

黃美英，1988，《千年媽祖：湄洲到台灣》。台北：人間出版社。

黃美英，1994，《台灣媽祖的香火與儀式》。台北：自立文化出版社。

黃美英，1995，〈香火與女人：媽祖信仰與儀式的性別意涵〉，收錄於《寺
　　　廟與民間文化研討會論文集》，頁 532-551，台北：行政院文化
　　　建設委員會。

黃美英，1996，〈宗教與性別文化：台灣女神信奉初探〉，收錄於《儀式、
　　　廟會與社區：道教、民間信仰與民間文化研討會論文集》，頁
　　　297-325。中央研究院中國文哲研究所籌備處。

黃敦厚，2012，《台灣媽祖信仰與商人精神──以大甲、北港媽祖為研
　　　究中心》。台中：國立中興大學中國文學系研究所博士論文。

楊美惠（Yang, Mayfair）著，陳美華譯，2003，〈橫跨台灣海峽的女神
　　　媽祖：國界、進香和衛星電視〉，收錄於林美容、張珣、蔡相

輝主編《媽祖信仰的發展與變遷》，頁 206-233。台北：台灣
　　宗教學會出版；北港：北港朝天宮發行。
葛伯納（Gallin, Bernard）著，蘇兆堂譯，1979，《小龍村：蛻變中的台
　　灣農村》，年。台北：聯經。
劉枝萬，1960，〈台灣省寺廟教堂名稱主神地址調查表〉，《台灣文獻》
　　第 11 卷，第 2 期，頁 37-236。
劉枝萬，1994，〈台灣民間信仰之調查與研究〉，《台灣風物》第 44 卷，
　　第 1 期，頁 15-29。

英文參考書目

Sangren, P. Steven, 1983. "Female Gender in Chinese Religious Symbols: Kuan Yin, Ma Tsu, and 'the Eternal Mother,'" in *Signs* 9: 4-25.

Sangren, P. Steven, 1987. *History and Magical Power in a Chinese Community*. Stanford: Stanford Univ. Press.

Sangren, P. Steven, 1993. "Power and Transcendence in the Ma Tsu Pilgrimages of Taiwan," in *American Ethnologist 20* (3): 564-582.

Turner, V. W., 1974. *Dramas, Fields, And Metaphors: Symbolic Action in Human Society*. Ithaca: Cornell University.

Watson, James L., 1985. "Standardizing the Gods: The Promotion of Tien Hou ('Empress of Heaven') along the South China Coast, 960-1960." in David Johnson et al., eds. *Popular Culture in Late Imperial China*, pp.292-324. Berkeley: University of California Press.

Wolf, Arthur P., 1974. "Gods, Ghosts, and Ancestors," in Arthur P. Wolf ed., *Religion and Ritual in Chinese Society*, pp. 131-182. Stanford: Stanford University Press.

埔里恒吉宮媽祖的跨族群與區域性意涵

摘要

閩粵移民渡海來台，攜帶神明香火袋或神像是普遍現象。來台之後，隨著移民的擴散以及各地域的情境演變，所展開的「在地化」現象，是一值得探討的重點。南投縣境是台灣不靠海的地區，埔里盆地四面環山，位於台灣地理中心。本文從埔里的多元族群史觀，探討恒吉宮媽祖組織的族群演變與地域性的宗教意涵。換言之，媽祖信仰從以往的「航海守護神」，經由在地化的歷史過程，演變出「防番害」、「開發水源」等顯靈傳說，成為清代移墾埔里的「熟番」與漢人的跨族群共同祭祀的神明，具有防禦「生番」與「開發水源」的地方性意涵。

本文的主要內容，包括埔里平埔族群與廟宇興建、清代恒吉宮媽祖的由來與創建的不同說法，以及恒吉宮媽祖傳說和九月遶境儀式，乃至族群權力的興衰與宮廟主導權演變等層面的探討。

恒吉宮媽祖的由來，依照當代宮廟編寫的沿革和口述，是「廈門總理陳瑞芬渡海來台定居，從湄洲祖廟恭請大媽一尊，抵鹿港後，暫奉鹿港媽祖廟，後來恭請聖駕於清道光四年（1824）九月一日抵達埔里大肚城，供奉於『恒吉行』之正廳。」但是，後來與鹿港的兩地關係，以及和鹿港天后宮之間產生不同的說法。

埔里盆地，農曆九月夏秋交替季節，眉溪水源不穩定，影響整個盆地的農業灌溉水圳，以往埔里恒吉宮和各村庄，從九月一日開始舉辦整個月遶境和停駕三十庄頭，各村庄並出動獅陣，以及演戲酬神的「九月戲」，是埔里山城年度盛大的民俗宗教活動，此現象反映媽祖信仰的在地化與形象的多樣化，已由傳統的海神轉為山區「防番」與開發農耕水源的守護神。

此外，依據埔里學者劉枝萬及南投縣文獻委員會出版的書，恒吉宮媽祖是由幾位平埔族的頭人倡建，但是，為何近代的宮廟沿革並沒有採

用平埔族頭人創廟的說法？本論文針對清代恒吉宮創建的差異說法，從埔里族群的歷史演變，探討宮廟主導權的更替，藉此拋針引線，期能對台灣各地區媽祖信仰的歷史與儀式研究，填補一個區域族群史與民俗信仰的研究案例。

　　關鍵詞：埔里、平埔族群、恒吉宮媽祖廟、九月媽祖紀念日、遶境。

壹、前言

　　媽祖信仰流傳千年、分佈廣泛、「香火」不衰，歷來學者的研究層面和分析角度甚為豐富多樣。筆者過去偏重於台灣媽祖的香火象徵與進香儀式的分析、[1]宮廟組織權力的性別意涵、[2]女神形象的形塑，[3]以及清代台灣社會媽祖信仰的「跨祖籍」（閩粵移民）及「本土化」意涵，反映地方社群的歷史意識的探討。[4]

　　以上有關媽祖信仰的研究，主要是從漢移民歷史脈絡加以探討，至於筆者注意到台灣平埔族群的「番仔媽祖」，是在 1994 年炎夏，因搶救核四廠遺址與古蹟的突來事件，之後，由台北縣文化中心委託，策劃「核四廠的考古遺址與番仔山古蹟巡禮解說活動」、舉辦「凱達格蘭族文化資產保存研討會」。[5]並且在 1995 至 1996 年間進行凱達格蘭族文獻彙編、古文書蒐集，以及三貂社口述歷史的訪調計畫。[6]

　　從史料蒐集和族裔的口述，得知有關貢寮的新社慈仁宮媽祖廟的創

1　黃美英，《台灣媽祖的香火與儀式》（自立文化出版社，1996）。

2　黃美英，〈香火與女人：媽祖信仰與儀式的性別意涵〉，刊於《寺廟與民間文化研討會論文集》（行政院文建會編印 1994）。

3　黃美英，〈宗教與性別文化：台灣女神信奉初探〉，刊於《儀式、廟會與社區：道教、民間信仰與民間文化研討會論文集》（台北：中央研究院中國文哲所籌備處，1995），頁 297-325。

4　參見黃美英，《千年媽祖》（人間出版社，1988）。另見黃美英，〈台灣媽祖信仰的歷史文化特色〉，刊載於《澳門媽祖論文集》，（澳門海事博物館、澳門文化研究會合編，1998），頁 109~113。

5　參見黃美英（主編），《重返登陸地：貢寮鄉考古遺址與凱達格蘭族古蹟巡禮解說手冊》，（臺北縣立文化中心，1994）。另見黃美英（主編），《凱達格蘭族文化資產的保存：搶救核四遺址與番仔山古蹟研討會專刊》（臺北縣立文化中心，1994）。

6　黃美英（主編），《凱達格蘭族文獻彙編》（三冊合刊）（台北縣立文化中心，1996）。

建與演變，源自清代嘉慶年間當地平埔族婦女在海邊採石花，在石縫中拾回的神像，之後「媽祖」顯靈，族老召集族人而建廟供奉，被稱為「番仔媽祖」。戰後，新社平埔族裔大多出外工作或遷居他地、人口凋零，新社慈仁宮管理人平埔族裔潘盛女士移居花蓮。至民國七十二年間，慈仁宮遭外人遷移他址、變更登記，原屬當地平埔族人的祭祀公業便喪失慈仁宮的產權及管理權。[7]

　　1998 年筆者遷居南投縣埔里鎮，進行平埔族群訪調工作，便特別注意埔里媽祖信仰與跨族群的關係。回顧人類學者洪秀桂在埔里的調查指出：[8]

> 巴宰海人除了做漢人民間信仰的各項歲時祭儀之外，還參加了各項漢人的宗教性活動。以巴宰海人自己來說，他們已把這些祭拜行為與活動視為他們自己生活的一部分。同時也找不出勉強或被動及跟隨的跡象。當地的巴宰海人和漢人都參加不少宗教性的神明會，這些神明會的加入與否通常都隨參加人自己的意願，加入、退出都很自由。在該地區就組成有若干的神明會，其中以媽祖會可說是屬於全村性的宗教活動行為，其餘像觀音媽會、太子爺會、土地公會等則比較屬於一個個別的宗教性的活動行為。

　　據《雙吉宮誌》，在埔里鎮房里里的西北方，境域名「雙寮」，緣起於清道光三年（1823）原居大甲鎮建興里的道卡斯平埔族雙寮社人，遷移埔里後。至咸豐年間，奉請聖母金尊於此地區，每年卜選爐主供奉。日本昭和十二年（1937）移祀庄中集會所，直到民國四十一年（1952）才動土建廟。[9]雙吉宮管理委員會主任委員陳建興表示，當初大甲雙寮等的的平埔族遷移到此，隨行還請了三尊媽祖，分別是現在房里里日南的天后宮（大媽）、雙吉宮（二媽）及一位朱姓家中。[10]

7　黃美英（主編），〈新社慈仁宮簡介〉《三貂社凱達格蘭族口述歷史》（台北縣立文化中心，1996），頁 303-306。

8　洪秀桂，〈南投巴宰海人的宗教信仰〉。刊於《台灣大學文史哲學報》第 22 期，（台北：台灣大學文學院，1973），頁 490-492。

9　林瓊瑛、張慶宗、李澄清，《雙吉宮誌》（埔里：雙吉宮管理委員會，2011），頁 32。

10　林瓊瑛、張慶宗、李澄清，《雙吉宮誌》（埔里：雙吉宮管理委員會，2011），頁 22。

　　近年黃敦厚論文引述南投縣寺廟名錄，這兩座媽祖廟的香火來源應是大甲道卡斯族人入墾時自台中大甲帶來的。乾隆年間，台灣中部道卡斯族大甲西社領袖捐地建大甲鎮瀾宮，及至道光、咸豐年間大甲道卡斯平埔族人遷往埔里，又帶著媽祖的神像香火一起前往，在埔里雙寮的農耕區域裡，以爐主輪流奉祀方式。迨戰後經濟穩定、生活富庶，再募款集資在聚落建廟。[11]

　　2012 年彰化縣文化局委託逢甲大學舉辦的「彰化媽祖信仰學術研討會」中，邱正略的論文詳述埔里的媽祖信仰，兼論彰化媽祖信仰的內山傳播，介紹埔里媽祖信仰的源起、發展與現況，也透過「九月紀念日」迎媽祖活動，關注恒吉宮媽祖廟與彰化南瑤宮、鹿港天后宮之間的關係。[12]邱正略所述清代平埔族從西部平原帶進埔里的媽祖，主要有四尊，其中並未提及恒吉宮。[13]但在同一篇論文所引用的「日治時期埔里地區傳統寺廟一覽表」中，則有登記「埔里社恒吉宮創建年代同治十年（1871）由都阿扥、張世昌、余清源、潘進生等創建，創建時位於大肚城庄的恒吉城，明治 33 年（1900）始遷建於今址」。[14]

　　劉枝萬、石璋如在《南投縣志稿》〈風俗志‧宗教篇〉所寫「恒吉宮」的倡創人士和年代：「埔里地區信仰中心的媽祖廟恒吉宮，是同治十年（1871）由大肚城庄都阿扥、房里庄張世昌、枇杷城庄余清源、牛眠山庄潘進生等首要平埔族頭人共同倡建。」[15]

　　本論文即是進一步從埔里的多元族群史觀，探討宮廟組織的族群演變，以及儀式活動的地域性意涵。論文內容包含埔里平埔族群與廟宇興建、恒吉宮媽祖的由來與創建的不同說法，恒吉宮媽祖「開發水源」傳

---

[11]　黃敦厚，〈清代埔里的大甲移民與媽祖信仰〉，刊於《2015 南投學術研討會論文集》（南投：南投縣政府文化局，2015），頁 91。

[12]　邱正略，〈埔里的媽祖信仰：兼論彰化媽祖信仰的內山傳播〉，刊於《2012 彰化媽祖信仰學術研討會論文集》（彰化縣文化局、逢甲大學，2012）。頁 27。

[13]　邱正略，〈埔里的媽祖信仰：兼論彰化媽祖信仰的內山傳播〉，刊於《2012 彰化媽祖信仰學術研討會論文集》（彰化縣文化局、逢甲大學，2012）。頁 34。

[14]　邱正略，〈埔里的媽祖信仰：兼論彰化媽祖信仰的內山傳播〉，刊於《2012 彰化媽祖信仰學術研討會論文集》（彰化縣文化局、逢甲大學，2012）。頁 38。

[15]　劉枝萬、石璋如等纂，《南投縣志稿（八）》（臺北：成文出版社，1983），頁 2646-47。

說和九月遶境儀式，乃至族群權力的興衰與宮廟主導權演變等層面。

貳、埔里平埔族群與廟宇興建

　　以下從前輩學者的研究，可知清代的平埔族群與漢人先後移墾埔里盆地，因鄰近山區居住尚未歸順清朝的「生番」，埔里的「熟番」以及後來遷入的漢人，為防「番害」陸續建廟，形成跨族群共同祀神的地區性特色。

一、平埔族群的移墾

　　清代史料記載的「埔里社」，是水沙連區域唯一平曠地區，近代多稱為埔里盆地。邱正略指出水埔六社中的埔社、眉社位於埔里盆地中，隔眉溪各據南北，然此外尚有一些較小的番社建立於沿山地區。埔社位於今之枇杷城舊名鹽土一帶，眉社位於今之牛眠山與史港坑之間。[16]

　　學者咸認為嘉慶十九年間（1814）發生的「郭百年事件」影響甚大。姚瑩的〈埔里社紀略〉對此事件記載詳細，茲不贅述。[17]埔番歷經「郭百年事件」後，希望招引平埔族入埔拓墾以為自保，雙方在仲介者水社番的媒介下促成了此次大規模的集體遷移行動。[18]

　　但是，由於中部平埔族群大規模的集體遷移埔里，也埋下日後熟番勢盛，漸逼生番他徙、人口式微。熊一本的〈條覆辦番社議〉提及：「道光三、四年間，慮被漢人佔奪，招引熟番，開墾自衛，熟番勢盛，漸逼生番他徙，二十年來，熟番已二千餘人，生番僅存二十餘口」。[19]至道光

---

[16] 邱正略，《清代台灣中部平埔族遷移埔里拓墾之研究》（台中：東海大學歷史研究所碩士論文，1992），頁153。

[17] 姚瑩，〈埔里社紀略〉，《東槎紀略》台灣文獻叢刊第七種（台北：台灣銀行經濟研究室，1957）。

[18] 邱正略，《清代台灣中部平埔族遷移埔里拓墾之研究》（台中：東海大學歷史研究所碩士論文，1992），頁163。

[19] 熊一本，〈條覆辦番社議〉，收於丁日健輯《治台必告錄》，台灣文獻叢刊第175種（台北：台灣銀行，1959），頁231。

二十七年（1847），劉韻珂〈勘番地疏〉：「埔裡社…現住生番大小男婦二十七丁口，熟番約共二千人，眉裡社…現住生番大小男婦一百二十四丁口。」[20]

　　1931 年（昭和六年）移川子之藏抵埔里採訪覓得道光三年（1823）的「公議同立合約字」，以及道光四年（1824）的「思保全招派開墾永耕字」、道光八年（1828）的「望安開墾永耕字」與「承管埔地合同約字」。戰後，出生埔里的學者劉枝萬先生費心整理前人史料，為埔里平埔族群開墾史奠下重要的研究基礎，從上述契約可知平埔族之首批移住，開端於道光三年二月二十一日，另重要史料有道光三年至道光十一年間（1823-1831）的「分墾蛤美蘭鬮分名次總簿」，由「鬮簿」可見平埔各社之移住是有秩序的、且分墾土地情形也具組織化。[21]

　　邱正略亦指出遷移埔里各社平埔族已形成有組織化的八個主要番社集團，共同合作進行新居地的拓墾。遷移之初大多先聚居於埔社舊址附近，即日後形成茄苳腳、鹽土、批杷城等聚落。依契約定時間來看，台地上的烏牛欄及阿里史聚落建於道光八年（1828）至道光十五年（1835）之間。[22]

　　簡言之，平埔族群入墾初期開墾的範圍僅限於埔社番地，眉社仍不願招納外來墾民。隨後陸續遷來者，其拓墾區域也隨之向外擴展，建立其他新的聚落，並往眉溪北岸之眉社番地推進，聚落之分佈才擴及整個埔里平原，導致日後埔社眉社勢力的衰微。

　　日治初期，明治三十年（1897 年）日本學者伊能嘉矩先抵埔里，採訪到眉番、埔番二位女性的口述資料。[23]1900 年（明治三十三年）鳥居龍藏到埔里調查，記載茄苳腳社的先住民，社名 poli，漢人把他們叫做「埔蕃」，人數只剩數名而已，母語已失傳。眉蕃原聚居現在的史港

---

[20]　劉韻珂，〈奏勘番地疏〉，收於丁日健輯《治台必告錄》，頁 215。

[21]　劉枝萬，《南投縣沿革志開發篇稿》南投文獻叢輯（六）（南投縣文獻委員會，1958），頁 55-82。

[22]　邱正略，《清代台灣中部平埔族遷移埔里拓墾之研究》（台中：東海大學歷史研究所碩士論文，1992），頁 203。

[23]　伊能嘉矩原著、楊南郡譯註，《平埔族調查旅行》，（台北：遠流出版公司，1996）。

坑庄，臉部都有刺墨，族人幾乎是瀕臨滅絕的前夕，發現僅剩三人。[24]

二、漢人移墾與「開埔」影響

劉枝萬的《南投縣沿革志開發篇稿》提及郭百年事件之後，乃至道光十八年（1830），清廷並未將全部漢人驅離埔里。更有甚者，原本埔番招請熟番入埔合作，卻演變成互鬥，而熟番不諳耕作，反倚重漢佃為援，如〈埔里社紀略〉的記載：[25]

> 先是，漢番相持，鎮道微有所聞，使人偵之，皆還報曰，野番自與社番鬥耳，社番不諳耕作，日食無資，漢佃代墾，以充糧食，又人寡弱，倚漢為援，故助之。

由此可知埔里族群關係的複雜演變。此外，有鑒於埔里的「野番」、「社番」及「漢佃」之間的糾葛等問題，清代官員遂有前後四次的「開埔之議」，自道光三年北路理番同知鄧傳安實勘埔里、以及道光二十一年總兵武攀鳳、台灣道熊一本皆切陳開埔之重要性，道光二十六年北路理番同知史密，率同北路協將葉長春奏請之，道光二十七年閩浙總督劉韻珂基於史密秉稱，抵埔實勘，而呈勘番地疏及開番地疏，但清廷仍未奏准。道光年間，清廷雖未准「開埔」，但繼續有漢人進入埔里，劉韻珂的〈勘番地疏〉：「匪徒等明知水沙連內山，為兵役緝捕難至之區，遂各相率逃入。」

由於漢人陸續進入埔里，「自是，劃界遷民，封鎖番地之禁，在無形中消失效力，致不得不採納開山撫番之議，開放番境」。〈皇清續文獻通考〉所載：[26]

> 光緒元年，闢埔里、眉里、田頭、水社、沈鹿、貓蘭等六社地增

24　鳥居龍藏原著、楊南郡譯註，《探險台灣》，（台北：遠流出版公司，1996）。頁 351-353。
25　劉枝萬，《南投縣沿革志開發篇稿》南投文獻叢輯（六）（南投縣文獻委員會，1958），頁 133-139。
26　劉枝萬，《南投縣沿革志開發篇稿》南投文獻叢輯（六）（南投縣文獻委員會，1958），頁 94、225。

置，治大埔城。移原駐鹿港之北路理番同知駐此，改為中路撫民理番同知。

台灣鎮總兵官吳光亮適略兵中路，爰有招撫埔裏六社之請，……。就大埔城建造城垣衙署。光緒三年冬，始著手建造，光緒四年吳光亮以官帑四千元，建築廳署，壘土為城，外植刺竹，環以壕溝，並設東南西北四門，周圍凡七百餘丈，號稱大埔城。

此是清代開山撫番之一項重大政策措施，移原駐鹿港之北路理番同知到埔里，改為中路理番同知，光緒四年吳光亮興築大埔城，對漢人移墾埔里影響深遠。

三、防「番害」、建廟宇

劉枝萬鑒於〈分墾蛤美蘭圖分名次總簿〉所載，對於分割之土地有「言約每坵田全年納租粟五石，以為關帝爺祝壽之費」之規定。他指出平埔族群雖然在不安定的局面下，但仍與漢人通力合作，募捐倡建、不遺餘力。[27]

烏牛欄福德爺廟乃緣起於同治七年二月，由平埔族莫武葛首倡，勸誘烏牛欄、鐵鉆山及房里庄八股住民，鳩集石材，先蓋簡陋石室者。生番空之興安宮，祭祀天上聖母，相傳是大肚下堡大肚庄平埔族人創建。相傳，大肚下堡大肚庄平埔族（巴布拉部族）巫阿新賀己者，漁獵於大肚溪口時，曾獲漂來聖母木像一尊，而後隨帶入埔里，奉祀自宅。迨其子巫清福時，乃向庄民募捐，同治八年二月十五日建廟，號稱興安宮。此外，同治十年七月八日，挑米坑庄民為祈求免遭番害，由黃發及謝某倡募八十八元，分祀林杞埔羌仔寮祝生廟祖師公，號稱福同宮，俗稱祖師公廟。

劉枝萬並說明早期閩粵籍人移墾埔里，為祈求平安及避免「番害」，多建廟祀神：

27　劉枝萬，《南投縣沿革志開發篇稿》南投文獻叢輯（六）（南投縣文獻委員會，1958），頁 203。

先是，光緒五年（1879）有陳光忠由竹北二堡義民爺廟撥香前來牛相觸庄，以為粵籍墾民之守神，迨光緒十三年，徐海清嘆其荒廢，乃由粵籍庄民募捐三百二十元，予以重修。因粵籍比閩籍較晚抵，多不得不墾殖盆地邊緣地帶，從而高山族出草威脅嚴重，必須端賴神靈保佑。水尾庄地處盆地西端，番害成災，光緒十四年余阿財與何阿陞者首議，募捐興建參贊刣牛坑，奉祀關羽，冀免番害。光緒十四年，吳本杰撥官款，建城隍廟於城內北門，並按年給穀三十石，以為香火之資，翌年（光緒十五年）並獲南烘圳水分為香祀。光緒十四年北路協鎮林福喜，為祈屯兵安寧，乃捐一百二十元，建福德祠於城內南門。此外，平埔族之宗教，除巴則海部族（現多稱巴宰族）仍篤信基督教外，其餘部族大多已漢化，由光緒十年七月東角總理余清源（和安雅族 Arikun 亞族北投社番），為祈番社溝庄族人之平安，鳩集石板，蓋造簡陋石室，奉祀福德正神，可見一斑也。

　　閩粵籍人大量移墾埔里，主要是在平埔族群移墾之後。若考察歷史時期，埔社因「郭百年事件」，清廷實施番境禁令，嚴禁漢人移入水沙連地區，至光緒元年（1875）撤廢番境禁例之後，同時針對理番進行多項步驟，其中一項是招募移民，予以保護、獎勵開墾，並特設撫墾委員，而後分巡台灣兵備道夏獻綸，擬具招墾章程，並設招墾局，支給墾民口糧、農具及牛隻等，大事招募。因此自光緒三年至七年間，移入埔里的墾民最多。漢人移入之後，散居城外者的墾民屢遭「番害」及「獵首級」之記載：[28]

　　　　就移民而言，於光緒三年至七年間遷來者最夥，總數約在二百人以上，主要是廣東潮州與福建永春，多散居城內、大肚城及史港坑等處。例如光緒四年，潮州劉阿勒等十戶移居大肚城，黃阿七、鄭大老移居史港坑（鄭大老遷龜仔頭），邱阿賊、李賜、尤阿烈等移居城內西門。光緒七年，永春吳茂松、游同宗、柯某等四五十人移居城內西門，黃順良等十五六戶與豆干燃、王包、王光真、

28　劉枝萬，《南投縣沿革志‧開發篇稿》南投文獻叢輯（六）（南投縣文獻委員會，1958），　頁 228-229。

除阿玉等十數人移居史港坑，隨後有徐姓七八十人亦移居史港坑等，此時期之移民大多是務農，少數經商者。相傳當時來自永春之墾民中，曾有人移住盆地東緣之五港泉，但遭番害，蘇黃父子被獵首級，餘者驚慌，逃遁大肚城。

參、恒吉宮媽祖的由來

一、學者與廟方之說

有關恒吉宮奉祀媽祖的由來，劉枝萬在《南投縣沿革志開發篇稿》寫的是：「同治十年六月一日，潘進生、余清源、張世昌等人首倡，由埔里、五城二堡民捐款二千元，興建恒吉宮於大肚城，奉祀天上聖母。」[29]之後，劉枝萬、石璋如在《南投縣志稿》〈風俗志宗教篇〉增加記載：「同治十年（1871）由大肚城庄都阿托、房里庄張世昌、枇杷城庄余清源、牛眠山庄潘進生等首要平埔族頭人共同倡建。」[30]

由上可知，恒吉宮的倡建與平埔族頭人的關係密切。但是，歷史演變至當代，近年筆者的實地訪調，廟方人士已經有不同的說法，恒吉宮管理委員會廟方印製的〈埔里鎮恒吉宮湄洲天上聖母大媽廟沿革〉（1994年11月），文中記述如下：

……溯遠在一百七十一年前，即遜清道光四年三月六日，有廈門總理陳瑞芬者，擬率二十餘人渡臺定居，乃向湄洲天后宮禱筊。幸邀允許，遂恭請大媽神像一尊，背面由湄洲天后宮主持人鳩工刻「舊祖宮分爐恒吉宮天上聖母」十二個字樣，並攜有特殊神器為證，當時本廟亦由聖神定名為恒吉宮，擇於三月二十三日聖母聖誕佳辰子刻初在正殿以湄洲正爐香灰入神，開光竣事，即焚香起駕，途經廈門，於四月二十一日辰時抵達鹿港，暫奉入鹿港媽祖廟，待陳瑞芬總理等定居埔里諸事籌備就緒後，始恭迎聖駕，

29　劉枝萬，《南投縣沿革志‧開發篇稿》南投文獻叢輯（六）（南投縣文獻委員會，1958），頁 203。

30　劉枝萬、石璋如，《南投縣志稿（八）》〈風俗志宗教篇〉（台北：成文出版社，1983），頁 2646-47。

於九月一日申時抵達埔里鎮大肚城「恒吉行」店之正廳，（以廟名為店號）由於神靈顯赫，信眾日增，蔚為地方信仰中心，於每年九月舉行祭典，以崇紀念。

迨至光緒十三年陳總理罷商，移居鹿港，遂將店及基地奉獻為公用，並重新修葺。「恒吉行」改為恒吉宮，因此埔里鎮恒吉宮乃獲正名，規模粗具，同年仲冬渥承鹽運使銜即補知府署埔里社通判吳本杰賜贈「厚德配天」橫匾一面為廟增光。（下略）

從上述廟方沿革記載的「道光四年廈門總理陳瑞芬渡海來台……」，進一步比對道光年間埔里族群之間，較重要的歷史事件是些什麼？從道光年間的古文書〈公議同立合約字〉（道光三年，1823）、〈分墾蛤美蘭圖分名次總簿〉（1823-1831）、〈思保全招派開墾永耕字〉（道光四年，1824）、〈望安招墾永耕字〉（道光八年，1828）、〈承管埔地合同約字〉（1828）等，皆可知該時期平埔族群各社已大量移入埔里社。但是，今日卻無法從清代史料找到有關廈門總理陳瑞芬的記載，至於在網路資訊，僅有埔里恒吉宮和鹿港天后宮有陳瑞芬迎請媽祖到埔里之說。

筆者曾訪問恒吉宮的高錦祥總幹事，對於恒吉宮的由來，高總幹事的敘述和管理委員會的沿革大致相同，認為清代陳瑞芬總理是創廟的主要人物，但今日恒吉宮人士皆已不知陳瑞芬家族與後代；而且，高總幹事特別想說明和澄清的是，反而是另一件和鹿港天后宮有關的說法，記述如下：[31]

……有人以為恒吉宮媽祖是從鹿港天后宮或彰化南瑤宮分香而來，但我們要說的是，原本埔里是片山地，恒吉宮的媽祖神像應是從湄洲祖廟請來的，最初由陳姓商人背負到埔里，供奉在自家的大廳供人參拜，之後參拜的人逐漸增加，漢人與平埔族人都逐漸都信仰媽祖。陳商居住現在的大城里附近，來到這地方後與本地人進行買賣，後來陳姓商人要回到鹿港，便將自己的店舖獻給

---

31 黃美英於 2001 年 5 月間，與暨南大學歷史系同學到恒吉宮進行訪調，〈主要受訪者高錦祥先生，年齡：71，訪問主題：恒吉宮歷史沿革，訪問/整理：黃美英、謝皖麒〉。

「埔里社」當公廟。經過整修後，到了清末，有一位南門里的謝士開先生很熱心的將媽祖請到現址（清新里）。因為大肚城有一部分地區稱為「恒吉城」，故廟名就以此為名，稱「恒吉宮」。

高錦祥總幹事解釋，當時因缺乏文字記載，以致後世的信眾不清楚恒吉宮媽祖的歷史和香火淵源（重點是究竟從何處分爐而來？），他說早期埔里有很多居民是從彰化遷移來，包括平埔族和漢人，所以早期埔里恒吉宮舉辦媽祖祭祀活動，會請鹿港天后宮的媽祖來埔里，後來改請彰化南瑤宮媽祖一同過來。由於早期廟方並沒有發現媽祖神像背後刻有「大陸」的「舊祖宮」分爐，使得後來的人誤解恒吉宮媽祖是從鹿港天后宮、或是南瑤宮分香來的。直到廟方後來透過扶乩，神明指示看神像背後就可知道從何而來，才發現媽祖神像背後刻有「舊祖宮分爐恒吉宮天上聖母」（詳見下圖）。

埔里大媽聖像
湄洲舊祖宮
分爐
恒吉宮天上聖母
（安平家閣保祈上桌紳於奉供讀舉閣）

大媽聖像背面

大媽神像背面刻有十二個字

舊祖宮
分
恒吉宮爐
天上聖母

若台大媽只有此尊

二、鹿港天后宮淵源之爭議

　　閩粵移民渡海來台，攜帶神明香火袋或神像是普遍現象。來台之後，隨著移民的擴散以及各地域的情境演變，所展開的「在地化」現象，是另一值得探討的重點。因此，陳瑞芬從鹿港背負媽祖神像來埔里，供奉於大肚城的「恒吉行」，恒吉宮媽祖在埔里地區，逐漸演變成具有地方特色的信仰活動特色，日後並且與鹿港的兩地關係，以及和鹿港天后宮的媽祖之間也產生不同的說法。

　　歸結而言，高錦祥總幹事所代表的廟方說法，強調恒吉宮媽祖神像是廈門人陳瑞芬從湄州祖廟請來的「湄洲大媽」，陳瑞芬渡海來台最早先到鹿港，當時原本有一個「神明龕」裝著從湄洲請來的媽祖神像。但陳瑞芬要背負神像進入埔里時，因為當時的山路只能用步行的方式。所以「神明龕」就留在鹿港。經過幾十年後，鹿港人發現有「神明龕」、但沒有神像，就以為埔里恒吉宮的媽祖神像，原本是鹿港那邊的。

　　因此這當中還牽涉到「三媽」與「大媽」之別，高總幹事特別強調和澄清說：

> ……而且鹿港天后宮供奉的是「三媽」，不是「大媽」，恒吉宮供奉的是「大媽」，因此大約在二十多年前，鹿港人說自己沒有大媽，只有神明龕，所以要來索回大媽。這件事引發雙方不同的意見，恒吉宮提出媽祖背後所刻的「恒吉宮」字樣證明，神明龕本是恒吉宮媽祖所有，因路途不便才留在鹿港，因此恒吉宮媽祖不是從鹿港請來埔里的。反之，恒吉宮還要向鹿港那方索回神明龕，鹿港那方卻不答應。經此事件，恒吉宮人士的立場認為該廟媽祖不是從鹿港分香來，因此也認為以前往鹿港謁祖進香是錯誤的做法，此後，恒吉宮便不再往鹿港進香。

　　但是，今日我們若從神像背後所刻的「舊祖宮分爐恒吉宮天上聖母」，並沒有看到「湄洲」的字樣，筆者檢視鹿港的幾座媽祖廟，歷史最早的是興化人建於康熙二十六年（西元 1684 年）的「興安宮」，據廟碑所載，出資出力興建此廟的多為清代官員及公務員，故此廟屬於官

廟，由於興化人陸續返回唐山，與安宮乏人照料，香火日漸衰微。

另外，鹿港天后宮，俗稱「舊祖宮」，根據鹿港天后宮管理委員會編印的《鹿港天后宮簡介》（年代不詳）：[32]

> 相傳廟中供奉的聖母像原供祀於福建莆田湄洲嶼賢良港的天后宮，乃湄洲祖廟六尊開基媽祖之一的「二媽」，康熙二十二年，福建水師提督施琅奉平台時，由祖廟湄州天后宮恭請「二媽」為護軍之神以渡海。台澎平定後，其侄施世榜懇留在宮奉祀。雍正三年，因廟地太小、不敷使用，施世榜遂獻廟前之地以供擴建，加上「泉廈八郊」及民眾踴躍捐款，使建廟順利進行。

在鹿港，除了俗稱的「舊祖宮」的「天后宮」，相距不遠處，另有「新祖宮」，可參閱《鹿港新祖宮簡介》所載：[33]

> 乾隆五十一年為平定林爽文抗清，清廷派親王嘉勇公福康安為帥，柴大紀任先鋒率勁旅十五萬，軍艦數百艘，由崇武放洋，途遇颶風，全軍避風湄洲，乃奉湄洲六媽正身隨軍庇護，方得以風平浪靜順利由鹿港登陸。平定林爽文之後，福康安班師回朝，獲乾隆賜御帑一萬一千餘圓，命福康安擇地建廟以報聖靈神功。

由上述鹿港「舊祖宮」與「新祖宮」的資料推論，埔里「恒吉宮」媽祖像背後刻的「舊祖宮分爐恒吉宮天上聖母」字樣，雖可推測從鹿港「舊祖宮」，但也可理解恒吉宮委員會的「湄洲祖廟」分身神像之說，此曾引發後世鹿港與埔里兩廟方各自產生不同的立場與解讀，而此現象在台灣許多地區的媽祖廟也曾發生。

三、埔里與鹿港的「理番同知」

此外，在清代理番政策方面，亦可看出鹿港與埔里的密切關係，埔里熟番原屬鹿港的「北路理番同知」管轄，為加強理番，同治十二年

---

[32] 《鹿港天后宮簡介》（鹿港天后宮管理委員會編印，年代不詳）。
[33] 《鹿港新祖宮簡介》（鹿港新祖宮管理委員會編印，年代不詳）。

（1873）設鹿港理番同知分廳於大肚城（今之埔里鎮大城里）。[34]清同治年間，將駐鹿港的「北路理番同知」改為「中路撫民理番同知」，移駐埔里社，正式成立埔里社廳，並派吳光亮督軍三營「開山撫番」，並設撫墾委員，籌措撫墾事宜。光緒元年（1875）欽差大臣沈葆楨〈請改駐南北路同知〉疏：[35]

> ……今內山開闢日廣，番民交社事件日多，舊治殊苦鞭長莫及，如將南路同知移紮卑南，北路同知改為中路，移紮水沙連，各加撫民字樣，凡有民番訟詞，俱歸審訊；將來升科等事，亦由其經理：似於民番大有裨益。

劉枝萬提及清光緒四年（1878）駐守埔里社廳的臺灣鎮總兵吳光亮建「大埔城」。[36]1878 年設置總理制。相關文獻記載見於光緒五年（1879）的《臺灣輿圖》〈臺灣輿圖埔里六社輿圖說略〉記載：

> 有民尤不可無官，始奏請以向駐鹿港之北路理番同知改為中路撫民理番同知，就大埔城建造城垣衙署；有養尤不可無教，又設義塾二十餘所分列各社，官出資而紳為董率。是皆經營草創，特附載其規模大略如此。[37]

道光十八年間（1892）蔣師轍《臺游日記》亦有：「埔裏在彰化東境，舊為番社，閩粵之民，雜墾其內。光緒初年招撫之。舊有大莆城，移鹿港同知駐其地。」[38]以上記載皆可知閩粵移民已混居開墾於「番社」中。

從清代文獻和移民後代的口述，埔里至今仍有一些家族的祖先是從

34 劉寧顏總纂，《重修台灣省通志・卷三住民志・同冑篇，冊二》（南投:台灣省文獻委員會，1992），頁 970。

35 《清宮月摺檔臺灣史料（三）》，頁 2029-2030。

36 劉枝萬，《南投縣沿革志開發篇稿》南投文獻叢輯（六）（南投縣文獻委員會，1958），頁 94。

37 夏獻綸，〈埔里六社輿圖說略〉《臺灣輿圖》臺灣文獻叢刊第 45 種，（臺北，臺灣銀行經濟研究室，1959），頁 65。

38 蔣師轍，《臺游日記》，台灣文獻叢刊第六種，卷三。（南投:台灣省文獻會，1997），頁 103。

彰化地區和鹿港遷移至此,以今日恒吉宮的寺廟沿革所載,廈門人陳瑞芬渡海來台最早先到鹿港再進入埔里,此說也顯示埔里與鹿港的歷史關係密切。

肆、恒吉宮媽祖的傳說與儀式

恒吉宮媽祖與眉溪祈水密切相關,從文獻記載可知,光緒年間,地方雖告開發,而災害頻仍,不無威脅,民人祈求平安之念,故此期宗教頗為旺盛,興建廟宇,幾乎比比皆是。劉枝萬書中提及:[39]

在新開之埔里地方,適光緒三年(1877)眉溪涸濁,田園乏水,乃祈求於恒吉宮天上聖母,果然立即神驗,溪水復原。爾後廟坍不堪,光緒十三年通判吳本杰捐款一百五十元重修,並贈匾額「后德配天」。光緒十四年,吳本杰又撥官款,建城隍廟於城內北門,並按年給穀三十石,以為香火之資。翌年並獲南烘溪水份為香祀。

對照劉枝萬所寫的,我們實地走訪恒吉宮,「后德配天」確實是現今恒吉宮保存最早的匾額。通判吳本杰的相關記載亦可查詢可知。[40]

此外,也比較廟方記載相關的傳說,如下述。

一、「開發水源」與「媽祖紀念日」遶境

1.恒吉宮沿革的記載

1994 年恒吉宮管理委員會印的〈埔里鎮恒吉宮湄洲天上聖母大媽廟沿革〉中,有關開發水源的記載:

……邇後因人口激增,拓荒四廣,導致北烘圳水源不足,鎮民深以為慮,幸承大媽祖指示於光緒二十三年八月二十九日辰時出,

39　劉枝萬,《南投縣沿革志開發篇稿》南投文獻叢輯(六)(南投縣文獻委員會,1958),頁 276。

40　參見「臺灣府埔裏社撫民通判(埔里社廳)」載:光緒十三年正月以鹽運使銜候補知府署(1887/2)就任,光緒十四年十一月初五日調署新設臺東直隸州知州(1888/12/7)卸任。

召集鎮內各村庄年青壯士，隨神護駕引領，沿東螺圳路往圳頭巡勘水源，翌晨（九月一日）一時許果然奇蹟出現，泉源浩湧，圳水暢流，阡陌良田，遂獲水源充足灌溉，此後歲歲豐收，衣食富裕，鎮門得以安居樂業，為懷恩報德，嗣後每年九月舉行媽祖聖駕遶境，以崇祭祀。

2. 九月媽祖紀念日遶境三十庄

2001 年筆者訪問恒吉宮管理委員會，獲得兩份手稿的影印，分別是〈恒吉宮聖母大媽大顯威靈開發水源事蹟〉和〈埔里區舉醮淵源〉，前者有關開發水源的傳說文本：[41]

> 1897 年，清光緒二十三年，為埔里社鬧水荒事，時大媽指點請彰化媽聖母聖駕，同行在八月二十九日丁酉辰時本宮聖母並彰化聖母，親駕由各庄派出青壯丁眾護駕列隊，行向東螺圳路，沿途觀音瀧、九芎林，踏水路顯靈施法塞地漏開發水源；九月初一日子時泉源浩湧、圳水暢流開拓水源成功，解救本地區水荒，一時千百甲肥烟有水灌溉變良田，然後年年豐收足食之大恩大德，為受恩報德訂定九月為懷念聖母開發水源紀念，恭請聖母各庄繞境，答恩大拜拜崇維紀念日。

另有〈埔里街各庄頭慶祝九月紀念日媽祖巡迴各庄日程表〉，依序寫明遶境的日期和庄頭，並註明有上馬戲與下馬戲：「慣例八月二十九、三十日，在埔里恒吉宮有下馬戲，（中略）九月二十九、三十日，在恒吉宮有上馬戲，送聖駕回宮。」

此外，原先是「在八月二十九、三十日請外地聖母入城繞境，九月初一日東角各里，九月初二日西角各里，九月初三日南角各里，九月初四日北角各里，九月初五日霧社村，擇日送外地聖駕回宮。」之後，有所更改：「後經由里長會議決定，改為八月二十九、三十日，請外地聖駕入城繞境，九月初一日全鎮各里統一紀念日各里遶境，九月初三日霧社各村。擇日送外地聖駕回宮，綿延至現在。」

---

41 〈恒吉宮聖母大媽顯威靈開發水源事蹟〉，埔里恒吉宮管理委員會撰述手稿（2000）。

3.埔里區舉醮淵源

恒吉宮管理委員會〈埔里區舉醮淵源〉手稿的文本如下：[42]

> 依據傳說：在光緒二十六年（1900 年）歲次庚子年，當年主持、
> 總理謝仕開氏，為代表所許願；在初次清醮法會上各庄頭眾百姓
> 之贊成下所訂定；其後，每逢子年做清醮法會，每逢卯年做三獻
> 報醮法會，且本區全體眾百姓「先民」當天許願立誓起醮為淵源。
> 然後本區依願遵照綿延在舉辦這祭典活動，但至民國二十五年
> （1936 年）始有主持人記錄存載。

此篇〈埔里區舉醮淵源〉也寫出：

> 目的：為答謝天上聖母為埔里地區在光緒二十三年（1897 年）
> 九月初一日為本區開發水源救助之恩澤，報答神恩並叩求國泰民
> 安風調雨順五穀豐收工商發達物阜民安，並普施孤魂超生合境平
> 安之酬神大祭典。

另有「埔里鎮舉辦祈安清醮法會程序及組織」，茲不贅述。近年，
梅慧玉帶領暨南大學學生，進行戊子年埔里建醮活動的訪調，她也指出
建醮範圍涵蓋埔里鎮三十三個里與仁愛鄉兩村的清醮，提供埔里人操演
與實踐地方文化的領域。舉醮對普渡的重視，與這個地區的社會歷史發
展有關，因應普渡而來的總醮、醮壇與分壇的設置則使醮儀的舉辦擴及
全鎮的區域，而非限於一間廟宇的境域。媽祖信仰在這個地區目前仍扮
演重要的角色，每年全鎮的九月迎媽祖與每隔十二年清醮舉辦為重要的
機制，延續在地人對媽祖的社會記憶與我群認同的凝聚力。[43]

二、近代相關研究記載

---

[42] 補記：邱正略教授在本研討會的評論：〈埔里區舉醮淵源〉手稿的撰寫人即是高錦祥本人，
但高先生的內容有誤，因為日治時期並無「三獻清醮」，第一次三獻清醮是在民國41年（1952）
才舉辦。

[43] 梅慧玉編著，《埔里民族誌：戊子清醮篇》。（埔里：暨南大學人類學研究所，2009），
頁11。

1.東螺社人迎「南門媽」

上節引述是恒吉宮廟方資料，載明清代恒吉宮媽祖庇佑「開發水源」，成為九月舉行「媽祖紀念日」的主要因素之一。另外，1973 年人類學者謝繼昌在埔里籃城村訪調的論文指出，埔里盆地在初期發展時是一個農業性很高的社會，水利問題為全盆地的人所關心。當時的工藝技術無力改善水利的實質狀況，於是人們乃求之於超自然，所謂窮則呼天是也。媽祖為一航海神，其職司與水有關，又加之為眾多遷臺灣人所信奉，因此埔里人為水而煩惱時，就產生了以媽祖為中心的宗教活動。相關宗教儀式分為兩大類，一是媽祖紀念日，二是「拜溪頭」；謝繼昌引述陳正樹的《籃城里誌》（未完稿，年代不詳）的記述如下：[44]

> 1881 年（光緒七年），籃城村種植的水稻的南投股仔地方（今通往史港之中正路東近眉溪之地）因為眉溪的水源不足加上溪底滲水屬害（溪底滲水籃村人稱為地漏），稻子都沒能收成。村中東螺族李姓頭目請教漢人陳朝宗有何計可施，乃告以試試請彰化「南門媽」（彰化南瑤宮媽祖）來巡境。次年農曆九月上旬，陳帶領東螺族七人（乃、宇二姓各 1 人，黎姓 2 人，李姓 3 人）和 1 位入贅東螺族的張姓漢人同去彰化恭迎「南門媽」。以後每年都去請媽祖。1889 年（光緒十五年）有十五人去請。據埔里人說，自「南門媽」請來後，地就不再滲漏了。上游之水得以流下來灌溉籃城之水田。

此外，謝繼昌並據一位在埔里能高水利會任職的職員說：[45]

> 其實山胞常下山來把築好的引水的圳頭摧毀，所以即使水源充足也無水流下來。但自漢人和平埔族聯合把媽祖請來大批人簇擁著在眉溪巡繞，山胞就噤若寒蟬，不敢輕易來破壞圳頭了，此乃為真正原因。每年農曆 9 月 14 日（民國五十六年埔里之媽祖拜拜

---

[44] 謝繼昌，〈水利和社會文化之適應：籃城村的例子〉刊於《中央研究院民族所集刊》第 36 期，（台北：中央研究院民族學研究所，1973），頁 70-71。

[45] 謝繼昌，〈水利和社會文化之適應：籃城村的例子〉刊於《中央研究院民族所集刊》第 36，（台北：中央研究院民族學研究所，1973），頁 70。

由一個月縮短為半個月乃改為 9 月 8 日）籃城村民演戲宴客，稱
為「媽祖紀念日」。次日清晨全村以公豬一隻來祭天公，據云此
為還願。不過媽祖紀念日在埔里為歷時一個月的拜拜，以牛眠村
為首（初一），各村各庄或與別村別庄相聯合或是單獨一日，都
分配到固定的一天，到時把媽祖接去住宿並演戲酬神與宴客。所
以請媽祖來埔里巡境之事不是單純的籃城一村的事。

2.牛眠林家迎媽祖駐駕

謝繼昌記錄有關初一、初二兩天媽祖駐駕牛眠村的原因，此說法
是：[46]

清朝時牛眠村總理（相當今日之村長或里長）林其祥鳩集埔里的
人把「南門媽」請來巡境的，是以初一、初二兩天媽祖住在該村。
推斷起來，請南門媽來埔里巡境大概是整個埔里的事情。牛眠的
總理和一些籃城人特別有力焉。牛眠村的分配到頭兩天酬神和全
埔里僅籃城人有祭天公的習俗都可算為一種間接證據。埔里之
「媽祖紀念日」比農曆新年還熱鬧。一般人已不知其起源和水利
有密切的關係。

上述牛眠村的林其祥「特別有力」，有能力有辦法之意，林其祥
（1881-1951）為埔里牛眠山望家林逢春（牛眠山總社長潘進生女婿）
之次子。但是從他的出生年，上文寫他擔任「清朝時牛眠村總理」，應
是日治時期，根據埔里鎮公所的「埔里影像故事館」網站資源介紹：「昭
和四年（1929）四月林其祥被舉用為埔里街長，成為日治時期唯一的台
灣人街長，於昭和 12 年（1937）年 2 月獲奏任官待遇（為高等文官，
台籍人士相當稀少）。」[47]

邱正略提到，乙未割台之際，埔里的居民有一部分人傾向於招引日
軍進入埔里維持地方秩序。…當日軍進入大埔城時，城內四街總理、城

---

[46] 謝繼昌，〈水利和社會文化之適應：籃城村的例子〉刊於《中央研究院民族所集刊》第 36
期，（台北：中央研究院民族學研究所，1973），頁 70。

[47] 埔里鎮立圖書館，埔里影像故事館網站 2016/08/16，
http://art.pulinet.com.tw/indexgallery.asp?ptype=5&pid=28

外四角總理令各戶自製太陽旗…，絡繹出迎於茄苳腳之大楓樹下。城外北角總理是潘進生，他的女婿是林逢春。林逢春的長子林其忠（1877-1942）在日軍進入埔里之初，擔任通譯。由此可看出牛眠山林家於日治初期即與日本人建立良好關係。[48]

至於林逢春的次子林其祥為什麼要特地去迎請媽祖，據廟方人士的回溯，此是因為林其祥擔任過恒吉宮第一屆董事長。另有民間人士說法，也與他擁有十多甲土地有關，據《大埔城的故事》記載：[49]

> 林其祥曾向日人當局申請從蜈蚣崙前眉溪邊透山腳，一直透到頂面過了觀音瀑布再入去的一大片荒地開墾，官方許可下來繳了微薄的價錢，就很容易地開墾，數年後就成了十多甲良田的的地主。

簡史朗（2005）寫的〈關於林逢春及其家族〉，提到林家獨當一面承攬迎媽祖的祀典：[50]

> 昔時埔里每年農曆九月有「請媽祖戲」的習俗，媽祖的神座輦轎輪流到各庄巡境祈福，每庄當值一天，整個九月間各庄輪流拜宴客，祀典的第一天九月初一是牛眠山庄當值，第二天神輿仍留在牛眠山庄，由林家獨當一面承攬這天的祀典，從第三天才輪到其他的地方，可見當時林家的財勢及影響力實在非同凡響。

3. 武館與水利

其他埔里地方文史書籍，也有記載埔里「九月戲」是為了紀念彰化南瑤宮媽祖「掃溪路」有功。但不論是恒吉宮的廟方沿革記載，或是相關文史資料，都是在說明媽祖曾顯靈為地方百姓解決水荒，而且時間是在農曆九月，因而形成埔里九月迎媽祖遶境的習俗。從九月初一開始，媽祖會到埔里的各個庄頭輪流巡境，每庄停留一日，而各庄為了歡迎媽祖的到來，會有各種陣頭的表演，並請來戲班演戲，俗稱「九月戲」。

48　邱正略，《日治時期埔里的殖民統治與地方發展》，（國立暨南國際大學歷史學系博士學位論文，2009），頁230。
49　陳春麟，《大埔城的故事：埔里鎮史》（台北：行政院新聞局2000），頁84。
50　簡史朗，〈附錄：關於林逢春及其家族〉，《水沙連眉社古文書研究專輯》（南投市：南投縣文化局，2005），頁66。

當時，很多庄頭都會組織獅陣，利用農閒的時候練習，希望能在媽祖聖駕到自己庄頭的時候，能有最盛大且精彩的陣頭去迎接。所以很早以前埔里的舞獅就已經相當有名了。[51]

埔里的水利與媽祖信仰密切相關，也與武館的產生有關，謝繼昌訪調：[52]

> 因為籃城里位於水尾，水田所需的水是作物及里民收成的最大關鍵。而深怕有人在上游會偷水，所以難免會與上游其他庄有紛爭，因為打架練武是可以見得的。籃城的武館稱為「集英館」。創立於 1910 年，開館的意思是練武，他們開館的時候是農曆八月，水稻剛播種完的農閒時候。加上九月有媽祖過境，獅隊必須練習，正好派上用場。這樣的情況維持很久一段時間，興盛時還曾聘請師傅來教授，後來變成自己村民教授。然而時代的發展，青年人口不斷外移，村內人力不足的情況下，最後不得不停止，而水利問題在近年也不再是重大的問題，所以舞獅練武已經變成娛樂性質。

筆者也曾於 921 地震前一年（1988）訪問牛眠社區的潘清來老先生（1923 年出生），當時他擔任牛眠集英館總教練，也提到大正 11 年林其祥先生創建本館和聘請江月師父。至 1980 年，牛眠青年潘陣雲接任第四任館長，並成立「牛眠社區民俗舞獅隊」，帶領庄內五十多位青少年，接受長輩訓練，榮獲多項比賽冠軍。潘陣雲並訓練「幼獅隊」，加入新的技術，曾勇奪全國社區舞獅冠軍。[53]

近年邱正略的博士論文述及牛眠山林家是清末從東勢遷入埔里的客家人，林家在牛眠山擁有極大的影響力，日治時期為了爭奪水源灌溉，與鄰庄發生糾紛，為了展現團結與鄰庄抗衡，大正 11 年（1922）在林其祥和林有土（林其忠次子）商議下，組織「牛眠集英館」，林有

---

[51] 引自〈媽祖與弄獅〉《舊情綿綿：埔里地區舊照片選輯》，（埔里社教站編印 1997），頁 26~29。

[52] 謝繼昌，〈水利和社會文化之適應：籃城村的例子〉刊於《中央研究院民族所集刊》第 36 期，（台北：中央研究院民族學研究所，1973），頁 71。

[53] 黃美英（主編）《噶哈巫家族老照片》，（埔里：普羅文化出版，2010），頁 219-225。

土擔任館長，請江月師父傳授拳腳及獅藝。[54]

　　4.七月關鬼門的「拜溪頭」

　　另外，與水利有關的是七月關鬼門儀式，此是反映漢人民俗信仰。例如謝繼昌的調查指出，臺灣的溪流多是短、淺、急的，雨季一來則成為洪流，所以常常溪路或圳路改道，溪頭或圳頭被沖毀。埔里人認為這種情形之發生乃是厲鬼之所為，因此習俗於每年農曆 7 月 29 日所謂關鬼門關之日的下午，由使用各溪、圳之人去沖毀之溪頭或圳頭祭拜，稱為「拜溪頭」。現在埔里尚存此宗教儀式的有籃城和內底林兩庄。籃城的「拜溪頭」在四、五十年前開始，當時因第一束螺圳圳頭（在大湳庄後）被沖毀，乃去祭拜。約十五年前第二束螺圳圳頭被沖毀，就改在該處祭拜。最近因眉溪堤防作的很好，水患已減去不少。村民嫌第二束螺圳圳頭「太遠」（步行約要 25 分鐘），1973 年就改在中正路東眉溪旁來拜。「拜溪頭」都在下午舉行（因為鬼屬陰，下午為陰。）跟「媽祖紀念日」一樣，「拜溪頭」也有爐主和頭家。籃城村這種習俗能夠一直延續到今天，正表示籃城水利問題之嚴重與籃城人對水利問題之重視。[55]

三、埔里媽祖往彰化進香

　　上述提及迎請南瑤宮的「南門媽」是在清末或日治時期，至於為何要到彰化請來南瑤宮的「南門媽」呢？恒吉宮廟方的說法如何呢？2001年筆者曾訪問恒吉宮的高錦祥總幹事，他的口述解釋如下：

> 以前廟方仍不清楚有關恒吉宮媽祖來源時，曾一度以為恒吉宮「大媽」是從南瑤宮所分爐而來的，所以再請「南門媽」與「鹿港媽」三尊神像一起去探查水源。

　　近年，邱正略的博士論文（2009）提到日治時期的「九月迎媽祖」，

---

[54]　邱正略，《日治時期埔里的殖民統治與地方發展》，（國立暨南國際大學歷史學系博士學位論文，2009），頁 244。

[55]　謝繼昌，〈水利和社會文化之適應：籃城村的例子〉刊於《中央研究院民族所集刊》第 36 期，（台北：中央研究院民族學研究所，1973），頁 70-71。

從《巫永福全集》有記載巫永福 11 歲時（1922）即曾陪伴祖母坐轎子，到水尾迎接彰化媽祖、鹿港湄洲媽祖，並且跟隨在埔里街遶境。邱正略並整理出《台灣日日新報》的記載：[56]

> 媽祖廟有時也會舉辦進香活動，例如昭和 11 年（1936）4 月 8 日舉辦前往彰化及鹿港進香的活動，隨香的信眾超過 600 人，往返行程 6 天 5 夜，採取徒步方式，第一天於龜仔頭過夜，第二天在彰化，第三天到達鹿港，第四天回到彰化，第五天回到龜仔頭，第六天回宮。

此外，針對日治時期迎媽祖活動及戰後的改變，以及迎請鹿港、彰化兩尊媽祖聖像的習俗，亦可參閱邱正略近年發表的論文。但仍不確定日治時期是否已經有同時迎接名間松柏嶺受天宮的玄天上帝、竹山沙東宮開台聖王入埔。[57]

伍、結語：跨族群與區域性意涵

一、「防番害」倡建廟宇

從史料及研究文獻，可知埔里盆地歷史過程的複雜族群關係，在此多元族群的背景，埔里的民俗信仰及宮廟建立，並非單一族群的祭祀，由於地理環境和多元族群陸續遷移埔里的歷史因素，埔里盆地複雜的族群關係也影響民間信仰和宮廟創建。況且，平埔族群遷移埔里之前，在西部的原居地各社，由於漢人已大量進入混居，平埔族人在宗教信仰方面已受漢人影響，移住埔里之後亦然。

此外，道光年間平埔族群大規模遷移埔里，之後清廷推行理番政策，劉枝萬的書中詳載光緒五年（1879）統領吳光亮頒布「化番俚言」

---

[56] 邱正略，《日治時期埔里的殖民統治與地方發展》，（國立暨南國際大學歷史學系博士學位論文，2009），頁 342-343。

[57] 邱正略，〈埔里的媽祖信仰：兼論彰化媽祖信仰的內山傳播〉，刊於《2012 彰化媽祖信仰學術研討會論文集》（彰化縣文化局、逢甲大學，2012）。頁 48-54。

三十二條，其條目第二十八條是「疏通水圳、以便耕種」，第三十二條是「建立廟祠、以安神祖」，主要目的是要「化番為民」。[58]

　　因此，在漢人尚未大量移墾埔里之前，平埔族群仍是優勢人口，在清代創建的宮廟，不必然是漢人所建或只有漢人祭祀，但是，因為平埔族群的傳統缺乏自己的文字記載，至今我們無法找到平埔族人所寫留下的相關史料，只能從清人的書寫和近代學者研究得知。換言之，平埔族群早於漢人移墾埔里，已有在埔里創建多處宮廟，或是從祖居地帶來神明香火或神像到埔里建廟供奉，例如筆者實地訪調的大湳湳興宮王爺信仰，即是自稱噶哈巫的潘姓居民口述，湳興宮的王爺信仰是從台中新社請來的。[59]此是埔里族群遷移史和宮廟創建的區域性特色之一。

　　劉枝萬並且說明早期閩粵籍人移墾埔里，為祈求平安及避免「番害」，多建廟祀神，並且和「熟番」共同合作，可知此「番害」主要是針對高山地區的「生番」，而非「熟番」。此外，謝繼昌根據一位在埔里能高水利會職員的報導：[60]

> 其實山胞常下山來把築好的引水的圳頭摧毀，所以即使水源充足也無水流下來。但自漢人和平埔族聯合把媽祖請來大批人簇擁著在眉溪巡繞，山胞就噤若寒蟬，不敢輕易來破壞圳頭了，此乃為真正原因。

　　此位埔里能高水利會職員口述的「山胞」應是指居住山區的族群，清代所稱的「生番」，日治時代稱為「高砂族」或「高山族」。由此可見埔里的歷史，不僅有「以番制番」的政策，在民俗信仰層面，也反映埔里漢人與熟番合作，共同防禦的「生番」的媽祖巡水頭的繞境活動，具有跨族群和防番害護水圳的區域性意涵特色。

[58] 劉枝萬，《南投縣沿革志開發篇稿》南投文獻叢輯（六）（南投縣文獻委員會，1958），頁233-234。

[59] 黃美英（主編），《春回四庄：噶哈巫的文化重建》（台北：財團法人921震災重建基金會，2008），頁116-128。

[60] 謝繼昌，〈水利和社會文化之適應：藍城村的例子〉刊於《中央研究院民族所集刊》第36期。（台北：中央研究院民族學研究所，1973），頁70。

二、開發水源、遶境三十庄及九月戲

從廟方記載〈恒吉宮聖母大媽大顯威靈開發水源事蹟〉，追溯自清光緒二十三年（1897）。並記載：「大媽指點請彰化媽聖母聖駕，行向東螺圳路，沿途觀音瀧、九芎林，踏水路顯靈施法塞地漏開發水源。」對照史料，光緒五年（1879）的《臺灣輿圖》〈臺灣輿圖埔里六社輿圖說略〉記載：

> 若夫利害之應興革者，一籌水利：番民農事多不講求，今增濬溝渠三道，溪北近水源者悉導引之。一闢曠土：荒地成片段者，就近招徠開墾之。一清瘴毒：風硿口、大崙頂古木參天，陰尤繁翳；概芟夷之，而兇番亦不致藏匿為患。一屏匪跡：萑苻不逞，數十年視為淵藪者，廓清而蕩滌之。一廣利源：山場隙地可栽植雜糧、茶子者，咸令栽植之。

眉溪從山上流到埔里盆地東緣，引溪水開鑿水圳，從東往西，依序有守城圳（屬今日的牛眠里境內）、東螺圳（屬今日的籃城里境內），距今二百年間，平埔族人遷居這些地區，便開始開鑿水圳，後來漢人陸續移入，以媽祖作為守護庇佑水源和水圳的重要神祇。埔里的媽祖信仰能跨越族群界線，成為一地區多族群人口信奉的重要神明，各村莊踴躍參與媽祖遶境活動，主要牽涉埔里盆地的水利灌溉問題；換言之，拜溪頭、拜水源，不僅是農業有關的重要溪水來源，也是各庄頭的田地及生活範圍的界定。

媽祖信仰從台灣西部平原，傳播到不靠海的埔里盆地，也從航海守護神轉變成「開發水源」的顯靈神明。在埔里盆地，九月夏秋交替季節，眉溪水源不穩定，影響整個盆地的農業灌溉水圳，以往恒吉宮和各村庄，從九月一日開始舉辦整個月的巡境停駕三十個村庄，各村庄並出動武館獅陣、請演戲酬神的「九月戲」，是埔里山城年度最盛大重要的民俗宗教活動，此現象反映媽祖信仰的在地化與形象的多樣化，已由傳統的海神轉為山區農耕水源保護神，且具有區域性農業季節祭儀性質，此

與溫宗翰提出的研究論點，有相互呼應之意義。[61]

三、族群勢力消長與宮廟主導權

劉枝萬、石璋如編纂《南投縣志稿》〈風俗志‧宗教篇〉所寫的「恒吉宮」倡創人士和年代如下：[62]

> 埔里地區信仰中心的媽祖廟恒吉宮，是同治十年（1871）由大肚城庄都阿托、房里庄張世昌、枇杷城庄余清源、牛眠山庄潘進生等首要平埔族頭人共同倡建。

此說不同於近代恒吉宮管理委員會的沿革所載，委員會將創廟沿革推溯自道光四年（1824），且是由一位廈門總理陳瑞芬先抵鹿港，而後，於九月一日申時抵達埔里大肚城，將媽祖神像供奉於「恒吉行」店之正廳。迨光緒十年陳總理罷商，移居鹿港，遂將店及基地奉獻為公用，並重新修葺，「恒吉行」改為「恒吉宮」。

就恒吉宮媽祖由來的年代而言，委員會的沿革與劉枝萬的研究，兩者相差 47 年，是廟方有意將創廟歷史往前推溯嗎？此外，廟方沿革記載埔里社通判吳本杰賜贈「厚德配天」橫匾，是在光緒十三年（1887），距廟方記載的道光四年（1824）已相隔 63 年之久，以恒吉宮作為漢人與熟番的共同信仰，如果在「防番害」安定民心和「開發水源」扮演的重要地位，為何從光緒四年（1824）到光緒十三年（1887）之間的六十年，不見其他官方人士賜匾及相關史料記載？或已遺失？

更值得探討的問題是，恒吉宮媽祖如果是平埔族頭人倡建，為何近代恒吉宮管理委員會發行的沿革，皆已不見有平埔族頭人之記載？對於出生埔里的學者劉枝萬所寫的書，以及南投縣文獻委員會出版的南投文獻叢輯，為何近代的宮廟及地方人士並沒有參考並採用各社平埔族頭人

61　參見溫宗翰〈論媽祖信仰與儀式的春季祭儀性質〉，刊於《2012 媽祖國際研討會論文集》，（台中市文化局編印，2012），頁 175-177。

62　劉枝萬、石璋如，《南投縣志稿（八）》〈風俗志宗教篇〉（台北：成文出版社，1983），頁 2646-47。

的創廟說法？

　　至於遷建至現址，恒吉宮沿革所載的相關人士是：「恒吉宮原址在大肚城，爾後信眾絡繹不絕，為廟宇狹隘，不敷容納，當地耆英謝仕開、施百川、李嘉謀等，乃商議遷至清新里現址，於光緒二十六年三月二十二日子時遷入。……」就年代來看，光緒二十六年（1900）遷移到現址，台灣已割讓給日本，從主導遷建的地方人士的姓名來看，也並非平埔族群代表人物。是否恒吉宮的倡建和管理權，在歷史過程中，早已由平埔族人轉移至漢人。

　　對埔里歷史深入研究的史學者邱正略提及，埔里盆地曾經是清代台灣平埔族規模最大的跨部落集體遷移的目的地，經過將近 70 年的族群優勢地位，到了日本殖民統治期間產生極大的變化，從地方發展史中，探討平埔族群的處境變化。[63]本論文進一步針對清代埔里恒吉宮的創建之差異說法，從中推測宮廟主導權與族群關係的演變，藉此拋針引線，期能對台灣各地區媽祖信仰與儀式的研究，填補一個區域族群史與民俗信仰的研究案例。

【後記】

　　本文初稿寫於十多年前，甚為粗淺、頗多疏漏，此次研討會，幸得邱正略教授的評論，不僅提出許多重要且寶貴建議，也詳細標明文中錯誤的年代和許多錯字。本文已經多處修正，且因「二、埔里族群關係演變」（約四千字）討論層面過於廣闊，也將之刪除。回想筆者遷居埔里時，即閱讀邱正略的碩士論文，啟迪良多。對於他努力不懈和嚴謹治學態度，是令人敬佩的史學家。今日承蒙邱教授誠懇且寬厚的指正，筆者在論文修改和思考皆獲益良多，特此致謝。

　　（本論文原刊於《2016 台中媽祖國際學術研討會論文集》。台中市：台中市政府文化局。頁 419-458。）

63　邱正略，《日治時期埔里的殖民統治與地方發展》，（國立暨南國際大學歷史學系博士學位論文，2009），頁 3。

參考書目

（一）書籍

伊能嘉矩、粟野傳之丞，1900，《台灣蕃人事情》。台北：台灣總督府民
　　　政部文書課。

伊能嘉矩編，1988（1909），《大日地名辭書續編，第三：台灣》。東京：
　　　富三房。

安倍明義編，1937，《台灣地名研究》。台北：蕃語研究會。

作者不詳，1961（年代不詳），《欽定平定台灣紀略》，台灣文獻叢刊第
　　　102 種。台北：台灣銀行經濟研究室。

周鍾瑄，1993（清康熙五十六年，1717），《諸羅縣志》。南投：台灣省
　　　文獻委員會。

林瓊瓔、張慶宗、李澄清，2011，《雙吉宮誌》。埔里：雙吉宮管理委員
　　　會。

姚　瑩，1957（道光九年，1829），〈埔里社紀略〉，收錄於《東槎紀略》，
　　　台灣文獻叢刊第七種。台北：台灣銀行經濟研究室。

埔里社教站編印，1997，《舊情綿綿：埔里地區舊照片選輯》。

夏獻綸編製，1960（清光緒五年，1879），《全臺輿圖》，台灣文獻叢刊
　　　第 45 種。台北：台灣銀行經濟研究室。

張隆志，1991，《族群關係與鄉村台灣》。台北：台灣大學出版委員會。

張耀錡，1964，《台灣省通志稿・卷八同冑志・第三冊平埔族篇》。南投：
　　　台灣省文獻委員會。

梅慧玉編著，2009，《埔里民族誌：戊子清醮篇》。埔里：暨南國際大學
　　　人類學研究所。

陳春麟，2000，《大埔城的故事：埔里鎮史》。台北：行政院新聞局。

鳥居龍藏著，楊南郡譯，1996（1896-1911），《探險台灣》。台北：遠流
　　　出版。

鹿港天后宮管理委員會，年代不詳，《鹿港天后宮簡介》。彰化：鹿港天

后宮管理委員會。

鹿港新祖宮管理委員會，年代不詳，《鹿港新祖宮簡介》。彰化：鹿港新
　　祖宮管理委員會。

黃叔璥，1957（乾隆元年，1736），《臺海使槎錄》。台北：台灣銀行經
　　濟研究室。

黃美英，1988，《千年媽祖：湄洲到台灣》。台北：人間出版社。

黃美英主編，1995，《凱達格蘭族文化資產保存研討會專刊》。台北：台
　　北縣立文化中心。

黃美英主編，1996a，《三貂社凱達格蘭族口述歷史》。台北：台北縣立
　　文化中心。

黃美英主編，1996b，《凱達格蘭族文獻彙編》（三冊）。台北：台北縣立
　　文化中心。

黃美英，1996c，《台灣媽祖的香火與儀式》。台北：自立文化出版社。

黃美英主編，2008a，《壓不扁的生命：埔里四庄的災後重建》。台北：
　　財團法人 921 震災重建基金會。

黃美英主編，2008b，《春回四庄：噶哈巫的文化重建》。台北：財團法
　　人 921 震災重建基金會。

黃美英主編，2010，《噶哈巫家族老照片》。埔里：普羅文化出版。

劉良璧，1961（乾隆六年，1741），《重修福建台灣府志》，台灣文獻叢
　　刊第 74 種。台北：台灣銀行經濟研究室。

劉枝萬，1952，《台灣埔里鄉土志稿》。作者自印油印版。

劉枝萬，1958，《南投縣沿革志開發篇稿》，南投文獻叢書輯 6。南投：
　　南投縣文獻委員會。

劉枝萬、石璋如，1983，《南投縣志稿（八）：風俗志宗教篇》。台北：
　　成文出版社。

劉韻珂，1952（道光二十七年，1847）。〈奏勘番地疏〉，收錄於丁日健
　　輯，《治台必告錄》，頁 215。

蔣師轍，1997（道光三十年，1904），《臺游日記》，台灣文獻叢刊第 6
　　種。台北：台灣銀行經濟研究室。

衛惠林，1981，《埔里巴宰七社志》。中央研究院民族學研究所專刊甲種
　　　　第 27 號。台北：中央研究院民族學研究所。

鄧傳安，1960（道光十年，1830），《蠡測彙鈔》，台灣文獻叢刊第 82 種。
　　　　台北：台灣銀行經濟研究室。

簡史朗、曾品滄，2002，《【水沙連】埔社古文書選輯》。台北：國史館。

簡史朗，2005，《水沙連眉社古文書研究專輯》。南投：南投縣文化局。

（二）期刊、論文

伊能嘉矩，1899，〈埔里社平原に於ける熟蕃〉，《蕃情研究會誌》第 2
　　　　號。

邱正略，2007，〈古文書與地方史研究：以埔里地區為例〉，收錄於《台
　　　　灣古文書與歷史研究研討會論文集》，頁 19-24。台中：逢甲出
　　　　版社。

邱正略，2012，〈埔里的媽祖信仰：兼論彰化媽祖信仰的內山傳播〉，收
　　　　錄於《2012 彰化媽祖信仰學術研討會論文集》，頁 27-66。彰
　　　　化：彰化縣文化局；台中：逢甲大學。

邱正略，2014，〈劉枝萬先生的平埔族研究〉，收錄於潘英海主編，2014，
　　　　《劉枝萬與水沙連區域研究》，頁 71-92。新北市：華藝學術出
　　　　版社。

洪秀桂，1973，〈南投巴宰海人的宗教信仰〉，收錄於《台灣大學文史哲
　　　　學報》第 22 期，頁 490-492。台北：台灣大學文學院。

埔里恆吉宮管理委員會撰述手稿，2000，〈恒吉宮聖母大媽顯威靈開發
　　　　水源事蹟〉。埔里：恆吉宮管理委員會。

黃美英，1995，〈香火與女人：媽祖信仰與儀式的性別意涵〉，收錄於《寺
　　　　廟與民間文化研討會論文集》，頁 532-551，台北：行政院文化
　　　　建設委員會。

黃美英，1996，〈宗教與性別文化：台灣女神信奉初探〉，收錄於《儀式、
　　　　廟會與社區：道教、民間信仰與民間文化研討會論文集》，頁

297-325。中央研究院中國文哲研究所籌備處。

黃美英，1998，〈台灣媽祖信仰的歷史文化特色〉，收錄於《澳門媽祖論文集》，頁 109~113。澳門：澳門海事博物館、澳門文化研究會。

黃美英，2005，〈埔里「四庄番」與「噶哈巫」：地域與族群的認同意識〉，2005 南投縣平埔族群文化研討會：國立暨南國際大學。

黃美英，2010，〈以「噶哈巫」為名：家族的詮釋與社群認同〉，收錄於黃美英主編，2010，《噶哈巫：家族老照片》，頁 251-271。埔里：普羅文化出版。另收錄於潘英海主編，2014，《劉枝萬與水沙連區域研究》，頁 119-246。新北市：華藝學術出版社。

黃美英，2012，〈聖母難為：媽祖信仰的政治與性別意涵〉，收錄於《媽祖國際研討會論文集》，頁 91-118。台中：台中市文化局。

黃美英，2015，〈噶哈巫的祭典演變與現代意涵〉，收錄於《2015 南投學術研討會論文集》，頁 19-52。南投：南投縣政府文化局。

黃敦厚，2015，〈清代埔里的大甲移民與媽祖信仰〉，收錄於《2015 南投學術研討會論文集》，頁 79-96。南投：南投縣政府文化局。

溫宗翰，2012，〈論媽祖信仰與儀式的春季祭儀性質〉，收錄於《媽祖國際研討會論文集》，頁 165-181。台中：台中市文化局。

謝繼昌，1973，〈水利和社會文化之適應：藍城村的例子〉，《中央研究院民族所集刊》第 36 期，頁 57-78。台北：中央研究院民族學研究所。

（三）碩博士學位論文

邱正略，2009，《日治時期埔里的殖民統治與地方發展》。埔里：國立暨南國際大學歷史學系博士論文。

邱正略，1992，《清代台灣中部平埔族遷移埔里拓墾之研究》。台中：東海大學歷史研究所碩士論文。

（四）網路資源

埔里鎮立圖書館，埔里影像故事館網站。2016.8.30
http://art.pulinet.com.tw/indexgallery.asp?ptype=5&pid=28

牛眠集英館出陣迎媽祖遶境埔里市區（1967 年，潘清來提供）潘清來曾任牛眠集英館金獅陣總教練。往昔，每年農曆九月一日至三十日間，展開盛大的輪庄迎請供奉恒吉宮媽祖遶境活動，九月一日由牛眠山庄開始。隨者時代推演各各地流傳的媽祖傳說反映民眾信仰理念訴求的角色對象。

牛眠里里長帶領牛眠集英館及金獅陣迎請媽祖遶境。（1967 年，潘清來提供）

牛眠集英館金獅陣迎媽祖，行經埔里市區西康路。（1967 年，潘清來提供）

牛眠集英館迎媽祖，行經埔里市區西康路。（1967 年，潘清來提供）

上圖：隨行翻拍的行程表。
下圖：牛眠里迎恒吉宮媽祖遶境（黃美英攝，2016）

牛眠里里長卜杯，卜得大尊的恒吉宮媽祖分身，迎回全里遶境；以及牛眠里各村庄迎恒吉宮媽祖分身遶境的車隊。（黃美英攝，2016）

上圖是恒吉宮的「湄洲大媽」神像與繞境路線圖。戰後，每年農曆 8 月
30 日，恒吉宮及埔里一些宮廟、陣頭，到愛蘭橋頭迎請鹿港天后宮媽祖、
彰化南瑤宮媽祖、松柏嶺玄天上帝、竹山東沙宮開台聖王，蒞臨埔里遶
境。（黃美英攝）

埔里恒吉宮媽祖廟，主體建築上特別標示「湄洲大媽」。（黃美英攝，2016）

農曆 8 月 30 日，慶祝媽祖入城紀念日的「下馬戲」。（黃美英攝，2016）

國家圖書館出版品預行編目資料

黃美英臺灣史研究名家論集（二編）/王見川　著者. -- 初版. -
臺北市：蘭臺, 2018.06
面 ；　公分. -- (臺灣史研究名家論集 ; 2)
ISBN　978-986-5633-70-7　(全套：精裝)

1.臺灣研究 2.臺灣史 3.文集
733.09　　　　　　　　　　　　　　　　　107002074

臺灣史研究名家論集 2

黃美英臺灣史研究名家論集（二編）

著　　者：黃美英
主　　編：卓克華
編　　輯：高雅婷、沈彥伶、塗語嫻
封面設計：塗宇樵
出 版 者：蘭臺出版社
發　　行：蘭臺出版社
地　　址：台北市中正區重慶南路 1 段 121 號 8 樓之 14
電　　話：(02)2331-1675 或(02)2331-1691
傳　　真：(02)2382-6225
E—MAIL：books5w@gmail.com 或 books5w@yahoo.com.tw
網路書店：http://bookstv.com.tw/、http://store.pchome.com.tw/yesbooks/、
　　　　　博客來網路書店、博客思網路書店、三民書局
總 經 銷：聯合發行股份有限公司

電　　話：(02) 2917-8022　　　　傳　真：(02) 2915-7212
劃撥戶名：蘭臺出版社　帳號：18995335
香港代理：香港聯合零售有限公司
地　　址：香港新界大蒲汀麗路 36 號中華商務印刷大樓
　　　　　C&C Building, 36,Ting, Lai, Road, Tai,Po, New,Territories
電　　話：(852) 2150-2100　　　　傳真：(852) 2356-0735
經　　銷：廈門外圖集團有限公司
地　　址：廈門市湖里區悅華路 8 號 4 樓
電　　話：86-592-2230177　　　　傳　真：86-592-5365089
出版日期：2018 年 6 月初版
定　　價：新臺幣 30000 元整（套書，不零售）
ISBN：978-986-5633-70-7

《臺灣史研究名家論集》

（共十四冊）卓克華總編，汪毅夫等人著作

王志宇、汪毅夫、卓克華、周宗賢、林仁川、林國平、韋煙灶、
徐亞湘、陳支平、陳哲三、陳進傳、鄭喜夫、鄧孔昭、戴文鋒

ISBN：978-986-5633-47-9

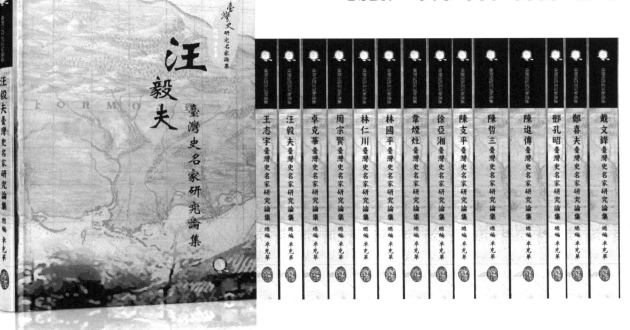

這套叢書是兩岸研究台灣史的必備文獻，解決兩岸問題也可以從中找到契機！

　　這套叢書是十四位兩岸台灣史的權威歷史名家的著述精華，精采可期，將是臺灣史研究的一座豐功碑及里程碑，可以藏諸名山，垂範後世，開啟門徑，臺灣史的未來新方向即孕育在這套叢書中。展視書稿，披卷流連，略綴數語以說明叢刊的成書經過，及對臺灣史的一些想法，期待與焦慮。

臺灣史料研究叢書(套書)定價：28000元

《臺灣史研究名家論集》 共十四冊

陳支平——總序

　　臺灣史研究的興盛，主要是從二十世紀八十年代開始的。臺灣史研究的興起與興盛，一開始便與政治有著密切的聯繫。從大陸方面講，「文化大革命」的結束與「改革開放」政策的實行，使得大陸各界，當然包括政界和學界，把較多的注意力放置在臺灣問題之上。而從臺灣方面講，隨著「本土意識」的增強，以及之後的「臺獨」運動的推進，學界也把較多的精力轉移到對於臺灣歷史文化及其現狀的研究之上。經過二三十年的摸索與磨練，臺灣歷史文化的學術研究，逐漸蔚為大觀，成果喜人。以大陸的習慣性語言來定位，臺灣史研究，可以稱之為「臺灣史研究學科」了。未完待續……

汪毅夫——簡介

1950年3月生，臺灣省臺南市人。曾任福建社會科學院研究員，現任中華全國臺灣同胞聯誼會會長，福建師範大學社會歷史學院兼職教授、博士生導師，享受國務院特殊津貼專家。撰有學術著作《中國文化與閩臺社會》、《閩臺區域社會研究》、《閩臺緣與閩南風》、《閩臺地方史研究》、《閩臺地方史論稿》、《閩臺婦女史研究》等15種，200餘萬字。曾獲福建省社會科學優秀成果獎7項。

汪毅夫名家論集—目次

100 台北市中正區重慶南路1段121號8樓之14
TEL：（8862）2331 1675 FAX：（8862）2382 6225
E-mail：books5w@gmail.co
網址：http://bookstv.com.tw